尖端出版

知識

真相

Money
Magic

金錢魔法

全球
最有影響力的
經濟學家

勞倫斯
‧
克里寇夫
Laurence
Kotlikoff

著

獻給布麗姬特（Bridget）

我的愛與喜悅

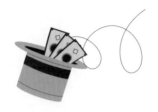

學會運用金錢，
就能掌握改變人生的魔法！

Jet Lee 的投資隨筆

常聽到有人說，「有錢不一定會快樂。」等等，其實沒說出口的是，「有錢不會用，就真的不會快樂。」

不過金錢只是一種工具，你能擁有多少金錢是來自於你的人生抉擇。選擇什麼類型工作，就決定了你一生大部分的財富有多少。但能從事什麼工作，又根據你之前選擇就讀什麼科系。選讀藝術人文，相對科技領域就會出現財富差距，所以就學、工作都會影響未來一生的財富累積。

為了讀書去貸款，這樣到底划不划算？我認為讀書就是一種「投資」，既然是投資肯定要看報酬率，如果就讀的科系得花上很長時間才能「回本」，萬一又用上貸款，那肯定會是一個賠錢的投資案。

　　人生的另外一件大事，婚姻。年少的時候總會認為，愛情是無價的，只要有愛，什麼困難都能克服。但是長大以後就會學到「貧賤夫妻百事哀」的道理，所以選擇結婚對象時，就該好好評估對方的財務狀況。你們彼此都擁有良好財務體質，對於未來累積財富就會有加乘效果。但不是只看錢就好，萬一在人生其他方面無法融洽相處，走到離婚這一步也會對財富產生巨大損害。

　　萬一真要離婚，請先評估看看你有沒有能力離婚？還有是不是非得離婚不可？仔細評估完離婚得付出什麼代價，再來下決定。但有沒有預防措施？「婚前協議」及「財產分開」或許是解方。

　　然後在現代不管是臺灣或是歐美國家，居住都是一個很重要的個人及社會課題。在此不談大環境或是政府該怎麼做，我們應該思考自己怎麼面對這件大事，不知道你會怎麼選擇？有些人會選擇住在市中心的老公寓，我則是選擇離市中心有段距離的地區。現實來說就是用「時間換取空間」，拉長通勤時間但可以用同樣的住房成本換取更大的居住空間，很難說怎樣比較好，但每個人都應該仔細評估所有條件之後再下決定。

　　如果可以買下一間屬於自己的房子會更好，但在還沒有能力之前也不必然就得急著脫離原生家庭或是租下會讓自己捉襟見肘的房子，與人合租雖然相對不方便，倒也不失為一個節省房租的好方法。

　　當然大多數人都知道，光靠自己努力賺錢很難達成所有需求。如果能靠投資減輕負擔，甚至是加速達成目標，我想沒有人會認為進行投資不好。但該怎麼投資？買進廣泛分散的指數型基金既可以降低投資風險、稅務成本，同時也能大幅減少錯誤投資而賠錢的情形。所以使用指數化投資並且根據自己現在的生活型態進行資產配置，就是最適合大多數人的投資方式了！

　　以上這些討論我想都是現今大多數臺灣人會遇到的難題。雖然本書《金錢魔法》是作者跟據美國的相關稅法及社會福利編寫，但其中所蘊含的核心觀念及思考方向都可供臺灣讀者作為參考。

　　期盼本書提供的五十個金錢魔法能幫助您在未來人生做出正確財務決策！

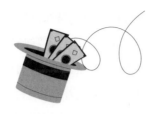

專業知識就是金錢

Zoey ｜佐編茶水間

　　我在二十出頭歲時，腦子裡就好似不存在「理財」兩字，沒有財務規劃、沒買保險、沒在存退休金，甚至連緊急預備金都沒有，二十初歲的時光就是歲月靜好，餘年豐盛，這些未雨綢繆的想法對我來說皆是遠在天邊，然而，當我在2017年搬到美國時，「錢」的重量狠狠壓在我身上。

　　當時的我任職於一間韓國外商公司，不只工時地點彈性，月薪也比台灣同年齡的級距再高一些，每年到了報稅季，都能收到一張簡潔有力的稅單，自己也從沒閒情雅致想多加了解，反正雖然不是大富大貴，但生活也算得上隨心所欲。

　　記得2017年的自己帶著一模一樣的心境搬到加州，馬

上被高額的房租、車險跟所有的柴米油鹽醬醋茶給打臉，最恐怖的是第一次遇到「美國報稅」，當時對於美國的稅法、保險一竅不通，更別說是 Roth IRA、401K 這些專有名詞，現在想起依舊覺得惡夢一場，我深刻地意識到：我完全不知道錢是怎麼一回事！發現過去的自己天真無知，以為自己領到很不錯的韓國薪水，仔細做帳核對收支開銷，才發現我在美國的收入水準只差一點就成為「合格的」低收入戶。

　　作者在書中大量以美國市場做案例，受邀撰寫本書推薦序，對我而言就像是來自宇宙的邀請。還記得剛搬到美國的頭兩年，我幾乎是採逃避心態在面對這個未知的領域，這些跟我八竿子打不著，在學校也從沒接觸過的學問，對我而言真的就像是魔法一樣，我能感受到它的神奇，但我卻不知道它是如何運作的。

　　到了第三年，我意識到我可以繼續用瞎子摸象心態，每到報稅時節就像丟垃圾一樣，將財務狀況這顆燙手山芋丟給專業人士處理；或者，我也可以坐下來，靜靜地觀察和研究這個我一點概念都沒有的「魔法」，究竟是怎麼在這個黑箱裡面運作的。而神奇的是，當你在這個黑箱裡待久了之後，你的眼睛似乎就能漸漸暗適應，依稀看清楚箱子裡的結構，找到桌椅、牆壁與門窗，然後打開窗戶，讓陽光透進來，讓視野更清晰。

　　本書的作者作為經濟學家，被冠上「金錢魔法師」的稱號其實很適切。這樣的人善用大眾難以理解的經濟學原理、

開發出像是「生活水準機器」這類型的魔法道具，為你拆解各個魔術技巧，看這本書，就像是在看魔術還原的原理解說，你心中會不斷冒出：「哦！原來這個魔術的原理是這樣呀！」的想法。它不僅讓「看懂」變得更有趣，舉的例子也都是每個人的生活實際情境，非常適合給想要了解財務、稅法原理，或者有美國業務的朋友們閱讀！

目錄

前言

上大學時，我的志願是成為一名醫生。但一隻青蛙打亂了我的計畫。在生物實驗室裡，我和青蛙面對面四目相交，我替牠注射死亡血清、切開牠的胸口、檢查脈搏、宣布死亡，然後再開始按摩牠的小心臟讓牠復活。那堂課的老師經過我身邊，說：「很好，再做一次，然後記錄數據。」在接下來的二個小時，就是不斷重複地殺死、復活、記錄，一次又一次。實驗課結束後，我選擇主修經濟學。

我迷上了經濟學。在經濟學課程中，我不需要折磨黏糊糊的兩棲類動物。另外，我愛數學、曲線、統計和理論。但真正吸引我的，是經濟學幫助人的潛力。

讀研究所時，我專攻公共財政，特別是稅賦和福利政策對總體經濟的影響。那是1970年代中期，經濟學家剛開始使用像一間公寓大小、被稱為電腦的機器。我們用一種

名叫FORTRAN的古老語言，在7×3英吋的打孔卡（punch cards）上輸入代碼，讓卡片跑過嘈雜的讀卡機，然後等上好幾個小時才能拿到一碼寬的輸出資料。一般來說，程式會因為一萬張卡片中第7,239張上的一個錯字而失敗。但是，如果程式順利跑完、結果也是有意義的，我們就會把這個驚人發現寫下來，並祈禱有人會讀到它們。

研究總體經濟也需要了解個體經濟，也就是各別公司和家庭的財務行為與反應。對家庭來說，這代表我們要分析並解讀個人財務行為。所以，公共財政帶我踏進個人財務領域，並接觸一連串著名經濟學家的研究。打頭陣的是1920年代耶魯大學經濟學家歐文・費雪（Irving Fisher）。

費雪是當時最頂尖的經濟學家，他最重要的成就是對最適儲蓄行為提供簡單而有力的數學描述。費雪的模型尋找儲蓄的甜蜜點，讓我們不會在年輕時挨餓、年老時揮霍（或做相反的事）。他認為，要找到這個最佳儲蓄點，就必須以非常精準的方式儲蓄，確保能長期維持平穩的生活水準。「生命週期消費平滑化」（life-cycle consumption smoothing）的原則也就此誕生。

費雪是以經濟學為基礎的財務規劃之父。但他留下很多未探討的議題，包含如何管理自己的投資。答案當然是不要把所有雞蛋放在同一個籃子裡，尤其是像股票市場這樣變化無常的籃子。但費雪這麼做了。身為地球上最聰明的經濟學家，費雪認為自己知道市場會如何表現。但他其實不曉得。

在1929年華爾街股災前夕，費爾公開宣稱：「股價已進入一個看似永久的高原期……我預計在幾個月內股市會大幅上漲。」[1]

股市在1933年下跌了86%，費雪從富人變成窮人，最終破產。要不是耶魯大學介入，費雪可能會流落街頭。他在1947年去世，因其臭名昭彰的預言而在社會大眾面前蒙羞，但其驚人的理論見解仍受到經濟學家敬仰。在接下來二十年，米爾頓・傅利曼（Milton Friedman）、法蘭科・莫迪利安尼（Franco Modigliani）、保羅・薩繆森（Paul Samuelson）、羅伯特・莫頓（Robert C. Merton）和彼得・戴蒙德（Peter Diamond），這些後來的諾貝爾經濟學獎得主和其他許多著名的經濟學家，都開始拓展費雪的生命週期模型。

因此，我在讀研究所的時候，經濟學家已建構出一套清楚的理論，探討民眾該如何儲蓄、保險和投資。他們也搞清楚為什麼沒有人能夠預測股市，連費雪也辦不到。當然，發展理論和期望民眾能遵守理論是兩碼子事。現實世界的家庭是否按照經濟理論的規範來行事？他們是否有足夠的儲蓄？他們買的保險夠用嗎？他們是否選擇了正確的職業？他們是否背太多債務？他們的投資是否適當？他們是否做出正確的社會安全福利與稅務決定？

這些以及類似的問題，都是我和其他經濟學專家在思考的議題。我們當中的許多人開始將全國家庭調查報告中的實

際個人財務行為，與理論中的適當行為相互比較。在二十年間，情況既清晰又醜陋。基本上，每個人都犯了巨大的財務錯誤：儲蓄太少或太多、購買錯誤的人壽保險、不負責任地借貸、沒有好好利用大把的終生社會安全福利、支付遠超出必要額度的稅款、成為房貸的奴隸。諸如此類的錯誤不勝枚舉。

　　經濟學界對這個消息的反應很糟糕。「什麼？民眾不遵守我們完美的理論？他們怎麼敢？他們一定是在財務上生病了。他們缺乏自制力！他們短視近利、不懂理財，或兩者都是！」民眾貪婪的當下，正透過過度消費和儲蓄不足來掠奪毫無防備的未來自己。一夜之間，新的經濟學領域就出現了，也就是「行為財務學」（behavioral finance），目的是研究個人糟糕財務決策背後的確切病症。

　　經濟學家並不是永遠都持相同意見。其實，他們常常否定彼此的論點。美國總統杜魯門（Harry S. Truman）說，他需要一位只有一隻手的經濟學家，因為他不想要再聽到「另一方面」*這四個字了。我是有兩隻手的經濟學家，但我對行為財務學的看法非常明確。我強烈反對以下前提：民眾搞砸自己的財務狀況是因為他們行為不端、在財務上迷失方向、目光短淺，或是有精神問題。即便是最負責任、最謹慎、受過良好財務訓練、精神穩定的人也會犯重大錯誤。原

---

* 原文 On the other hand 的直譯是「另一隻手」。

因很簡單：我們面臨的財務問題複雜到令人難以置信，這當中完全沒有明確的方向，大腦根本無法解決這些問題。

為什麼我會這樣想？有三個原因。

第一個是自我反思。我意識到，就連像我這樣在經濟學上訓練有素的人，也完全無法勝任這項任務。舉例來說，如果你把個人財務狀況全部說給我聽，並問我你今年和餘生每年可持續支出的金額——換句話說就是讓我在沒有紙筆的情況下，幫你畫出消費平滑線的話，我的答案肯定會有30%以上的偏差。

其他經濟學家基本上也只能靠猜測來給答案。我曾經要求一屋子的經濟學家，在毫無準備的情況下回答一位假設中四十歲人士的消費平滑問題（他們齊聚一堂是為了討論家庭個人財務議題）。我給他們相關資訊並觀察他們的表情。他們看起來很不開心。他們都知道自己即將給出一個錯得離譜的答案。就在那時，他們似乎意識到，就連像他們這樣擁有財務知識的人，也無法透過自我反思來做出正確的財務決策。

這個問題由電腦精確計算出來的精確解答，是每年75,589美元。當天所有專家中，沒有任何一人的答案差距小於1.5萬美元。他們的答案從3萬到13.5萬美元不等。

難以做出財務決策的第二個原因是，我們必須先正確理解政府的福利和稅賦制度。在美國，這是一個艱鉅的任務。以社會安全福利（Social Security）制度為例，其中管理十

三項福利的規則有2,728條。如果你覺得這個數字還好，那在其操作規程（Program Operations Manual System）中，管理這2,728條規則的細則還有幾十萬條。再加上複雜的聯邦與州所得稅，沒錯，一切都超級瘋狂。如果不完整掌握這些規定，我們怎麼有可能最大化自己的終生福利，並最小化終生稅務呢？

　　財務相關決策之所以如此困難，第三個原因要回到我最初所說的：財務問題很複雜。我們必須在不同時間點決定在不同資產上花多少錢、存多少錢、買多少保險、以及投資多少錢。而且，我們還必須在面對現金流限制、瘋狂的稅賦與福利政策，以及討厭的「先有雞還是先有蛋」問題時這樣做。

　　討厭的「先有雞還是先有蛋」問題？

　　沒錯，這裡有個例子：是支出優先還是稅優先？這兩者相互影響。我們在一段時間之內能花多少錢，取決於我們在一段時間內要繳多少稅。但是，我們在一段時間內繳納的稅，取決於我們在一段時間內的支出*。

　　二十八年前，我決心設計一種電腦運算法，在處理現金流限制和複雜稅賦福利制度的同時，處理消費平滑的問題，那時我不曉得要從何開始，這個問題實在太龐大。但是，

---

* 如果我們花費越多，儲蓄就會減少，資產收入就會減少，因此未來支付的稅款就會減少。

正如波士頓人所說，「曙光在馬布爾黑德（Marblehead）升起。」（馬布爾黑德是波士頓北岸的一個城鎮。）我的見解是一次解決一項任務，然後將任務得出的結果輸入到下一個任務中。我將這套演算法稱為「重複動態規劃」（iterative dynamic programming）。這套演算法獲得一項專利。（順帶一提，動態規劃是工程師用來調整導彈和太空船飛行路徑的一種技術，所以要做出完全正確的個人財務決策，實際上需要具備火箭科學知識才行。）

我現在已經花了幾十年的時間來設計電腦程式，目的是設計出能正確做出基於經濟學原理的個人財務決策[*]。一方面是為了拿來做研究，另一方面是替我的軟體公司「經濟安全規劃」（Economic Security Planning, Inc）開發個人財務規劃工具。我們的主要產品MaxiFi Planner是本書的幕後功臣。要是我把這套超有效率的程式代碼印出來，會需要七令的紙，也就是3,500張。這就進一步證實我們已知的事實：財務問題相當複雜。

MaxiFi Planner是我所仰賴的首要指南，能替你安全穩健地找到更多錢、降低風險，並提高生活品質。但請放心，這本書並**不是**一本冗長的軟體推銷手冊。這本書的內容本身就非常完備，不需要另外操作軟體。我會跟讀者分享經濟學的一般原則，以及MaxiFi的具體規範。而我介紹的案例全

---

[*] 我用其中一個程式計算我向一屋子經濟學家提出的問題。

都是基於MaxiFi，所以都是正確的財務決策。

　　能有這套基於經濟學原理的財務規劃機制來讓我協助大家，這真的是滿神奇的。這就是為什麼我將這本書取名為《金錢魔法》，也是為什麼我很開心能在這裡向大家施展我的金錢魔法。我同時也非常想證明，經濟學家能做的不僅是研究大家的財務「錯誤」，還能開出財務上的盤尼西林：告訴大家所有能做而且該做的事，這樣就能擁有穩定、安全以及更高的終生生活水準。這就是我將在往後幾個章節中開出的處方。

導言

　　大家都想要錢，而某些人甚至想錢想到了危險的地步。邁達斯國王（King Midas）向狄奧尼索斯（Dionysus）許願能夠點石成金，如願以償後卻餓死了，因為連他碰到的食物都變成黃金。臭名昭彰的菲律賓前第一夫人伊美黛‧馬可仕（Imelda Marcos）成長時期幾乎一無所有。當她丈夫掌權並開始掠奪這個國家時，鞋子成為她購物清單上的首要物品。經過二十一年，她也買了將近三千雙鞋，人民開始起義反抗。這對夫婦逃過一劫，但伊美黛沒能把鞋子帶在身邊。在馬尼拉附近的馬里基納鞋博物館（Marikina Shoe Museum），她的鞋子收藏依然品味十足地擺放陳列在裡頭。

　　邁達斯和馬可仕夫婦是異類，他們沉迷於財富，我們絕大多數人並不是因為純粹的貪婪而渴望金錢。我們想要錢是有原因的：我們需要它。許多美國勞工已經好幾年沒有加薪

了，而多數退休人員在斷氣之前就會耗盡錢財。

　　幸好，我們能透過一些簡單有效的方式來獲取更多金錢，而不用拿自己辛苦賺來的積蓄當賭注。也有一些方法能夠降低你的風險；還有一些方法能用一定數量的金錢換到更多幸福快樂。

基於經濟學財務規劃的魔力

　　每種職業都有其專屬的魔法。生物學家能治療瘟疫；工程師建造摩天大樓；物理學家分裂原子；地質學家判斷岩石的年代；天文學家發現行星；化學家分解物質。

　　像我這樣的經濟學家呢？你知道的，經濟學家無法預測股市，錯過了大蕭條和大衰退，而且每次說話起手式都是：「如果你假設……。」雖然經濟領域挑戰重重，經濟學家還是創造了令人讚嘆的奇蹟。經濟學界的首席大法師亞當‧史密斯（Adam Smith）創造出所謂的「看不見的手」（invisible hand），將個人貪婪轉化為集體利益。大衛‧李嘉圖（David Ricardo）用「四個神祕數字」解釋了國家貿易的原因、內涵以及時間。阿爾弗雷德‧馬歇爾（Alfred Marshall）提出主導所有市場的神聖供需曲線。而遲來的偉大巫師保羅‧薩繆森（Paul Samuelson）將古老的經濟規範轉變成數學符文。

　　史密斯、李嘉圖、馬歇爾和薩繆森是史上最頂尖的經濟魔術師。但是，每位經濟學家經過訓練，都能用我們這行的把戲妙招解開謎團。這就說明經濟學何以如此迷人、令人驚

嘆、重要且有用。無論是用來理解全球市場、徵收排放稅，還是拯救我們的工作，經濟學都派得上用場。

雖然民眾普遍認為經濟學主要是用來解決龐大、全球性的議題，事實上，經濟學家已經花了一個世紀的時間來研究個人財務。但從歷史上看，他們一直在公眾視野之外行動：撰寫研究論文、舉辦研討會，並在學術期刊上發表文章。可以肯定的是，經濟學家會時不時從學術殿堂裡走出來，擁護一些基本的常識性原則：「為退休儲蓄！」、「多元分配個人資產！」、「購買保險！」但是，在鄰居的聖誕派對上被問到一些看似簡單的問題時，經濟學家向來都會尷尬臉紅、趕緊轉移話題，比方說：「唸研究所有意義嗎？」、「我負擔得起退休生活嗎？」、「我要先還學貸還是存退休基金？」

我曾經也屬於那群會臉紅、喜歡轉移話題的經濟學家。就像其他被問題轟炸夾擊的人一樣，我知道如何去思考民眾的金錢問題。我能夠列出所有相關因素，並建構出一個數學模型來提供答案。但我不曉得該如何解決這個模型。有太多相互依存、極其複雜、看起來很棘手煩人的方程式在運作。即使我們能想出一套軟體程式來對應無數的碎片，使用早期的電腦尋找答案也得花上很長一段時間。

近年來，電腦演算與運算技術有驚人進展，再加上雲端運算的使用，以及基本上毫不受限的電腦處理能力，使情況已經徹底改變。如果你今天在雞尾酒派對上碰到我，我會滔滔不絕地跟你分享重複動態規劃、自適應稀疏網格

（adaptive sparse grids）、非凸性（non-convexities）、內差偏誤（interpolation bias）、確定等值（certainty equivalence）、平行計算（parallel processing）等東西。

多虧這些進展，經濟學家基本上已經可以解決各式各樣的金錢問題。沒錯，基於經濟學的財務規劃有望徹底改變個人財務的方式與觀點。傳統的財務「建議」——各種粗略的經驗法則、誘騙家庭購買昂貴且危險的金融產品——這些都會被計算而非猜測的財務規劃所取代。閱讀這本書就是在見證這段過程。

核心重點：你的生活水準

我們所有的財務決策，無論是關於教育、職業、工作、生活方式、婚姻、退休年齡、稅賦、社會福利還是投資，全都涉及到我們的生活水準。這個詞泛指我們一生中可負擔的每位家庭成員支出。然而，多數民眾在做出財務決策時，並不清楚上述因素對生活水準的影響，更遑論其招致的經濟危機。相反地，我們依靠的竟然是金融產業自我圖利的詮釋，或朋友和家人未必可靠的建議。因為這些原因，我們失去大把金錢，幸福感大打折扣，還讓自己置身風險當中。

以下有十個關乎人生不同階段的問題，這些問題能夠說明財務決策如何協助你確定自己的生活水準：

1. 如果我辭掉工作回去唸書，是否還付得起餐費和房租？

2. 在生活成本低的城市做一份低薪工作，能花的錢會比在高生活成本城市做一份高薪工作還要多嗎？

3. 選擇一份薪水更多、挑戰更高的工作，對我的可支配支出會有多大影響？

4. 我們剛又有了一個孩子。我需要更多人壽保險來確保家庭生活水準不會出狀況嗎？

5. 我們在工作期間應該存多少錢，退休後的生活水準才能維持原樣？

6. 在降低個人終生稅賦方面，羅斯個人退休金帳戶（Roth IRA）會比傳統個人退休金帳戶*更適合，並讓我有更多錢可以長期支出嗎？

7. 預繳貸款會提高我的生活水準嗎？

8. 提前退休會對我的可持續生活水準有什麼負面影響？

9. 孩子已經搬出去自住，我們能透過縮減生活規模與開銷來獲得多大的消費力？

10. 如果我主要投資股票，生活水準會面臨哪些風險？

<hr>

* 個人退休金帳戶（IRA）是美國一種稅賦優惠的投資工具，專門用於儲蓄退休金。

　　這些可能是你自己的問題，也可能是你親戚、同事或朋友的疑惑。你是來這裡替自己找解答的。不過，幫助別人，尤其是你的父母和孩子，現在或未來都有可能帶來回饋與收穫。我們都是手足的財務保管人，尤其在情勢迫不得已的時候。這就是為什麼本書中提到的一切都適用於你。沒錯，你已經退休，沒有要選擇職業了，但你的孫子卻需要選擇。沒錯，你還有三十年就可以領取社會保險金，但你的父母有可能會太早領取，難道你要坐視不管，說「這跟我沒關係」嗎？等你意識到他們從社會保險中領到的錢越少，而且要是他們在生命結束前就把錢花光了，你就越需要幫助他們，就曉得這其實也跟你有關。

生活水準機器

　　想像一下，有台機器能回答你所有關於生活水準的問題，讓你更富有、更安穩、更快樂。這樣的機器真的存在！正如我在序言裡提到，我花了數年時間透過自己的財務規劃軟體公司打造這台機器。這台機器運用尖端科技，克服過去難以處理的技術障礙。這台機器充滿了各種細節，這些細節與我們的收入、薪資和州稅系統相關，當然還包含美國最複雜的財政制度規定：社會安全福利（Social Security）。

　　我的生活水準機器能完成四件事。首先，它計算出你應該花多少錢，也就是你的可持續生活水準。經濟學家稱之為消費平滑（consumption smoothing）：將你的生活水準維持

在一個平衡點上，或在你的現金流限制下儘可能達到這個狀態。第二，機器找出提高你生活水準的安全方法。第三，它計算你生活水準的風險，並找出使其更安穩的方法，包含投資的最佳方式。第四，它在你實際做出各種人生抉擇之前，幫你計算這些決定的成本，讓你用手上的錢買到更多幸福。

雖然我們的大腦不比電腦，但多年來的經濟學相關研究以及開發和操作這套軟體，讓我學到各種金融財務方面的經驗，我將在書中一一分享。本書的每一章都會透過經濟學原理，以及從生活水準機器的發現，來研究你個人財務的某一面向，協助你逐漸建立一個完整的理解，了解創造各種屬於自己的金錢魔法。在此過程中，我會跟軟體一樣把重點擺在以下三個優先事項上：讓你賺更多錢、減少風險、提高你從花費金錢中得到的幸福感。

讓你賺更多錢

我的首要任務很簡單：讓你賺更多錢。這裡有個例子能激起你的好奇。這個例子的主角是史密斯夫婦，他們來自波士頓，同一天生日，上週剛滿62歲。（史密斯夫婦是一個假設家庭，是本書中第一個假設的案例。書中還有很多其他實際存在的家庭人口實例，但為了保護隱私，我把他們的名字都改掉了。）

史密斯夫婦從25歲起就從事非常辛苦、有挑戰性的工作。他們跟同齡人一樣操勞到不行，所以上週舉辦盛大的生

日派對時，他們也同時宣布即將退休。不過，史密斯夫婦現在心碎了。他們終於坐下來審視自己的財務狀況，發現自己儲蓄太少，無法負擔有可能比工作時間還要長的退休生活。每年的歐洲之旅、夏季別墅、豪華汽車和波士頓塞爾提克隊（Celtics）季票的美夢，在一個小時內全部化為泡影。

為什麼史密斯夫婦沒有在幾年前檢視自己的財務狀況呢？他們認為社會安全福利與401(k)退休福利計畫的最高額度繳款就夠了。跟多數人一樣，他們認為山姆大叔（Uncle Sam）*和他們的雇主——引領我們財務行為的指標性人物——會把事情做對，會讓他們走上安全的財務道路。除了這種一廂情願的想法，史密斯夫婦也根本不敢檢視自己的財務狀況。

幸好，史密斯夫婦有五種簡單和安全的方式，能夠拯救他們的退休生活。首先，他們應該等到70歲再開始領社會安全福利金，而不是在62歲時立即領取。再來，他們應該現在就開始從401(k)帳戶中提款，而不是等到70歲。他們還應該以連生及遺屬年金（joint survivor annuities）的形式來提領。接著，他們應該將目前四房的房子規模縮小一半。最後，他們應該搬到新罕布夏（New Hampshire），那裡沒有州所得稅。

---

* 美國政府的綽號以及擬人化形象。

　　這種退休大改造會帶來驚人的變化。事實上，這將使史密斯夫婦的可持續退休支出增加一倍以上！根據原本的計畫，史密斯夫婦除了支付住房費用和稅款之外，每月還能負擔5,337美元的支出。在新的計畫之下，他們每月可花費11,819美元的費用。這是個非常大的成長幅度。以現值計算，終生支出總共增加1,578,374美元。

　　換句話說，新計畫等於給了史密斯夫婦一個裝滿約150萬美元現金的袋子。這就是金錢的魔法，純粹而簡單。

降低你的風險

　　我的第二件優先事項是幫你降低風險。風險的定義是，你的生活水準能在多大程度上高於或低於平均值。上行風險指的是體驗到高於平均水準的生活水準，這是好事。但下行風險是個很大的問題，這裡的意思是指與你預期相比，生活水準可能會下降很多。

　　我們都會面臨各式各樣的風險。有些我們能控制，有些則無法掌控。在這本書中，我會特別聚焦於以下幾種重要的不確定因素：

+ 收入風險（職業或工作期望無法達成的風險）

+ 死亡風險（英年早逝的風險）

+ 長壽風險（過了預期壽命後還活了很長一段時間的風險）

✦ 通貨膨脹風險（高物價使你的收入和資產購買力
　下降的風險）

✦ 投資風險（你在市場上遭受重大損失的風險）

　　這些風險光想到就讓人害怕，但我們能用一些超級有效
的方法來降低每一種風險。

　　這裡有個親身實例。我媽活到88歲的時候，我發現我
和我的兄弟姐妹面臨一個重大財務風險。正如我們所期望，
她還能再活很多年——在這些年當中，我們需要以高於以往
的水準來供應她的生活。我建議兄弟姐妹一起幫她買一份年
金，這與人壽保險相反。人壽保險是在人死後給錢，年金則
是在你活著的時候付錢。

　　我的兄弟姐妹覺得我瘋了。我媽的健康狀況不是太好，
預期壽命只剩四年。如果我們買年金，而她在四年或更短的
時間內去世，投資在保單上的大部分金錢就會損失。我同
意，但我認為我們更大的財務風險是媽媽有可能會活到100
歲，這樣她需要我們撫養的時間會比預期要長得多。

　　「她不可能再活超過五年，」他們說：「你看機率就知
道。」

　　我跟他們解釋說最重要的是她不符合機率的風險。談到
風險時，我們看的是最壞的情況。從經濟學角度來看，最壞
的情況是媽媽會比我們預期活得更久。

　　我的兄弟姐妹不喜歡我這種不帶感情、分析式的語氣。

但最後他們明白這點，不再堅持，我們一起買了年金。這確實是個很好的決定。媽媽在98歲時去世，我們都很想念她。

讓每一分錢發揮最大效益

　　我的第三大目標是幫助你以更快樂的方式花錢。為了了解這項任務的奧祕，請跟我去一間古怪的超市購物。在這間超市裡，商品都沒有標價。你無法知道四公升牛奶的價格、六包素食香腸的價格、一瓶超級辣醬的價格、一罐魚嘴罐頭的價格（沒錯，這個地方也賣一些奇異美食），就連一條麵包的價格也是謎。儘管如此，你還是得穿越貨架走道，決定要將哪些雜貨放進購物車。只要你挑選的東西總價格超過200美元，連接感應器的購物車就會自動從你的信用卡收取你選擇的商品的費用，並祝你有美好的一天。

　　如果你被迫在不知道價格的情況下購物，會有什麼感覺？應該會很不爽。如果你不知道任何商品的價格，就會購買比你心中價值還要高的東西。你也不會買那些價格比你心中價值還要低的商品。沒錯，你會帶著價值200多美元的商品離開商店，但肯定不會帶著價值200美元的快樂離開。

　　當然，先擺脫思想實驗的設定，商店內的東西也都會標價。但是我們常在不知其真實價格的情況下，購買很多重要且昂貴的東西。其中包含個人與生活上的抉擇。以下有幾個例子：提前退休、選擇讀哪間大學、再生一個小孩、換工作、裝修房子、搬到別的州，還有離婚。這些決定當中的每

一項都有一個精確的價格（還有可能是負數），這個價格的衡量標準是你的可持續生活水準。

舉個例子會更好理解。

比方說，擁有一份享有標準福利工作的你，決定在63歲而非67歲退休。提前退休代表你少了四年的收入。這也代表雇主和員工的401(k)保險繳費時間少了四年。這代表在你65歲有資格使用醫療保險之前，要自己支付兩年的醫療保險與其他保險相關費用。這代表因為你的工作年份較短，過去在保險範圍內的平均收入水準可能較低，社會安全福利有可能減少。這也代表你必須面對減少的現金流，所以比起其他情況，你可能需要更早提取退休帳戶、社會安全福利金或兩者皆用。如果你提早領取社會安全福利金，餘生所收到的福利金就會減少。提早退休也代表你的整個支出和儲蓄方式會有所改變，從而影響你未來的資產、未來的應稅資產收入，以及未來的聯邦和州所得稅。

你懂我意思了吧。要搞清楚提前四年退休對財務規劃造成的實質影響，這是非常複雜的一件事。但不要害怕，我已經準備好並能告訴你個人和生活上的財務決策究竟隱含多少成本，讓你能更明智地做出決定。如果提前退休是你從生活雜貨架上挑選的產品之一，我會幫你為它定價，計算你繼續工作所賺的錢是否會比多休息幾年還要有價值。如果你預期生活水準會受到10%的衝擊，而你得知實際上是20%，可能就會決定延後幾年退休。反之，如果你預期會有20%的

衝擊，但事實上只有10%，你可能會選擇退休，不然又會在那邊苦撐幾年。

　　簡而言之，我會協助你以你理解的價格，購買你能負擔得起的最大幸福。當然，每個人的財務狀況不盡相同，但我會提供充足的案例，讓你更清楚地掌握不同的個人和生活方式決定的成本為何。

記帳一下：隨著時間推移增加金錢

　　在本書中，我假設你的儲蓄會獲得1.5%的名目利率，並且會經歷1.5%的年通膨率。這個零實際收益率（通膨後）的假設，是基於我撰寫本書時的金融狀況[*]。這個假設很方便，我能直接將未來不同年份、經過通貨膨脹調整後的金額相加。比方說，假如你的年收入是75,000美元，距離退休還有十年，而你的薪資將保持固定實質價值（在通膨影響之下），那你的終生收入會是75,000美元乘以十，也就是75萬美元。

---

[*] 在我撰寫本書時，美國現行的三十年期國債利率是1.5%。現行的三十年期美國抗通膨債券利率非常接近零。因此，市場預測的長期通貨膨脹率是1.5%。就潛在違約而言，美國國債通常被視為世界上最安全的金融資產之一。因此，我的計算前提是你會用安全的方式投資，而通貨膨脹也會符合我們的預期。如果你轉而投資股票，我就需要調整所有結果來因應額外的風險暴露。最後，這些調整會讓我回到在數值分析時使用安全利率。

財務震撼彈

我們才剛開始，但我已經介紹三項財務驚喜了：一個利潤豐厚的退休生活大改造、幫自己有可能活太久的狀況投保，還有一個不用多花半毛錢就能活得更幸福快樂的方法。為了讓你了解我們接下來要探討的主題深度和廣度，下表列出許多你會面對的財務震撼彈。了解它們的成因不僅是件有趣的事，更重要的是，能讓你收穫滿滿。

金錢魔法的財務震撼彈範例

Q 把我的個人退休帳戶兌現拿來償還貸款，這樣划算嗎？

A 當然。

Q 我可以暫停領取社會安全福利金，然後在價值更高的時候重新開始嗎？

A 可以，只要你已經超過完全退休年齡（65到67歲）並且未滿70歲。

Q 我是否可以設定一個生活水準底線，然後只用生活水準的上行風險來投資？

A 當然沒問題。

Q 水電工一生賺的收入是否跟一般科醫生（General Practitioner）一樣多？

A 沒錯。

Q 搬到別的州有可能大幅提高我的生活水準嗎？

A 有可能，幾乎沒有例外。

Q 假如我因為工作而失去社會安全福利，我是否能拿回所有福利？

A 可以，幾乎沒有例外。

Q 誇張的消費行為是否跟激烈的投資行為一樣高風險？

A 當然是。

Q 如果我越有錢，是否就該依照比例持有更多股票？

A 不對，富人應該投資債券，窮人應該投資股票。

Q 把握市場時機有意義嗎？

A 有。

Q 如果我們有了另一個孩子，我需要更多人壽保險嗎？

A 不用，你可能需要更少！

Q 即便可能性很低，我是否該做好活到100歲的打算。

A 當然。

Q 退休後，我應該慢慢退出股市嗎？

A 不對，正好相反。

Q 羅斯IRA轉移值得嗎？

A 當然，只要時機正確。

Q 以成本效益的角度來看，反向抵押貸款（reverse mortgages）是解放被套牢的房屋資產的好方法嗎？

A 完全不是

Q 取得教育碩士學位有好處嗎？

A 大概沒有。

Q 在67歲而不是62歲退休，對我的退休生活會有很大影響嗎？

A 會有很大差異。

Q 如果我是年輕的單身人士，最棒的理財方法是什麼？

A 跟爸媽一起住。

遊戲計畫

　　我的目標是教給你我所知道的每一項財務技巧，讓你有能力創造屬於自己的金錢魔法。但首先，我的重點是讓你以傳統的方式賺錢：透過工作。同樣的工作量可以帶來截然不同的收入，進而影響生活水準。這取決於你的職業選擇，事不宜遲，馬上開始吧！

Chapter 1

我的水電工女兒

通往富裕職涯的道路

　　妳今年18歲，聰明機靈，接收各種科學知識，父母都
是醫生，他們已經幫妳把人生規劃好了：進入一流大學，然
後是醫學院，再來是一流的住院醫師，最後是漫長且充實的
一般科醫師生涯。他們對妳的未來充滿信心，篤定到向別人
介紹妳的時候都說「這是我的醫生女兒」。

　　問題是，妳沒辦法見血，也不善交際。更重要的是，妳
算數滿好的，妳計算過後發現，這年頭當一般科醫師並不划
算。事實上，考量昂貴的醫學院學費、長達十年的培訓、高
額貸款以及一般科醫生低到嚇人的薪資，醫生的收入跟水電
工差不多[2]。有些醫療專業的薪資更高，比方說放射科和外
科，但這些科別的培訓年限更長。此外，許多先進的醫療
領域都已快速進入自動化時代[3]。水電工這份工作看起來很
安全，美國有1.2億棟建築物，每棟建築都有自己獨特的管
線，而且這些管線無法自我修復，不會威脅到水電工的飯
碗。

　　好好選擇並經營你的各項職業，這是最重要的賺錢技
巧。這是最大限度提高終生收入和儘可能享受工作的關鍵。
為什麼我說「各項」職業，而不是單一職業？因為你可能身
兼數職，每項職業都包含多份工作。在18到48歲之間，多
數人會換四次職業、十二次工作。在職業與工作之間轉換是
有原因的，我們在尋找長遠看來最適合的位置，也都在權衡
重新開始的成本以及表現更好的潛力。

　　即便找到看似夢想中的工作，還是有太多不斷變化的

選項讓我們繼續尋找新的職業。美國勞工統計局（Bureau of Labor Statistics）羅列的職業清單，讓我們一窺職業選擇的無窮可能，同時也顯示要選出最佳的職業或工作有多難。美國勞工統計局列出 867 種主要職業選擇，決定要從事哪項職業以及要做多長的時間，這實在讓人不知所措。不管做出什麼選擇，你八成會覺得自己選錯了。打個比方，想像你今天去一間提供 867 種口味的冰淇淋店，你馬上看到店裡有巧克力、香草和餅乾麵團等經典口味。然後你掃視一排排打開的冰淇淋桶，幾乎所有冰淇淋看起來都很美味，名字聽起來也讓人蠢蠢欲動。如果能全部嚐一口，你絕對能找到自己最愛的口味。但有一長串的嗜糖者在你背後排隊等待，你只有一分鐘時間決定，卻不知道該如何選擇，於是詢問店員最愛的口味。很快地，你就拿著冰淇淋走出店，驚恐地看著手中那兩球馬肉口味冰淇淋，那是世界上現有冰淇淋口味中最噁心的。

幸好你有幾年的時間來探索各種職業選擇，而不是只有幾分鐘。另外，你也有免費、值得信賴的網路職業顧問，也就是美國勞工統計局。美國勞工統計局的職業就業和薪資統計（Occupational Employment and Wage Statistics，OEWS）計畫針對 867 份職業提供各別詳細資訊（請查看 BLS.gov.）。你會發現自己可能從沒有想過的職業，以及你肯定沒有聽過的就業選擇。

你、你的女兒,和你的孫女南希

假設南希今年22歲——她可能是你自己、你女兒或你的孫女。南希剛從杜克大學(Duke)畢業,取得藝術史學士學位,但欠了一屁股學貸。上個月,她努力向全國各地的博物館申請37份低薪實習職位。截至目前為止,她已經收到33封很有禮貌的回絕信。

南希的反應和我們一樣,碰到這種狀況都會驚慌失措、尋求協助。她第一個諮詢的對象是鮑伯叔叔,一位耳鼻喉科醫師。鮑伯鼓勵南希成為一位助聽器專員(hearing aid,HA)。「這個領域潛力無限。美國正步入高齡化社會,而聽力退化必然伴隨高齡化而來。」

南希上網查這個職業,她到BLS網站的OEWS頁面。統計數據顯示,HA的年薪平均為5.3萬美元,這對南希來講還不錯,但這是她最好的選擇嗎?她的目光落在一個聽起來很怪異的職業上,這個職業列在HA上方:義肢矯具師(orthotist and prosthetist,O&P)。O&P協助個案安裝腿部支架和義肢,與安裝助聽器有點不同,但也不是截然不同的領域。而且,O&P的年薪平均為7.3萬美元,比HA多出38%。

假設南希成為一名義肢矯具師而非助聽器專員。假設她每年多賺2萬美元,以通貨膨脹調整後的美元計算,一直賺到67歲的合理退休年齡。這代表她一輩子的生活水準會提升多少?

由於現行通貨膨脹調整後的長期利率基本上為零,答案

很快就能算出來。只要用2萬美元乘以南希工作的45年，就得出90萬美元的終生收入差異。天啊，一輩子賺的錢就差了將近100萬。對南希來說，這根本是個「啊哈」時刻（ah-HA，抱歉讓我放個諧音梗）。作為一位O&P，南希可以比助聽器專員提早14年退休，而且仍然能享有同樣的年度生活水準直到老死。

你的職業收入路徑

　　收入成長是職業選擇的一個重要面向。遺憾的是，BLS並沒有按照起始年齡或工作年資提供收入數字，不過網站上有提供相同職業的不同薪酬水準。例如，第25百分位數的O&P薪酬（100個O&P當中薪資最低的第25位O&P的薪資）是5.2萬美元。如果我們將這個數字當成入門收入的代表，將第75百分位數視為職業生涯結束時的收入代表，就能比較不同職業的薪資成長。運用這項估計，O&P的起薪比HA高約1.4萬美元，而O&P的職涯後期薪資則比HA高近2.3萬美元。這代表O&P的薪資在職業生涯中成長更快。

　　BLS網站還能讓你比較不同城市的薪資。在密西西比州傑克森市（Jackson, Mississippi）擔任O&P的平均薪資為12.3萬美元，比全國平均水準高出5萬美元。這是繼洛杉磯的12.9萬美元後，O&P平均薪資第二高的城市。但根據網路生活費用計算器評估，洛杉磯的生活費比傑克森高出約50%。所以，O&P在洛杉磯的生活水準遠低於傑克森。

佛羅里達州坦帕（Tampa, Florida）的HA是所有HA當中薪水最高的：7.7萬美元。這比全國HA的平均薪資5.3萬美元高很多。然而，考量到薪資與生活成本的差異，在傑克森擔任O&P的生活水準，是在坦帕擔任HA的二倍。

　　「但是O&P的薪水跟得上HA嗎？」鮑伯叔叔這麼問，他懷疑自己沒有給出最好的建議。「妳提到的HA和O&P薪水差異真的很誇張。但這項數據只能讓妳了解大概狀況。妳必須了解隨著時間推移，這二個領域會出現什麼變化。三十年後，HA的薪水可能會超過O&P。」

　　鮑伯說得有道理。根據BLS十多年前的數據，這二個職業之間的薪資差異已經縮小，但目前O&P與HA的薪資差距仍然很大，而且沒有人說這個差異會繼續縮小，更遑論HA的薪水會超越O&P。

　　鮑伯叔叔又繼續說服南希。「妳有沒有考慮到培訓成本？搞不好取得O&P資格會比取得HA更花時間，而且學費也有可能更貴。」

　　「當然有，」南希回答：「這兩份職業的時間和金錢成本差不多。不管選擇哪一條路，我都需要借更多錢，並至少花一年時間取得認證。哎，這就是為什麼我想找工作的時候，第一個就來找你。我需要借一筆錢。」

只要去找，就會找到

南希對這個暫定的職業計畫感到迫不及待。但現在她已經把注意力轉移到賺錢上，她想知道是不是有比成為一名O&P更高薪的選擇。好在BLS提供二位虛擬助手，也就是職業手冊和職業搜尋工具，能夠協助她縮小搜尋範圍。

職業手冊會描述每項基本類型職業的特點，並讓你深入了解相關的專業。手冊還提供一目了然的職業資訊，例如薪資中位數、教育背景要求、先前的工作要求、在職培訓條件、全國就業情況以及預期職業成長。職業搜尋工具能讓你搜尋符合特定特徵的職業，例如平均薪資高的工作。

遺憾的是，職業搜尋工具在縮小搜尋範圍的時候很容易把範圍縮得太小。為了確保不會錯過任何一個偉大的職業，我建議讀者在867個職業中慢慢尋找。想想南希簡單比較O&P和HA之後發現的巨大財富，千萬不要心急或偷懶。另外，也別忘了，可選擇的職業其實遠多於BLS列出來的。即便BLS的職業類別看起來很專業，但其實這些分類還是高度集中的。

以職業11-9033為例，它指的是高等教育行政管理人員，這是南希應該考慮的選項之一。這個職業需要有學士學位，全國平均薪資為11.2萬美元，比O&P的平均薪資高3.9萬美元，比HA的平均薪資高出5.9萬美元。以下是BLS的描述：

規劃、指導或整合研究、教學、學生行政與服務，和其
他高等教育機構的教育活動，包含大學、學院、大專和
社區學校。

　　大學發布許多符合11-9033的職業，其中包含大學部門
經理、大學實驗室專員、大學部學生顧問、助理訓導長、學
術補助金專員、學院預算主任、計畫主任、計畫專員、人體
試驗專員和學生事務經理。

　　BLS列出的所有職業都需要至少再進行初步分類檢索，
比方說HA有二種類型：聽力師和助聽器專員。前者負責診
斷聽力損失，後者選擇助聽器來解決這個問題。

人脈、人脈、人脈

　　像BLS這樣的職業資料庫只能讓你得知某份工作的概
況和粗略資訊。如果你覺得擔任學校的補助專員聽起來很有
趣，而且想實際了解工作內容，可以打電話到當地大學，詢
問是否能與補助部門的負責人或助理負責人談話。你可以說
自己正在研究這項職業，而且有些問題只有他們能回答。你
有可能會得到很多建議，甚至得以當面會談，還有可能共進
午餐！

　　向朋友、家族成員甚至是陌生人聯繫來了解職業，最後
還順利找到一份工作，這就是所謂的人脈連結。沒人曉得到
底有多少人是透過人脈連結找到工作的，但證據顯示這個比

例遠超過一半[4]。還有證據顯示，有很大一部分的職缺並沒有公開徵才，因為雇主發現靠人脈網絡尋找合適的人選，比翻閱成堆的履歷還更有效率。這代表你必須利用人脈優勢，才有機會獲得許多潛在工作機會。朋友僱用朋友本來就不是新鮮事，用這個概念來理解你就懂了。至於如何善用人脈關係，網路上有很多實用建議，例如正確撰寫履歷、運用LinkedIn等社群媒體、主動幫助你希望能得到幫助的人，或單純當一個親切友善的人。

除了傳統的人脈連結形式，專業職業顧問、網路求職工具還有獵人頭公司也能幫上忙。網路工具需要付費，而且很多似乎是基於BLS的免費數據，所以花錢使用服務時要謹慎些。至於獵人頭公司以及招聘人員，他們通常會向雇主收費，所以使用他們的服務對你來說不會有什麼損失。

永遠要設想明天

搖滾樂團佛利伍麥克（Fleetwood Mac）說得沒錯，永遠專注於明天，原因很簡單：談到職業選擇，回報是長期的。同時也別忘了，不管某個職業看起來有多吸引人，如果沒辦法長久地做下去，那就不會是最好的長期選擇。

許多高薪工作都很容易讓人過度疲勞，離職率也很高。企業律師就是很棒的例子。年輕的時候，你必須每週工作60個小時以上，如果到了50歲，你已經無法適應這種工作步調，而被一位有意願並渴望在週末工作的27歲年輕人取

代，你那耀眼的職業生涯就會劃下句點。選擇職業時，要確認那個產業裡有一定比例的勞動人口是中老年人口。如果沒有，這可能代表那份工作相當操、對體力的要求相當高、勞工一旦上了年紀就會被拋棄，或因為年資關係薪水太高而讓公司不願聘請。

美國的累進稅制放大了選擇高薪但可能短命的職業要付出的代價。由於我們是按年繳稅，同樣的終生收入擠在比較少的年數裡，代表每年的收入更高、平均年稅率也更高，造成你實際能花用的錢變少。請記住我們針對醫生和水電工的比較，醫療從業者需要將大量收入壓縮在相對較少的年數裡，這就會產生稅賦集中效果。水電工則不然，這就是水電工之所以能與醫生享有相同生活水準的原因之一。

過度疲勞確實是一大危險，但這至少某種程度是在你的掌控當中。然而，假如你的工作被自動化、委外或是離岸外包（offshoring），你大概也沒什麼選擇，只能去找一份新的職業。

如今，自動化是選擇職業時一個特別被關注的問題。根據統計，機器人將在未來幾十年內取代半數美國現有工作[5]。這聽起來好像有點誇大，不過，我們也很難想像有多少工作是機器人真的不能或不會做的。機器人已經在幫我們開飛機、駕駛汽車、在工廠裡工作、替我們配藥、處理購物訂單、照看我們的孩子、幫忙烤漢堡、吸地毯、切除膽囊、替我們擦背，還會殺死我們的敵人。而且，有大批技術勞動

者已經被比當今更不先進的科技所淘汰了。例如，在1900年，工作用馬匹的數量超過2,100萬匹，其中大部分從事運輸和耕作，然後出現了內燃機。今天，工作馬匹的數量不到200萬匹。

幸運的是，你可以檢查任何職業變成工作馬匹的可能性，這些可能性是由經濟學家和機器學習專家估算而出。透過Replacedbyrobot.info這個網站，你就能知道自己的職業有多高機率會被高科技取代。有趣的是，該網站報告指出，在所有職業中，O&P和HA（這裡指的是聽力師）的自動化程度最低。雖然我們大量運用軟體來訂製支架和義肢以及改善聽力設備，但人類臨床治療師似乎還是不可或缺的。

因工作委外或離岸外包而失去工作，跟敗給機器人一樣淒慘。委外代表你的公司僱用第三方來做你的工作；離岸外包代表你的公司用不同國家的人取代你。目前，離岸外包對美國就業的威脅似乎遠比委外還要大。最近一份研究表示，在未來幾年內，四分之一的工作可能會被離岸外包[6]，太可怕了！

正如我們在自動化方面所見，最不可能被委外或離岸外包的工作，是那些非重複性且仰賴人類技能的工作。這包含醫療保健產業當中的許多工作，比方說HA或O&P，兩者都需要人與人之間的互動。

另一種避免變成冗員的方法是，在新業務快速成長的區域展開職業生涯，這種領域新的工作機會會不斷湧現。這樣

一來，就算你被解僱，要重新開始也會比較容易。值得注意的是，在美國 3,006 個郡當中，有半數新公司選擇在其中 20 個郡落腳，這之中任何一個郡都會是展開職涯的理想所在[7]。這些郡有些位於昂貴的大都市，有些則位於生活成本較低的郊區。

由於有很多不確定因素會導致你提早轉換跑道，要如何將這個因素納入各個職業的收入比較中？答案就是將每年的收入乘以你持續從事該職業到特定年數的機率，比方說 0.8（80%）。然後把所有預期年收入加起來，扣掉預期年度成本，就能得到該職業的預期價值。要從哪裡得到這個機率？首先，我們當然要去研究該職業被自動化的預期機率。另外，也要問問該領域從業的人員，問問他們認為自己的工作在三十年後繼續存在的可能性有多高。

當然，這些數字計算並不能反映被解僱和生活狀態被徹底顛覆的實際經濟與心理成本，也不能反映在一個不斷萎縮的產業中工作的恐懼因素。這些都是不能被忽略的個人因素。不過，考量到特定職業或工作消失的可能，這確實能直接反映出其平均薪酬。

用較高的初始收入換更快的收入成長

假設你今年 22 歲，預計工作到 67 歲。職業 A 的起薪很不錯：每年 7.5 萬美元。但這份工作不保證實質薪資會成長，這代表你的年薪成長不會超越通貨膨脹。職業 B 的起薪

只有6萬美元，但到50歲（多數職業的收入高峰）時，年收入將以高於通膨率的2.5%成長。從整個職業生涯來看，哪份工作的稅後收入更高？

職業B遙遙領先。雖然起薪少了20%，但到50歲那年，你的收入高出60%，而且在接下來17年內都能領較高的報酬。在職業B中，你的終生收入要高出35%！不過，請小心。職業收入越來越高是有原因的，這樣你就會有動力在年輕時更努力工作，以便在年老時獲得豐厚的回報。但這通常也代表假如你不努力工作或是沒有帶來足夠的業務，雇主會要你走人。此外，等到你真的賺更多的時候，某些黑心雇主可能會用不合理的原因解僱你，來避免不得不支付給你的更高薪資。假設你在工作十年後被解僱，也就是在職業B中達到75,000美元年薪所需的時間，這是相當可怕的，因為你可能懷抱著未來薪資大幅上漲的想像而拚盡全力工作。

找一份你喜歡而別人討厭的職業

如果職業B的報酬比職業A高出35%，這是有原因的。當某職業的薪資水準因其工作內容在某種程度上令人不愉快而提高時，這種額外薪資就是經濟學家所謂的「補償性差額」（compensating differential）。

補償性差額在勞動市場上很常見。在其他條件相同的情況下，比方說技能、教育程度和經驗，從事不愉快的、危險的、讓人緊繃的、不安全的、令人不安的，或是有經濟風險

工作的人，會比具有相同技能但從事沒有這些缺點之工作的人得到更多報酬。我們再來思考南希在O&P與HA之間的抉擇。O&P職位的薪水之所以更高，可能是因為幫80歲的老人安裝助聽器，在情感上比幫23歲的年輕人裝義肢更輕鬆自在。

這就是鮑伯叔叔說服南希選擇HA時採取的最後策略。「南希，妳一定知道為什麼義肢裝置人員的薪資更高。妳每天都有可能碰到一個身體有嚴重問題的個案，這會讓妳心情沮喪。」

南希已經想清楚這點。「我懂你意思。O&P的薪水比HA高不是沒有原因，我也知道有時候這份工作會滿辛苦的。但我跟多數人不一樣，我比較異於常人。擔任O&P幫助個案時，我會獲得很大的成就感。事實上，對我來說，補償性差額只是額外獎勵，就算這兩份工作的薪水一樣，我也會選擇做O&P而不是HA。」

「好吧，南希。我很高興妳有把所有面向考量進去。或許做O&P是最適合妳的選擇。」鮑伯叔叔回答。

「說真的，叔叔，我一發現原來自己能輕鬆做出職業選擇，而且還有可能賺更多錢，我的胃口就變大了，還不斷研究各種選項。我已經找到一個補償性差額更大的工作。我正在考慮成為一位殯葬人員。這個產業由男性主導，但女性也可以賺大錢啊！」

這次，南希又說對了。她用個人補償性差異來搜尋工

作。對她而言，當一位殯葬人員感覺很有趣，她喜歡跟那些不會頂嘴回話的人共事。所以，她不僅會因為做一份多數人不願做的工作而賺到更多薪水，還能從中得到更多樂趣。

找尋自己的生財之道時，一定要謹記這個段落的寓意。你越是喜歡大多數人都討厭的事情，例如成為一名屍體防腐員，就能在尋找職業時挖到更多財富。竅門是找到一個你喜歡而且最好別人討厭的職業，並把這個職業擺在你的搜尋列表首位。

當自己的老闆

自己當老闆並不適合所有人，但你不是那其中之一，不然你也不會讀這本書。每年有超過60萬家新企業成立，其中有許多人失敗收場。七年後，只有半數存活下來；十年後，只剩三成的人仍在經營；二十年後，只有兩成的人屹立不搖。所以說，創辦自己的事業並不是一件穩賺不賠的事，但它能帶來巨大回報。你不一定要成為賈伯斯（Steve Jobs），當年他在自家車庫創辦蘋果電腦、成為億萬富翁。許多成績不錯的企業家都證明你能安全且體面地當自己的老闆。

以我最近認識的二位企業家帕特（Pat Cairny）和卡拉‧凱爾尼（Cara Cairny）為例。年輕時在愛爾蘭，帕特的課業表現不錯，但大學並非他的興趣所在。在父親那座又小又難以維生的農場工作也不是他的志向。18歲時，他離開

愛爾蘭科克（Cork），來到紐約薩格港（Sag Harbor），他的姐姐卡拉已經住在那裡，並且有一份打掃房屋的工作。

我和妻子租下帕特父母位於科克的別墅，我們很快就跟他們變成朋友。幾個月後，他們要去長島（Long Island）拜訪帕特和卡拉，我們也一起同行。他們曾說過他們的小孩事業不錯，但帕特和卡拉的成功其實已經到了驚人的地步。帕特現年45歲，經營一家非常賺錢的建設公司，卡拉創辦的清潔公司也生意興隆。

帕特從愛爾蘭來到紐約後，找到的第一份工作：在一個建築工地打零工。後來，他陸續替幾家不同的承包商工作，對建築營造業有更深入的認識。他發現自己天生就很會設計以及與客戶互動，對紐約人來說，他的腔調特別迷人。五年後，他開始自立門戶，並且僱用額外人力來完成他接到的中等規模委託案。最後，有一位朋友請他設計和建造一座小屋。那座小屋相當漂亮，也替他引來更多更大規模的案子。我們見面時，帕特正在替一位華爾街巨頭建造一棟三萬平方英尺的海濱住宅。這棟豪宅應有盡有：網球場、游泳池、熱水池、按摩浴缸、健身房、六車位車庫，還有一大片太陽能板來減輕主人對氣候的擔憂。

同時，卡拉也運用最古老的行銷技巧擴大自己的業務：請現有客戶幫忙尋找新客戶。客戶名單越來越長，卡拉花在清潔上的時間也越來越少，大多時間變成監督工作。不久之後，她的清潔工作就拓展成一個有35名員工、700名客戶的

企業。卡拉和帕特一樣，很快就達到高收入的生活水準。

離開愛爾蘭大展身手的二十年後，帕特和卡拉依然是腳踏實地的人。問及他們成功的原因時，他們都說只是運氣好。他們說自己也很有可能只在當地餐飲業當個服務員，並且一路做下去。話是這樣說沒錯，但我覺得有餐飲服務經驗的他們，可能會開始做餐車生意，然後開間小咖啡館，最後是屬於自己的餐廳。凱爾尼姐弟幹勁十足，做什麼一定都會成功。

雖說幹勁是他們成功的重要因素，但這並不是最大關鍵。最重要的是內行知識。他們仔細研究自己所處的產業，發現自己可以提供比老闆更好、更便宜的服務。回顧班傑明・富蘭克林（Benjamin Franklin）的格言，**時間就是金錢**。也許對創業家來說，這句話可以改成：**專業知識就是金錢**。順道一提，這種知識不需要是技術性的，它也可以是人際關係方面的。在帕特的情況中，他當然需要學習建築和營造技術，但他也需要充分了解兩件事：他的設計感比許多跟他來往的承包商和建築師都要好，而且他性格討喜幽默，當地沒有其他人比他更會和客戶打交道。謹慎也是關鍵。帕特和卡拉都知道不要舉債，讓公司慢慢成長茁壯才是明智之舉。

自己創業聽起來風險很高，但對帕特和卡拉而言，他們的決定是相當安全。替自己工作的風險，最後可能會比為他人抬轎還要小得多。帕特和卡拉享有最大的就業保障：他們

不會被解僱，晉升機會永遠不會被別人搶走，永遠不會拿到少於預期的獎金，也永遠不必忍受難搞的老闆。此外，隨著業務量成長，他們的收入遠超過當別人員工時的薪水。

利用昂貴信號提升職涯

確實，當自己的老闆是個不錯的選擇。不過就算身為員工，我們還是有其他方法能掌控自己的經濟前景。CJ是貝爾蒙洗車場（Belmont Car Wash）的長期員工，後來變成老闆。我以前住在麻州貝爾蒙（Belmont, Massachusetts）附近，會把車開到CJ那邊讓他洗。即使已經六十多歲了，他也不會大聲命令員工，而且做起事來一絲不苟，對員工以身作則。

有一天，CJ向我講述他精彩的職涯故事。他在1960年代來到波士頓，當年他才二十出頭歲，身為一位只有高中文憑的黑人，要找工作並不容易。經過幾個月的尋覓，他看到洗車場的徵人公告，便轉了四次公車來到貝爾蒙。洗車場老闆對他半信半疑，但他說服他們給他一個機會。老闆請他隔天早上八點來上班，他早上六點半就抵達，還打領帶、穿著乾淨發亮的鞋子。他的打扮讓老闆刮目相看，問他等了多久，他說：「一個半小時。」

隔天，情況一模一樣：CJ在六點半現身，八點開始工作。他每天都超早就到洗車場報到，打扮也超級體面，總是穿著擦得發亮的鞋子。這到底有什麼意義？正如他向我解

釋，他是在對雇主發出信號，顯示他是可靠的。由於他是黑人，所以必須格外努力發出信號。他越早報到、穿得越正式、鞋子越亮，他的成本就越高，信號也因此變得更好。如果他只是提早十分鐘上班，那其實沒什麼大不了的。但是每天都提早一個半小時到公司，而且穿戴整齊、鞋子閃閃發亮？這是非常可信的信號，這達到他要的效果。業主發現CJ花了寶貴的時間和金錢來說服他們說他很認真看待這份工作，讓他們知道他願意努力與他們長期合作。

CJ的外表也顯示他有更大的抱負，絕對不僅僅是洗車。因此，業主馬上開始用截然不同的方式來看待CJ。尤其是，他們發現CJ能幫他們解決一個很關鍵的問題：他們要去打高爾夫時，需要一個至少跟他們一樣優秀的人來經營生意。老闆還需要一些關於廣告、新產品和節省成本的新思維。幫忙解決這些問題，CJ並沒有領到額外薪水，但他依然願意做。他曉得如果要提升自己的職涯，這是最快的方式。在他的努力下，還有他想出來的新行銷策略，例如以燦爛笑容接待客戶並記住他們的名字，洗車場的收入增加超過一倍。

經過一段時間，CJ從眾多汽車保養技師的一員變成業務管理者。業主退休時，他們把這個企業賣給他，他也繼續將生意經營得有聲有色，供他的三個女兒上大學。CJ說這是他這輩子最大的成就。不用說，即使他成了洗車場的老闆，鞋子依然擦得閃閃發光。

　　CJ祭出的策略基本上就跟一個發展完善、獲得諾貝爾獎的經濟學理論一樣，那個理論指出昂貴的信號能夠帶來可信度。作為一名經濟學家，最讓我驚訝的是，CJ在大概22歲的時候，就已經靠自己想出信號理論的精髓，並且用如此優秀的方式傳達他自己的信號。

晚年轉職

　　我們暫時將焦點轉回帕特身上。假如帕特和他的生意碰到三件倒霉事怎麼辦？他們的華爾街大亨客戶因為金融詐欺而入獄，無法支付欠帕特的鉅額款項；海平面大幅上升，長島北端的建築工程需求枯竭；帕特變得越來越不幽默。

　　帕特必須重頭來過。但是要在哪裡東山再起，該做些什麼？在45歲時選擇職業與22歲時不同，所以他的盤算顯然會與南希的計畫有所差異。最大的差異是，在較高的年齡選擇從事一個新的職業，代表回收培訓成本的時間較少。例如，假如帕特的目標是在65歲退休，他就不可能花十年時間接受培訓成為一名醫師，否則在他正式收費看診的時候都已經56歲了。同理，他也沒有時間去做那些起薪較低但薪資成長較快的工作。所以，他需要找一個能快速獲得報酬的職業。

　　如果他針對每個職業進行計算，把所有預期收入加起來，再扣去所有預期費用，那回收投資成本的極短時間就是關鍵。他能看到哪些職業能帶來回報，哪些職業是做白工。

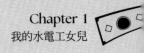

回顧

以下是職業選擇的重點整理：

☑ 現今的勞動市場，自動化、委外和離岸外包趨勢發展
快速，這跟你父母那輩的勞動市場截然不同。在這個
市場上，水電工一輩子的收入可以跟醫生一樣多，而
且還有許多聞所未聞的職業值得考慮。

☑ 使用BLS和其他可用工具，但要意識到你需要的不只
是用資料庫來研究職業選擇。尋求幫助、瘋狂建立並
運用人脈，想辦法替潛在雇主解決問題。發出信號，
然後再發出更多信號，清楚展示出你個人承擔的成
本，讓對方知道你具備與眾不同的才能和態度。

☑ 善用加減乘除。估算出你在每個職業中能長期持續、
可獲得預計回報並支付預期成本的機率，然後再將每
個職業的回報與成本逐年乘以這個機率。將每年的所
有預期報酬相加，減去所有預期成本。這樣就能初步
判斷哪個職業能讓你獲得最大收益。但不要忽略最壞
的情況，你不能只是順著機率走，發生在一般人身上
的事未必會發生在你身上。

☑ 比較預期淨成本和你個人補償性差額。這就是你選擇
職業A而不選擇職業B需要的報酬（假設這二個職業
的報酬不同）。

☑ 假如一個職業的酬勞在沒有明確原因的情況下高出許

多，請找出原因。這個職業是否更有可能造成生理危險、工作時間比較讓人難以調適、培訓成本更高、身心俱疲的機會更高、必須面臨更多性別或種族歧視，或是通勤時間更長？請留意該職業的補償性差額，但不要因為其他人都討厭這個職業，就不敢追尋自己喜歡的工作。那其實就是你的甜蜜點。

☑ 考慮自己當老闆，如果你用正確的方式做對的事，就能提高你未來勞動時間內的收入，帶來無與倫比的工作保障。

☑ 永遠要考量明天。在你剩下的勞動時間裡，你是否選擇最適合的職業？應該轉行嗎？你目前的職業有危險嗎？換句話說，請隨時注意狀況、抱持開放的態度來面對不同選擇。每隔幾個月就安排一次面談，跟配偶、夥伴、父母或朋友一起評估職涯發展。

☑ 考慮你的職業收益趨勢以及未來風險。如果你在長島做建築，就得留意海平面。但也要明白，每一場颱風都可能會讓人損失家園，也可能讓你在幫他們重建家園時得到好處。

☑ 不要擔心轉職或跳槽的問題。市場上有太多選擇，不需要守著一個職業不換。當然，提出自己被別的公司挖角的可靠情報是升遷最快的方式。請記得，職業選擇是你最重要的財務投資。只須付出一點額外努力，你就能找到一個能帶來幾十萬美元額外終生收入的職業。這就是金錢的魔法！

Chapter 2

堅持下去或閒晃玩樂？

判斷退休的正確時機

　　如果你已經年過5、60歲還在工作，可能會很想辭職和退休的朋友出去玩。也有可能你的伴侶或配偶已經退休，想要你陪。又或者你的孩子可能正在找一位免費的全職保姆。

　　從財務上來看晚一點退休比較聰明也更有保障——換句話說就是與工作為伍而不是和朋友混在一起。但我們當中有將近2/3的人提前退休，年齡介在57至66歲之間[8]。

　　很少有人用以下觀點來看待退休：我們一生中最長也最昂貴的假期。這麼說來，含飴弄孫的時光、追求興趣愛好、壓力減少、隨心所欲做自己想做的事，這些退休的好處都必須付出昂貴的代價，也就是失去幾年甚至幾十年的收入。

　　在本書羅列的所有金錢妙招中，最簡單的莫過於靠**不賺錢**來賺錢。提前退休是個放棄金錢的決定。我想說明的是，在某些情況下，提前退休是個很棒的選擇。有些人已經妥善規劃並有餘裕提前退休，能以他們理解並可承受的價格購買更多閒暇時間。當然，許多勞動者根本沒有選擇，他們耗盡了身心。有一些人發現自己的工作被自動化、委外或是離岸外包。還有一些人單純因為年紀太大而被非法解僱，找其他工作時還碰到年齡歧視。

　　不過，絕大多數決定提早退休的人都是出於自願。大多數在55至64歲這個區間結束工作的人都身體健康，並沒有碰到妨礙他們繼續工作的疾患[9]，但他們當中儘管有許多人沒有任何積蓄，還是決定退休。

戰後嬰兒潮世代的退休災難

現在要提早退休的那群人，是在1946至1964年間出生、數量龐大的戰後嬰兒潮世代，擁有高達7,300萬人。有鑒於嬰兒潮世代的儲蓄有限，他們大多都自願提早退休的決定實在令人驚訝[10]。確實，幾乎有半數已經退休的嬰兒潮世代沒有半點積蓄[11]。在所有嬰兒潮世代中，財富中位數僅為14.4萬美元，這還不到美國三年的家庭支出中位數[12]。如果這一代人有足夠的私人、州或地方養老金可以依靠，狀況或許會好一些，但他們沒有。只有不到1/3的人擁有養老金和社會安全福利，而社會安全福利的平均福利每年不到1.8萬美元[13]。至於那些有養老金的人，許多人在沒有參與社會安全福利計畫的州或地方政府工作，所以他們的勞工無法參加這項計畫。

普遍儲蓄不足不僅是嬰兒潮世代的問題，多數勞動者的儲蓄都少之又少。根據波士頓學院（Boston College）退休研究中心（Center for Retirement Research）的報告，現今有半數的勞動家庭面臨退休後生活水準大幅下降的風險[14]。如果所有勞動者都晚兩年退休，這比例會下降大約一半。

不是我要嚇唬大家，引用美國航空暨太空總署（NASA）的一句老話，就算數以百萬計的退休者犯了大錯*，並不代表你的個人儲蓄太少。話雖如此，你還是有可能打算過早退休，或是在應該回到職場時處於退職狀態。決定什麼時候要

---

* 原文為 screw the pooch。

永久退出勞動市場，你需要做兩件事。第一是意識到從財務層面來看，你可能會比預期還要長壽；第二件事是了解更長的工作年限能替養老金帶來神奇變化。

你不能指望會準時過世

多數人未能充分儲蓄，部分原因是社會上普遍對預期壽命有所誤解。在統計學中「預期」指的是平均數。例如，今天一位50歲的人平均來說會在82歲時死亡，因此他們的預期壽命是32歲。預期壽命通常會被拿來設定一個人的財務規劃期限。這看似合理，但坦白來說還滿瘋狂的。

我們正好在預期壽命到來時死亡，這個機率基本上是零，而我們在預期壽命一年內死亡的機率也是微乎其微。在目前50歲的人口中，有一半以上會活過80歲[15]。大約1/4的人可以活到90歲。此外，如果你已婚或有伴侶，家庭單位的綜合壽命才是最重要的。以一對65歲的已婚夫婦為例，二人中至少有一人能活到95歲的機率是18%[16]。

成為百歲人瑞，或活超過100歲呢？這聽起來可能遙不可及，但其實不然。根據你的年齡和健康狀況，活到這個歲數的機會落在1%到5%之間。如果年齡真的來到三位數，你會有很多同伴。來到2050年，百歲人瑞的數量將會接近50萬人，足以填滿美國一座大型城市。想像一下，當你開車經過堪薩斯城（Kansas City）的時候只看到百歲老人在開車，那會是什麼景象？

　　如果你保持健康，活一個世紀或更長，那是很大的福氣。假設你的後代早生貴子，你不僅能見到曾孫，還能見到曾曾孫，這是多麼令人開心的事啊。但從財務角度來看，這是個問題。你生存的每一年，都必須照顧自己的食衣住行。有鑑於成本會隨著年齡增長而增加，特別是醫療保健、居家照護和看護費用等項目，長壽的生活其實也令人卻步。

　　這個問題會因為提前退休變得更棘手。假設你在當時看來合理的年齡（62歲）退休，並能活到100歲。如果你25歲就開始工作，那就是工作了37年。當然啦，對一個人來說，要忍受粗暴的老闆、面對漫長的通勤時間、試圖跟惱人的同事好好相處，並且交出一大部分的薪資給山姆叔叔，37年的磨練真的太漫長。但是62歲到100歲之間還有38年，而38年比37年長。這代表如果你能活到100歲，退休的年限會超過你的工作年限！

　　所以說，無論你的理財專員或社會福利提到多少次預期壽命，**你都不能指望會準時死亡**。在這種情況下，平均數沒有用。所以，你的預期壽命並不是恰當的財務規劃時限。

　　那什麼樣的財務規劃期限**才恰當**？雖然聽來有點誇張，但最適合的是你的最長壽命：可以活到的最老的年齡。

　　如果你今年50歲，最長壽命是100歲，那你的規劃期限應該是50年而不是32年，這樣就多活了56％！沒錯，正確找出自己的財務規劃期間，要存多少錢以及何時永久退休的答案會大不相同。

太早退休後活太久的財務風險

　　想像一下你是今年25歲的瑪莎。瑪莎的適當財務規劃期限為75年，因為我們假設她的最高年齡是100歲。我們還假設她在62歲——也就是她想要退休的年紀——前每年能賺到10萬美元（以現值來看）。最後，假設瑪莎將自己的儲蓄拿來投資安全的國庫債券，國債會隨著通膨調整，但不會帶來超過通膨的實質收益。

　　在她62歲之前，瑪莎每年需要存多少錢才能安穩支付直到100歲的生活支出？直到100歲，瑪莎每年能自由支配將近5萬美元（以現值計算）。可自由支配的開支是指瑪莎扣除固定開銷剩下來的金額，例如住房支出、聯邦和州稅，以及特別支出，其中包含學費、贍養費和汽車貸款等。為了在62歲前達到5萬美元的目標，即使包含社會福利和401(k)計畫，她每年必須存2萬美元，這是她稅前年所得的20%，但因為儲蓄必須排在繳稅和住房等必要開銷之後，所以這其實是她每年5萬美元可支配收入的40%。在撥了一大筆錢給社會安全福利和退休計畫之後，她有辦法從食衣住行育樂可用的那5塊錢當中，認真拿出2塊錢來儲蓄嗎？不太可能。

　　那麼，如果要儘可能維持必要生活水準，瑪莎該如何規劃她的儲蓄？假設瑪莎想要逃避現實，指望自己會準時死亡，也就是活到82歲這個預期壽命，至於活超過82歲，她堅決認為這不可能發生。這種觀點大幅縮短瑪莎的退休規劃期限，將她所需的退休前儲蓄刪減將近一半，也讓她能安

心花費的金額變多了。扣掉稅金，她每年能花用將近6萬美金。瑪莎以前每花5元就得存2元，現在只需要存1元。

時間快轉，瑪莎舉辦82歲生日派對和告別儀式。所有親友都前來參加，她也感謝他們讓她的生活充滿愛與喜悅。「親愛的大家，今晚是我在這個世界上的最後一天。我已經活到預期壽命了。明天我將不復存在。」

悲痛地宣告自己的生命即將終結之後，瑪莎向大家道別並遁入夢鄉，滿心期待醒來時已經站在天堂入口。眼睛睜開，瑪莎發現自己還在被窩中，還在自己那間無電梯大樓的四樓公寓裡。瑪莎馬上意識到自己銀行裡沒剩半毛錢，畢竟她精心規劃在花完最後一塊錢的時候死去。她對自己迫在眉睫的貧窮感到絕望，還擔心會錯過上天堂的時間。她考慮打開窗戶往下跳。

最高壽命才是正確的規劃區間

幸好，瑪莎的經濟學家姐姐瑪格麗特出面拯救她的財務狀況，她才得以過上幸福快樂的日子。只是姐姐每週都會向她耳提面命：「瑪莎，妳不是統計數字，妳是個結果。」

瑪格麗特說得很對，每個統計數字說到底都是眾多結果的平均值。談到預期壽命，你得把自己想成眾多結果中的一個。你可能早死或晚死，但絕對不會準時死。對於其他跟你大同小異的人來說也是如此。你的預期壽命只是成千上萬個像你一樣的人最終死亡年齡的平均值。

　　因為你只會死一次，而且不曉得到底什麼時候會死，所以你需要特別注意的生命長度只有一個。那就是財務上最壞的打算，也就是你活到最高壽命的情況。然而，某些內心深處的想法讓我們覺得自己不可能成為瑪土撒拉（Methuselah）*。我們會如此篤定，無疑是因為想要逃避某些痛苦的念頭。思考自己會變老坦白說是件可怕和令人沮喪的事。畢竟人活得越久，就越不喜歡鏡子裡的自己、戶頭裡的錢就越少，能做的事情也越少。思考未來時情感上所承受的痛苦，可能就是為什麼許多人假設自己會早死或準時死亡的原因。但我們**就是**未來的自己，所以我們別無選擇，只能替未來的自己著想。

　　這些年來，我已經跟無數人激烈爭論過到底什麼才是適切的財務規劃期限，其中有很多人是財務規劃專家。不過當我舉出這句經濟學界的壽命格言時，爭論就結束了：

將規劃年限拉到最高年齡，
但我們可以賭自己會運氣不錯地在最高年齡之前過世。

　　換言之，就算你不覺得自己能活到最高年齡，也要把計畫區間拉到最高年齡的上限。不過你可以在年輕時相對多花一點，因為你有心理準備知道哪天自己老了、依然還活著的

---

*譯註：《聖經》記載中最長壽的人。

時候，就得花少一點錢。沒錯，如果你繼續活著，生活水準會適度降低，但不至於在未來一無所有。而且當你步入晚年，消費能力應該很有可能會降低，至少比較不會去從事旅遊這類比較耗體力的活動。

所以我們重新來看看瑪莎的財務規劃。假設她會活到100歲，但也預期在75歲後生活水準每年下降1%，那這樣她需要存多少錢？這是一個相當早的死亡賭注。如果瑪莎能活到100歲，她的生活水準會比75歲時低22%，但好處是她不必為了堅守財務規劃而存那麼多錢。

這之間的差異有多大？回顧一下，如果瑪莎預計將生活水準完美保持到100歲，她在工作期間就必須從自己賺來的每一塊美金當中存20美分。如果生活水準在75歲後會持續下降，瑪莎就可以少存一點錢，但也不會少太多。她現在可以在75歲前的每一年多花5%的錢，並在賺來的每一塊美金當中存下18美分，而不是20美分。也就是說，她每花一塊美金就要存36美分而不是40美分。

所以，雖然合理的死亡賭注可以稍微改變退休儲蓄的計算，但這終究只是整體財務規劃中的一小部分。有其他影響的因素嗎？我們來看看拉長工作時間會帶來什麼的改變。

延後退休的魔力

當然，瑪莎如果要維持生活水準直到100歲，一定還有更有效的方法，這樣她就不需要存那麼多錢或採取那麼極端

的手段。沒錯，就是不要太早退休。

如你所知，瑪莎每年有整整10萬美元的收入。先不考慮稅賦和其他支出，多工作五年就會多帶來50萬美元的終生收入，這個數字不容小覷。就算按照我們先前聊到的每年2萬美元的極端儲蓄方案，她也要花25年才能存到多工作五年所賺的錢。

當然，我們不能假裝聯邦和州稅不存在，這些稅金會從瑪莎多賺的50萬美元中拿走將近15萬美元。但有二個好消息，首先，多工作五年，瑪莎會在雇主的401(k)繳款中再獲得3萬美元。第二，瑪莎會避免另一個錯誤，就是在62歲時提早領取社安福利。拉長工作年限，從而推遲領取社安福利的時間，她的退休福利就不會因為所謂的「提前退休」而縮水。事實上，如果她在67歲退休前不領取退休福利，就能獲得全額退休給付。如果她活到100歲，就能獲得高達28萬美元的額外終生福利！

工作到67歲對瑪莎的可持續生活水準有什麼影響？除了繳稅，她每年能負擔什麼樣的生活？如果不計算增加的終生社安福利，瑪莎的生活水準將提高10%；如果加入計算，則是17%，這是相當大幅度的改變。只要晚五年退休，瑪莎能在未來的**75年**，年復一年地多花17%的錢——從現在開始直到100歲。

晚點退休代表瑪莎需要在工作期間存多少錢？她還需要每賺一塊美金就存20美分，以便在退休前後維持穩定的生

活水準嗎？不用，她現在只要在退休前每賺一塊美金存12美分就好。這大幅減少儲蓄幅度，也更容易達成。

不管瑪莎這輩子賺多少錢，延遲退休對她這一生的財務狀況都會有類似的正面影響。事實上，假如你的收入水準較低，這種影響幅度還會再大一些。例如，假設瑪莎的年收入是5萬而不是10萬美元，年生活水準的提升將會是18%而不是17%。如果瑪莎的年收入是20萬美元，生活水準的增益是15%。所以說，考量到美國的累進財政制度，晚點退休對低收入者來說更重要。

高齡勞動人口延遲退休

當然，雖然瑪莎在25歲時就已經開始擬訂退休計畫，但多數人都是到晚年才認真考慮退休的問題。如果多工作五年對25歲的人來說是個很棒的方案，那對於剛滿62歲，正決定是要立刻退休還是撐到67歲的人來說，又代表什麼？

我們假設有對夫妻住在內布拉斯加（Nebraska），他們是雷跟蘇，二人都62歲，年薪皆為美金7.5萬元。他們在401(k)帳戶中總共擁有100萬美元，並且擁有30萬美元的小房子，沒有背負任何債務或貸款。他們很驕傲自己存了100萬美元，這大概是二人工作七年的薪資。但是將100萬美元除以他們可以活的38年，每年只有2.6萬美元，這樣一想，這筆錢好像也沒那麼多了。現在再扣掉大約10%的聯邦和州所得稅，他們剩下的總退休收入僅略高於聯邦貧窮線。加

上夫妻二人各自在62歲時每年2.3萬美元的社安福利，情況就好多了。這樣一來，雷跟蘇每年會有7.2萬美元的收入可供生活。但這是在支付所得稅、醫療保險B部分保費、補充醫療保險保費、自費醫療費用、房地產稅、火災保險、房屋維修和汽車險之前的數字。扣除所有上述費用，他們每年大約有5萬美元的可支配所得。這樣每個月大概是4,167美元，每週961美元，每日137美元。這不算太寒酸，在內布拉斯加也算不錯了。但蘇的媽媽住在一所昂貴的療養院，而雷的爸爸很快也要搬進去，二人都需要雷跟蘇的金錢協助。所以囉，這對夫婦正在重新考慮提前退休的夢想。

工作到67歲代表稅前收入的總和會增加75萬，正如從瑪莎身上所見，這也代表只要他們繼續工作，社安福利就會更高。綜合這兩項因素，這對夫妻的年消費能力將增加33%，實在是驚人的差異。這比瑪莎延後退休的收益多出一倍，為什麼？因為用來分攤額外勞動收入的年份大幅減少了。

雷跟蘇是中產階級，實際上已經是中上階級。但有數千萬像雷和蘇這樣的夫婦在退休時，儲蓄短缺的情況更嚴重。美國人就是不擅長儲蓄。美國人集體認為山姆叔叔和雇主的退休計畫，能讓我們在退休後過著舒適的生活。事實並非如此。事實上，如果雷和蘇在401(k)中的金額只有戰後嬰兒潮中位數的14.4萬美元，那延後五年在67歲退休的決定，能讓他們餘生的生活水準提高51%！

回顧

複習我在這章提到的概念：

☑ 從財務角度來看，延後退休時間是萬無一失的賺錢法
（可能會讓你賺進一大筆錢）。

☑ 大家都很容易陷入一個迷思：覺得自己會如期過世、
只會活到預期壽命所代表的數字。不要被騙了，沒有
人會準時過世。

☑ 預期壽命是一個統計數字，是一個平均值。但你不是
平均數，你是一個正在成形的結果。

☑ 你會活到什麼時候，這不是由你決定，也不是統計學
家能夠預估。所以對財務規劃而言，預期壽命一點參
考價值也沒有。我建議把預期壽命給忘了吧！

☑ 從財務規劃的角度來看，活到最高壽命是最慘的死亡
時機點，請替長壽災難做好妥善規劃。活得越久，你
就需要存更多錢來照顧自己的食衣住行、維持生活水
準。

☑ 替最高壽命做好規劃，這是影響該何時退休的重要關
鍵。不然你有可能會存太少錢、太早離開職場。

☑ 以最高壽命為基礎來做財務規劃，不代表就要否定你
不會活那麼久的事實。經濟學建議將死亡賭注下得越
大越好。這其實不難。你可以在退休前期多花一點

錢，假如你輸了這場賭注並繼續活著，晚年就要節省
一些。

☑ 這個年代，安全的投資在通貨膨脹後幾乎沒有任何收
益，所以要為漫長的退休生活儲蓄是非常困難的。許
多人都沒有那樣的紀律來存錢。比你計畫的時間晚退
休，這絕對是最好的選擇。如果你很年輕，你所需要
的退休儲蓄會少很多，但依然比你想像的要多。如果
你已經邁入中老年，而戶頭裡剩沒多少錢，那晚一點
退休就是你的財務救星。

☑ 提早退休通常代表你會提前領取社會安全福利。對大
多數家庭而言，這是一個巨大的財務錯誤。

Chapter 3

社會安全福利

最大化終生福利的十個祕訣

　　社會安全福利是一個超乎我們想像的龐大財務交易。對年輕人來說，可能覺得只是政治人物打口水戰的議題。對於處在職涯中期、收入高峰期的人而言，社會安全福利感覺像是一個從他們薪資中挖掉一大塊的東西。就連老年人也可能會視社會安全福利為理所當然。既然政府規定了社會安全福利的金額，那我們何必多操心？事實上，就算稱不上**最關鍵**的項目，社會安全福利依然是多數人生活中相當重要的一項財務因素。而且你有辦法提高，甚至是最大化你的福利。接下來我將分享十個關鍵祕密，讓社會安全福利變成你的個人金礦。在那之前，讓我先透過一個名叫珊迪的虛構人物，讓大家感受一下社會安全福利在財務層面有多重要。

　　珊迪單身、無子女，今年50歲，住在堪薩斯州（Kansas）。她的年收入為5萬美元，在401(k)當中累積了15萬美元：她自己存入3%，雇主也配合存入3%。她的活期存款帳戶中有2.5萬美元，而她那價值25萬美元的房子貸款二十年。她打算在62歲時退休並開始領取社會安全福利。

　　珊迪目前有五項資產：她這輩子剩餘的勞動收入、退休帳戶、房屋資產（其價值扣除房貸）、她的常規資產（活期存款），還有她這輩子的社會安全福利。哪一項資產最龐大？社會安全福利，而且規模遠勝其他資產。她這一生的社安福利總額為72.4萬美元，遠超過這輩子剩餘的勞動收入65萬美元。她未來的401(k)提款現值為19.1萬美元，至於她的房屋資產和常規資產分別也只有5萬和2.5萬美元。

　　把未來的所有社安福利視為跟活期存款一樣的**個人**金融資產，這概念或許聽來陌生，但社安福利就是這樣，一旦用這個角度來看待，你就會發現其實社安福利跟其他資產一樣需要好好管理。但為什麼社安福利是個人金融資產？因為它反映了你在受保工作中所賺取每一美元的12.4%──也就是薪水會被課徵社會安全稅（FICA）的工作。美國國會將12.4%的稅款中的一半稱為雇主稅，另一半稱為雇員稅。之所以這麼安排，是為了讓我們認為雇主實際上有在幫我們繳稅，而我們的個人FICA稅賦其實只有當中的一半。但雇主並不是我們的朋友、不是我們的父母，也不是有錢的叔叔阿姨，他們替我們支付的任何稅金，實際上都以減少實質薪資的形式從我們的經濟收入中流掉了。而你有資格獲得的每一塊福利，都是屬於你的錢*。所以說，談到社會安全福利，你需要「得到屬於你的東西」。這樣做就代表管理這項資產。以珊迪為例，這是她最需要管理的資產，原因很簡單：**這是她最大的資產。**

　　現在假設有三倍的珊迪。除了社安福利，她的所有財務資源也跟著無性繁殖翻倍成長。換言之，三倍珊迪的收入是以前的三倍，401(k)裡的金額也是三倍，房屋價值和貸款也

---

* 沒錯，有些人會說我們無法透過法律來主張自己擁有某些福利，它們只是政府的福利，可以隨時更改。專門協助你獲得合法福利的律師，會告訴你事實並非如此。但這裡的問題在於經濟而非法律。我們所有的資產，無論是所謂私人或公有資產，都能夠以支出、稅賦法或徵用權的名義，被國家輕鬆增減或甚至沒收。

是三倍，以此類推。

三倍珊迪的終生收入為195萬美元，未來的社安福利為129萬美元，這比珊迪原先福利的二倍還要少。這就是福利的累進效用。往上到某個程度，較高的收入雖然會讓福利上升，但不會按比例增加。話雖如此，社安福利依然是三倍珊迪的第二大資產。

六倍珊迪的情況又是如何？她這輩子的福利是130萬美元，與三倍的差別不大，而六倍的終生勞動收入總共為390萬美元。雖然第一名與第二名差距懸殊，但社安福利仍然是六倍珊迪的第二大資產。她未來的401(k)帳戶現值為115萬美元，緊追在後位居第三。

考量未來財務保障時，我們徹夜思考該如何最大化終生收入，比方說是否要換工作、轉換跑道，或是提前退休。我們也會擔心自己的退休帳戶決策是否正確。該繳更多錢嗎？應該要開一個羅斯IRA嗎？該如何投資？轉移到羅斯帳戶是否有幫助？我們應該在什麼時候以什麼方式從帳戶中領錢？強制最低提款（required minimum distributions）是什麼意思？但多數人都沒有去想要怎麼處理我們的社安福利。

你可能會說：「社安福利是政府制定的，是多少就是多少，我又沒辦法改變。為什麼要去擔心？」

事實上，你能透過很多方法將終生社安福利變成一個寶庫。

祕訣一：了解你的福利

　　社會安全福利制度提供許多福利，共計13項，其中多數你可能從來沒聽過。以下列出所有福利：

1. 退休福利
2. 失能津貼
3. 配偶津貼
4. 離異配偶津貼
5. 撫養子女之配偶津貼
6. 喪偶補助金
7. 子女津貼
8. 失能兒童津貼
9. 母親（父親）津貼
10. 離異寡婦／鰥夫津貼
11. 雙親補助
12. 孫子女津貼
13. 死亡撫恤金

　　社安福利有很多規則，其中有許多是以年齡為基準，這些規則限制了提領福利以及提供他人福利的時間點與方式。不過，只要努力搞懂官僚規則還是能成功賺取不少福利。

　　配偶和離異配偶津貼是提供給現任配偶和前任配偶的。但是，前任必須要在婚姻這座牢籠中服刑滿一定年限才能領

取，他們必須要和你在一起至少十年。不需要和你住在一起十年，更不用說同床共枕了，只要在法律上和你保持至少十年的婚姻狀態就可以。如果他們想要以你的名義領取離婚配偶津貼，那也不能再婚（是不是覺得這聽來像男人寫的條款？）。

子女和失能兒童津貼，是提供給年幼兒童和任何在22歲前失能的年長孩童。照顧兒童之配偶津貼，是提供給正在照顧你們小孩或失能子女的配偶。假如你的配偶與孩子要領取上述任何福利，你必須領取你的退休福利。但這項原則不適用於前任。再重複一次，除非他們與你結婚長達十年，而你至少62歲，然後你們已經離婚兩年以上，以及他們**沒有再婚**才可以領取！

如果要用你的薪資收入來替家屬、前任或甚至是受你撫養的雙親提供遺屬津貼，你要做的第一件事是死亡。你翹辮子之後，所有人都可以試著從中獲利，首先是將你那微不足道的死亡撫恤金放進口袋。遺屬津貼比眷屬津貼更優渥。所以，一定要讓高齡90歲的母親（她的生活費有一半都是由你負擔）知道，她可以在你離開人世的那一刻領取豐厚的雙親津貼：你全部退休福利的3/4。

寡婦／鰥夫津貼分別是從50歲（失能者）或60歲（非失能者）開始領取。假如你的配偶在你過世後照顧你年幼或失能的孩子，他們可以領取母親（父親）津貼。

研究社安福利制度時，一定會碰到讓人厭煩的兩難困

境。其中一項困境是最高家庭福利，這項規則限制了你的孩子、配偶和父母根據你的收入共同領取的福利數額。一旦配偶雙方開始領取他們的退休福利，家庭福利上限就會合併。這可以緩解支付給眷屬的額度限制。假如眷屬應得的福利超過相關的家庭福利上限，他們會領到相應的份額。幸運的是，法律有明定份額的分配方式，這樣家族內部就不會為了爭奪你的社安福利而廝殺惡鬥。

符合條件而且是單身或**60歲以後再婚**（有感覺到性別歧視嗎？）的前任，可領取離異寡婦／鰥夫津貼。但是，前任領取的福利並不來自未亡配偶和子女的最高家庭福利。美國國會當中有人很聰明，事關從死掉的你身上獲利時，他們讓你的前任跟現任配偶井水不犯河水。

祕訣二：要是不用就白白損失了

社安福利是一個不使用就會白白損失掉的制度。如果你不正式提出福利申請，就拿不到錢。雖然我們在整個工作生涯中替這些福利支付了社會安全稅，社會安全局還是不會主動告訴你他們欠你多少福利金。

有許多70多歲的人問我，社會安全局什麼時候會開始把支票寄給他們。這時我就會嘆一口氣，請他們馬上申請他們的福利金。等到70歲之後再領，你每個月的金額也不會變高。每晚一個月申請，你就少領一個月的錢。社會安全局會稍微給你一點優待，向你支付拖欠的六個月福利，但就這

樣而已。所以，一位73.5歲的人如果還沒申請，以他應得的年福利3萬美元來計算，就已經丟了7.5萬美元了。

美國有超過6,400萬人在領取社會安全福利，幾乎每六人當中就有一人。他們顯然都做出了領取福利的決定，許多人還需要做出其他與領取福利相關的決定。所有人的待辦清單上都有領取福利金這個項目。所以，我們要不是正在做關於領取福利的決定，不然就是身邊有同事或親友正在面臨抉擇。不過，社安福利鮮少出現在日常對話中。所以，你不能天真地以為能「偶然」了解到現有的福利。

以下是大家最重要的社安福利回家作業（別忘了，我是教授！）：找出所有你能夠領取的福利，以及可領取的時間點。再來，當然是確保自己會準時申請。請小心，諮詢社會安全局的工作人員或上他們網站找資料，很有可能會讓你走偏方向。他們的網站容易讓人誤解，至於社安局的工作人員，根據我的經驗，他們告訴你的東西有一半是錯的、有誤導性的，或不完整的。他們無法清楚提供資訊是有原因的。這個系統極其複雜，而工作人員的薪資太少、工作量太大，同時也訓練不足。遺憾的是，他們堅持認為自己說的是對的。

讓我跟大家分享瑪喬麗的狀況，我協助她領取了一筆特定福利。她去了當地社會安全局，但對方說她資格不符，然後她聯繫我，說她認為根據我寫的專欄內容，她有資格領這筆錢。我說她的資格絕對符合，請她回到社會安全局，讓那

位工作人員打電話給我。真沒想到，我隔天就接到那位工作
人員的電話。她對我大吼大叫了半個小時，指責我完全搞錯
那條福利的規則。我完全無法插話，最後我逮到機會說了這
句：「我要把妳的名字和辦公室記下來，因為我一小時之內
會發布有關這次對話的專欄。」她罵了一句髒話之後就把電
話掛了。十分鐘後，她又打電話來，語氣完全不一樣。她跟
主管談過，現在確定我才是對的。我願意接受她的道歉嗎？
「當然。」我說。我最後沒有寫那篇專欄。

祕訣三：貨比三家

　　如果社安福利規則如此複雜（真的是這樣），假如社會
安全局官網上的資訊會誤導大眾（確實如此），如果社會安
全局的工作人員給的建議超級糟糕（所言不假），那你怎麼
知道有得到自己應得的福利？

　　首先，閱讀有關這套系統的資料。敝人就合著了一本關
於這個主題的暢銷書*。再來，貨比三家。去不同的社安局
辦公室，打電話給不同的工作人員，要求跟他們主管通話。
如果你確定你是對的、他們是錯的，就不要接受拒絕的答
案。在涉及支付給眷屬的附屬福利這種複雜的個案中，社會
安全局會讓工作人員手動計算你應得的福利額度。由於他們

---

*《取得你應得的》（Get What's Yours）這本《紐約時報》（New York Times）暢銷書，
　是我和美國公共電視網新聞時刻（PBS NewsHour）的財經記者保羅・索曼（Paul
　Solman），與長期撰寫個人理財相關議題的菲爾・莫勒（Phil Moeller）合著。

在手動計算時有可能會犯錯，搞不好多問幾位工作人員會得到更好的答案。雖然難以置信但這就是事實。另外，請注意，就算工作人員說你資格不符，你還是可以堅持申請某項福利。社會安全局不能拒絕讓你申請福利，而且你還能透過申請來保護上訴的權利。

網路上有各種可購買和使用的工具（其中一個是由我的公司所提供*），社會安全局也有自己的線上計算器。我個人會避免使用他們的工具，因為他們有可能會高估或低估你未來的福利金額。如果你的年齡在60歲以下，也就是你過去的承保所得是按照薪資指數來調整的年紀，社會安全局會假定整體國家經濟中並沒有薪資成長也沒有通貨膨脹。假如你是40歲，他們的工具很有可能會把你未來的福利金額低估1/5。假如你正在工作，他們的工具可能會假設你會以目前的水準賺錢直到完全退休年齡。如果情況不是這樣，你有可能會高估自己的未來福利。

我也會避免使用免費線上計算器，它們的品質根本令人堪憂。

祕訣四：等候領取

假設珊迪、三倍珊迪和六倍珊迪如計畫在62歲退休，但是針對社會福利的領取策略做了一個關鍵調整：等到70

---

* Maximize My Social Security 是我公司推出的產品（Maximizemysocialsecurity.com）。

歲才開始領退休福利。這會影響她們的終生福利嗎？當然會。這讓每一位珊迪的終生福利增加了幾十萬美元！

珊迪會額外領到267,520美元，相當於25萬張閃亮的綠鈔！想像一下珊迪走出家門口，看到八層樓高的一美元紙幣堆，這些都是她能花用的！至於三倍和六倍珊迪，增加的數額是474,616美元和476,010美元，也就是有將近50萬張、堆起來近十五樓高、印著死去總統頭像的鈔票在她們家門前。

讓我解釋一下這些額外的社安福利金是怎麼來的。正如我們在前面談到，假如你提早領取，福利就會減少。如果是在法定（也稱為「正常」）社會安全福利退休年齡之前領取（對於像珊迪這樣在1960年或以後出生的人來說，是67歲），每年大概會減少7%。更精確的數字，前36個月為每月減少1%的5/9，其餘月份減少1%的5/12。此外，在社會安全福利的正常退休年齡後才開始領取退休福利，會產生所謂的延遲退休優惠（delayed retirement credits，DRCs）。等候領取的每一年，福利都會增加8%（每個月增加1%的2/3）。DRCs只會累積到70歲，所以就像我前面提到的，如果你等到超過70歲才領取，福利並不會更多。

提前領取福利的減少，以及延後領取福利的增加，都被稱為精算調整。如果你提早領取，平均而言會領比較多年的福利，所以這項調整是為了平衡多領那幾年的數額。但是，有關減少與增加的計算是幾十年前設計的，當時利率很高，

民眾的壽命也不長。如今，如果保持耐心，社會安全局會多付我們很驚人的一筆錢。

假如這三位珊迪都在70歲而不是62歲開始領取退休福利，那她們的退休福利大約會高出76%。以三倍珊迪為例，如果她在62歲開始領，並且領到100歲，那在未來38年內她每年會領到32,008美元。如果等到70歲，那在接下來30年內每年可領到56,364美元。474,000美元的差額就是這麼來的*。

你現在可以大喊「天啊！」只要多等八年再申請社安退休福利，珊迪就能直接獲得超過五年的額外勞動收入。對於三倍珊迪來說，增加的福利相當於三年多的勞動收入；對六倍珊迪來說，這差不多是超過一年半的收入。

稅賦方面呢？額外的福利是否會產生額外的稅賦？沒錯，不過有一個抵銷的稅賦優勢能讓額外的福利基本上變成免稅。首先，先替大家補充一些背景知識：如果你的總收入（按調整後的淨收入加上不課稅的利息收入加上一半的社會安全福利）超過2.5萬美元（已婚者為3.2萬美元），但低於3.4萬美元（已婚者為4.4萬美元），就要替一半的福利支付聯邦所得稅。如果你的總收入超過3.4萬美元（已婚者為4.4萬美元），福利當中被課稅的比重又會多出35%。與聯邦

---

*但是，你應該要這麼重視自己有可能領不到的福利嗎？從經濟學角度來看，答案非常肯定：要。因為這是一個金融套利的問題。一個有保障的實際（經通貨膨脹調整的）社會安全福利，與財政部發行的通貨膨脹指數債券的等額票息支付流別無二致。

所得稅的多數規定不同，這些門檻並不會隨通貨膨脹調整。所以隨著時間推移，隨著每一代人收入的增加和領取福利變多，更大比例的社會福利接受者（接近100%）會需要為社會福利中的85%繳納聯邦所得稅。

　　福利被山姆大叔收回可不好玩（還有其他表達方式）。但延遲提領福利會產生微妙的減稅效果。等到70歲提領福利的時候，三位珊迪已經花掉大部分的常規資產。這代表她們60歲時應稅所得會比較低，原因是她們沒有領取福利，而在70歲之後，她們的應稅所得也比較低，因為她們沒有那麼多應稅常規資產收入。這種平滑的應稅收入，讓三位珊迪處於比較低的稅率區間，所以整體來說額外的福利幾乎不會產生額外的終生稅*。

　　等到70歲才領取社會安全福利，這不是每個人都能做到的。許多人提前或在正常退休年齡領取社會安全福利，因為他們別無選擇，他們沒有其他能供養生活的收入來源。還有一些人需要動用子女、失能孩童、撫養子女之配偶或配偶的福利。有些人清楚知道自己身體不好、來日無多，所以也提早領取福利。但是我要在此呼籲：採取任何行動之前，要找出能讓你的家庭終生總福利最大化的策略。不要忘了，**決定何時領取社會安全福利，可能是你做過最重要的一項財務**

---

* 另一項有利因素是，你必須成為比六倍珊迪還會賺錢的人，才需要替社會安全福利支付堪薩斯州的所得稅。至於其他州，只有十二個州對社會安全福利徵稅。

決策。

　　這邊有件事要警告大家：如果你打算在70歲時開始領取社安福利，要做好心理準備會在70歲生日前幾個月接到一通詐騙電話。這不是非法的詐騙電話，是社會安全局親自打來的官方詐騙電話。你讀到這本書的時候他們可能已經改變政策了，但目前，接近70歲的人都會接到社會安全局提議，從那通電話回推六個月的時間點開始領取社安福利。他們的誘餌是一張相當於六個月逾期福利的大支票。年近70歲的人打電話給社會安全局要求從70歲開始提領福利時，也會碰到這種騙局。

　　要是你接受這個交易，你就會失去在滿70歲前每個月的DRCs加上額外六個月的DRCs。舉個例子，假設你還有四個月就要滿70歲。如果你接受社會安全局的提議，他們會根據假設你六個月前提領時可得的金額寄給你一張六個月的福利支票。接受他們的「交易」代表你會失去十個月的DRCs。你的福利將**永遠**降低6.67%。他們說服你接受這項提議時，未必會提及這種永久的福利損失，所以我才說這是個騙局──這對社會安全局有利，但對你不利。

　　第一次聽聞這個騙局時我躺在牙醫的診療椅上。我問他關於參加社會安全福利的規劃，沒想到他已經年過七旬。「哦，我等到70歲啊。」拿著工具在我嘴裡鑽啊鑽了幾分鐘之後，他說：「講真的，社會安全局的人還滿好的。他們提早幾個月打電話給我，說要免費給我六個月的福利。我好感

動。他們提供最大的福利還有額外六個月的支票。」聽到這裡，我思考到底要不要戳破他的夢幻泡泡。他不曉得他現在和未來每個月會收到的支票會少於原本的規劃。我心想他或許可以警告其他人，所以，沒錯，我告訴他他被騙了。結果我的看診費比預期還高。

假如你距離70歲還有幾年，那我可以理解你或許會擔心政府有可能不會兌現他們承諾要給你的福利。社安福利的長期財務狀況，就像聯邦政府的總體財務狀況一樣堪憂。該制度有53兆美元的未準備金負債，這是所有預測的未來支出與所有預測收入之間的現值差異[17]。這大約是兩年半的美國國內生產毛額，沒有人知道要怎麼消除這個赤字。當然，消減當前或近期退休人員的福利，這在政治層面非常難實行。就算從2030年左右開始永久性消減20%的福利，也無法扭轉等到70歲才領取退休福利的普遍做法。沒錯，等待的好處會變小，但還是不容小覷。怎麼說？因為不管怎麼樣，你都得面臨福利消減的情形。

祕訣五：遺贈更高的福利

延後領取社安福利也提供珊迪另一項潛在財富，事實上這項財富的受益人是珊迪的配偶。這是所謂的遺屬津貼。假設三倍珊迪有一個配偶叫珍，她的出生日期跟三倍珊迪一樣，但62歲福利為每年11,696美元，大約是三倍珊迪的1/3。

假如三倍珊迪在70歲去世，並且從62歲就開始領取福利，珍會領取三倍珊迪的福利而不是她自己的*。假如三倍珊迪等到70歲才領取，增加的金額就更多了。珍每年的11,696美元會暴增為56,364美元，增加了44,668美元。如果珍能夠活到100歲，比起三倍珊迪提前領取福利的情況，珍最後能夠多領565,890美元的遺屬津貼。

即使她們離婚了，在某些情況下珍依然能夠領取相同的福利。未亡配偶的情況也適用於未亡前任，只要前任與已故者結婚至少十年，並且是單身或在60歲後再婚。所以，即使珊迪有多位前任，他們都有可能從珊迪等到70歲才領取福利的決定中受益。

假如你在正常退休年齡和70歲之間死亡，並且尚未開始領取社安福利，那會是什麼狀況？配偶和離異配偶的遺屬津貼，是基於你在死亡當月照理說可領到的退休福利來計算。假如你在未滿正式退休年齡時死亡，也還沒開始領取退休福利，社會安全局會用你的完全退休福利來計算遺屬津貼。如果你在死前就開始領取，社會安全局會用一個複雜的公式來計算，也就是RIB-LIM（退休保險福利限制）。你越接近正常退休年齡才領取福利，遺屬津貼也會更高。

那麼，提供給年幼孩童以及在22歲前失能之子女的遺

---

* 社會安全局會將此描述為珍是在領取自己的退休福利，加上多餘的遺屬津貼，相當於三倍珊迪的70歲福利和珍的62歲福利之間的差額。比較簡單的描述是：珊迪去世時，珍能收到珊迪的全額福利。

屬津貼呢？這些福利是否也取決於你何時開始領取退休福
利？答案是沒有。這些遺屬津貼是基於你的完整退休福利，
而不是你死前實際領取的退休福利[*]。

這裡有一個悲傷的真實故事，可說明延遲提領社會安全
福利對收入較低的未亡配偶有何影響。多年前我參加一場晚
宴，在宴會上與布萊恩交談，他是一位我從沒見過的心臟外
科醫師，當時68歲。布萊恩從宴會主人那裡得知我寫過關
於社安福利的文章。寒喧幾分鐘後，他告訴我他在一個月前
被診斷出罹患胰腺癌，最多只能再活兩年，我表達深切同
情。接著，布萊恩說他一直在等，打算等到70歲才領取社
會安全福利。但當他得知診斷結果後，立刻到當地社會安全
局諮詢，並描述自己的情形。工作人員告訴他，由於他沒有
多少時間可以領取了，應該要立刻提領退休福利，而且他們
會向他補發六個月福利金。他點頭答應，並剛收到一張支
票。

我問布萊恩他的妻子帕姆是否有在工作，以及社安局的
工作人員是否有向他詢問妻子過去的收入紀錄。「沒有，我
要隨時待命，所以她留在家裡照顧三個小孩。而且那位工作
人員也沒問我結婚了沒。」

然後我對布萊恩說，社會安全局的那位好心人給了他很
糟糕的建議。「如果你繼續等，並且能夠撐到70歲，帕姆這

---

* 雙親津貼也是如此。

輩子每個月能領的遺屬津貼會高出16%，並且會根據通膨進行調整。讓她獲得更高的終生遺屬津貼，這在經濟上遠比現在就開始提領自己的退休福利更重要。幸好，從你開始領取福利的那個時間點算起，有一年的時間能夠撤回申請。你需要歸還已經收到的錢，但這能讓一切重新來過。而且，不管你自己最後能領到多少延後提領的優惠，帕姆收到的福利都會因而永久提高。」布萊恩懂我的意思，說他會撤回申請。

　　這個故事的寓意是，讓家庭利益最大化可能會與你個人利益最大化相抵觸。這在其他情況下也會發生。假設你到了62歲，有一名年幼或失能子女，還有一位正在照顧孩子的配偶。一旦你開始領取自己的退休福利，他們就能領取失能子女津貼和撫養子女配偶津貼。所以，你如果為了想要領更多退休福利而延後領取，就會減少家庭的終生福利。在這種情況下，最理想的策略一般來說是等待，但不是一路等到70歲。不過，請注意，假如失能子女正在領取社會安全生活補助金（SSI）和／或根據他們自己的工作收入所領取的失能津貼，那麼你在領取退休福利時他們連帶能夠領到的失能子女津貼，就會使他們自己的社會安全生活補助金和／或失能津貼縮水：從你的福利那邊多領一塊錢，他們個人的福利津貼總額就會少一塊錢。所以，針對有在領取SSI和／或個人失能津貼的失能子女的父母而言，等到70歲應該還是最理想的做法。

祕訣六：暫停並重新啟動

讀完前面幾項祕訣，你可能會因為太早開始領退休福利而痛恨自己。不過，假如你處於正常退休年齡和70歲之間，可以暫停領取並在70歲時重新啟動來減少損失。重新開始的時候，你會收到往上調升的退休福利，這個增幅是根據你在暫停福利的幾個月內所累積的DRCs計算而出。

不過，暫停領取退休福利時，你的配偶或子女正依據你的薪資所領取的津貼也會跟著暫停。等你重新啟動，他們也能重新開始領取，但是除了根據通貨膨脹調整，他們領到的數額會跟暫停之前相同。遺憾的是，除了退休福利之外，其他福利沒有DRCs類型的精算成長。

祕訣七：基本上不用擔心收入測定

這是一項非常重要的祕訣。如果你在達到正常退休年齡那年之前選擇領取社安福利，社安局會在你收入超過所謂的豁免額度時，將超出部分的每一塊美金減少50美分福利。在2021年，豁免額度為18,960美元。一旦來到正常退休年齡那年的1月1號（對1960年或之後出生的人來說是67歲），你超過豁免額度之後所賺的每一美元，就只會損失33美分，而豁免額本身也會往上跳到50,520美元。在你來到正常退休年齡那個月的第一天，收入測定就正式結束，也代表你不管賺再多都不會有任何福利減損。

在我們必須繳納的所有其他稅種之上，這種以年齡為基

礎的收入測定讓人感覺非常惡劣。想知道為什麼嗎？假設你現在63歲，六個月前丟掉年薪5萬美元的工作，也已經開始領取數額降低、每年2萬元的退休福利。六個月後，你的前老闆打電話來想重新僱用你。重返職場好像一點意義也沒有。支付社安保險和醫療保險（FICA）稅、聯邦所得稅、州所得稅，並且少領15,880美元的社會安全福利之後，你工作一年的所得大概只剩2萬美元。這代表你要繳六成的稅。如果所得的六成要拿來繳稅，何必這麼努力工作？

幸好，對大多數人來說，社安福利的收入測定基本上只是一個可怕的詭計。之所以說是詭計，是因為當你仔細觀察，就會發現它其實不存在。它之所以可怕，是因為多數人沒有意識到這點，就決定不回去工作了。所以，他們因為不賺錢而損失大量金錢，他們以為這些錢被課徵很高的稅，但其實不然。

基於另一項社安制度規定，收入測定基本上消失了，但這條規則許多人根本不曉得，那就是「減少因素之調整」（adjustment of the reduction factor）。減少因素指的是由於提前領取而導致福利減少。基本上，福利的減少應該只適用於提前領取福利的那些月份。假如你因為收入測定而失去幾個月的福利，那麼，冷靜一想，福利減少就不該包含這些月份。換言之，提前領取退休福利減少的幅度應該會縮小。這就是實際狀況。但幅度縮小並不會立即生效，而是等你達到正常退休年齡時才會出現。來到這個階段，社安福利會永久

性地增加，並在多數情況下增加到幾乎能讓你完全收支平衡的程度。

我們能透過以下簡單方式，來理解這個把錢從右邊口袋拿到左邊口袋的古怪現象。假設你在62歲生日時申請提前領取退休福利，同一天又接到一份高薪工作邀約並且答應——這份工作薪水高到足以在收入測定之下直接抹去你所有的福利，直到你達正常退休年齡的那個月，也就是永遠退休的時間點。由於減少因素的調整，假如你沒有在62歲時申請福利，你在正常退休年齡時的福利也不會有絲毫差別[*]！換句話說，你不會因為重回職場而被多課稅。此外，一旦你來到67歲，即正常退休年齡，你就能暫停領取退休福利，並在滿70歲的那個月重新開始。不管有沒有在62歲申請領取福利，70歲時領到的金額也不會有任何差異。

減少因素不僅適用於你自己的退休福利，同樣也適用於你可能提前領取並因收入測定而失去的其他福利，包含配偶、離異配偶、寡婦／鰥夫和離異寡婦／鰥夫津貼。上述所有福利（有一項重要津貼例外，我們之後會提到）都會因為提前領取而減少。

針對我剛才所說的內容有一件事需要注意，如果你在正常退休時轉移到更高的福利，比方說寡婦／鰥夫津貼，你的

---

[*] 順道一提，假如你開始領取退休福利，發現在收入測定之後什麼也沒有，並在提出申請的一年內撤回申請，最後結果還是一樣的。

退休福利被提高的事實並不會帶來任何幫助，因為實際上你未來並不會一直領取這筆福利。在這種情況下，收入測定確實是針對勞動收入的可怕稅賦。有鑑於此，最理想的策略或許是提前領取退休金，並提早退出職場。

祕訣八：如果符合條件，請領取免費配偶津貼

美國社會安全福利法案（Social Security law）在2015年出現一大轉折，讓那些在1954年1月1日前出生的人享有一項福利待遇：他們能領取配偶津貼，同時讓自己的退休福利累積DRCs。當然，這是有條件的。申請配偶津貼的人的伴侶也需要領取自己的退休福利。舉例，假設有一位1953年出生的69歲妻子和她62歲丈夫。如果丈夫提前申請退休福利，而妻子只申請她的配偶津貼，她會領取丈夫的全額（非提前）退休福利的一半長達一年，然後在70歲時申請自己的退休福利（假設這比她的配偶津貼還多）。假設丈夫每年的全額退休金是3萬美元，在等到70歲領取更高的退休福利之前，妻子可以在那一年內領取1.5萬美元。

多數符合條件的夫妻都不曉得有這筆免費的福利。多年前，搭機從一場會議返家時，我身邊坐著一位72歲的哈佛大學經濟學教授，他是世界上數一數二知名的總體經濟學家，我就稱他為法蘭克。在某個時間點，我突然意識到法蘭克正在領取他的退休福利，而他妻子可能在1954年1月1日之前出生。我開口詢問。果然，他妻子年齡夠大，而且剛滿

正常退休年齡。就在那幾秒鐘，我讓法蘭克多賺了5萬多美元，然後我就要他請我和我老婆吃飯（他也真的請了）。

舉出法蘭克的例子，除了是要說明這個金錢魔法妙招真的存在，也是要告訴大家，領取退休福利的配偶的年紀，可以比只申請配偶津貼、同時等待自己的退休福利累積DRCs的配偶還要大。

遺憾的是，這個金錢妙招2024年1月1日之後就無法使用了。這項規定會逐漸被淘汰，因為所有在1954年1月1日前出生的人都已經滿70歲。話雖如此，收入較高的配偶提前領取他們的退休福利，好讓收入較低、年紀較大或較小的配偶提早領取配偶津貼，這個方法可能還是能帶來一些收益。這個道理同樣適用於子女以及失能子女津貼上。

祕訣九：排定寡婦／鰥夫津貼和退休福利的先後順序

假設我們的個案叫珍娜，她是一位退休寡婦。為了慶祝62歲生日，她到當地社安局辦公室申請等待已久的社安福利。珍娜不確定自己能申請哪些福利。一位友善的工作人員告訴她，最好的辦法是申請她能領取的所有福利：退休福利和寡婦津貼。

很遺憾，這位工作人員給的是最糟的建議。

為什麼？我先來提供一些假設性的細節。假設珍娜提前領取的退休福利是每個月2,000美元，而寡婦津貼是每月2,001美元。如果珍娜聽從工作人員的建議，同時申請這兩

項福利，她會在**有生之年**領到這兩項當中數額較高的那一項，也就是每月2,001美元。所以，她永遠不會領到自己的退休福利，但她在漫長而艱辛的職涯當中已經為自己的退休福利支付高額的FICA稅金[*]。她的終生福利是每個月2,001美元，持續38年（假設她能活到100歲），總額是912,456美元。

如果那位工作人員真的了解退休福利和寡婦津貼的運作方式，他們會給珍娜以下正確的建議，而不是做出這種實際上已是嚴重財務瀆職的行為。

> 現在就申請妳的寡婦津貼，等到70歲再開始領取退休福利。妳完全可以這樣做。妳沒有必要同時申請這兩項福利。從妳現在62歲到70歲的這八年間，你會領取2,001美元的寡婦津貼。然後從70歲開始，妳會申請退休福利。而且到時候妳的退休福利不會是目前的每月2,000美元，而是3,520美元，高出76%，因為福利不會在提前領取的情況下縮水，還因為妳累積的DRCs而增加。
>
> 由於從70歲開始，兩項福利當中較多的金額是3,520美元，所以從70歲到100歲這段期間會領這個數額。

---

[*] 是的，社會安全局會聲稱她正在領取她的2,000美元退休福利，外加一塊美元的額外寡婦津貼。但是，如果她的退休福利只有1,000美元，他們會說她是在領退休福利外加1,000美元的寡婦津貼。在二種情況中，她的福利總額會是每月2,000美元，即寡婦津貼。

當然，妳可能不會活那麼久，但晚年福利的價值不容
小覷，因為妳還是有長壽的可能。所以，八年內每個
月2,001美元，加上三十年內每月3,520美元，總共是
1,459,296美元，這比一次申請兩項福利還多出546,840
美元的終生福利。

那麼，為什麼我認為社安局的工作人員不太可能會給珍
娜如此明智的建議？難道社安局真的這麼無能或邪惡，以至
於在申請書上錯誤／不正確地勾選一項額外的福利，讓寡婦
（鰥夫）丟失高額福利嗎（在珍娜的案例中是超過50萬美元
的福利）？沒錯，絕對是這樣。在2018年，社安局的監察長
發布一份報告，指控社安局用這種方式減少了1.32億美元的
寡婦（鰥夫）津貼，而且數字還不斷攀升[18]。社安局的監察
機構呼籲該系統的行政官員解決這個問題，並且考量賠償那
些終生福利遭到剝奪的寡婦和鰥夫。到目前為止，他們沒有
出面解決任何問題，也沒有人獲得賠償。我們也不曉得這些
「錯誤」是如何發生。像珍娜這樣的民眾有可能只申請了寡
婦／鰥夫津貼，卻被工作人員勾選申請兩項福利。這有可能
是粗心、無能、惡意，或三者皆有。

假如珍娜發現這項錯誤，她可以（也應該）回到社安局
辦公室，要求他們以書面形式證實她只領取寡婦津貼、她並
沒有在他們的系統中申請過退休福利。她也應該在申請書的
備註欄位註明（並拍照）她申請的只有寡婦津貼，並且會等

到年紀更大時才申請退休福利。

雖然以珍娜的案例看來是如此，但我想指出先拿寡婦津貼再拿退休福利不一定永遠都是最佳選擇。如果等待較長時間再領取退休福利並不會帶來額外好處，那其實可以在62歲時開始領取退休福利，並在寡婦津貼累積到高峰時開始領取。當寡婦／鰥夫津貼遠大於退休福利時，就應該這麼做。對於已故配偶從未領取退休福利，或在達到正常退休年齡時才領取福利的寡婦／鰥夫，領取寡婦／鰥夫津貼的最佳時間點是在正常退休年齡，屆時福利將不會因為提早領取而減少。對於那些已故配偶在去世前就提早領取退休福利的寡婦／鰥夫而言，根據我先前提到的複雜RIB-LIM公式計算，寡婦／鰥夫津貼會在正常退休年齡前三年半達到高峰。

請把這段的最後一句話反覆讀五遍。舉個例子，假如你在62歲時領取退休福利，並等待五年，在正常退休年齡時領取寡婦／鰥夫福利，以為這項福利會在那時來到巔峰，但事實上它在你64.5歲時已達高峰，你就有可能因為等到64.5歲之後才領取而損失數千甚至數萬美元的福利。你可能是在社安局網站上讀到一些誤導民眾的資料，或聽從一些超級不了解／訓練不足的工作人員建議，抑或是按照理財專員（他應該要比較了解才對）說的話去做，才踏上這條錯誤的道路。如果你屬於這個類別，也就是60歲出頭、過世配偶提前領取退休福利的人，一定要花時間搞懂這點*。

祕訣十：藉由賺更多來提高福利

我們已經談到社安福利的金額會根據你在職涯中的收入有所變動，但我們也必須了解福利的數額是如何判定，才能讓你儘可能領到最多福利。

你可以領取（或提供他人）的每項社會安全福利，都與所謂的主要保險金額（primary insurance amount，簡稱PIA）相關。計算你的PIA時，社安局會將你過去所有的承保收入排序，也就是你在整段職涯中支付FICA稅金的收入。但是在排序之前，他們會調整你60歲之前的承保收入，來考量在這段時間內國家的平均薪資成長[**]。60歲之後的承保收入就不會進行指數調整，會以原本的數額進入排序。所以，如果你60歲過後繼續工作，而且因為你個人或整體經濟的實質薪資成長或通膨而賺了很多錢，60歲之後的收入將對你的PIA產生莫大影響。

社安局將你過去所有的承保收入（60歲前經指數調整的收入加上60歲後未調整的收入）從高到低排列，然後將最高的35個數值平均，算出你的平均指數調整後月收入

---

[*] 我公司推出的工具 Maximizemysocialsecurity.com 只要花你40美元，而且有可能是唯一能正確釐清你狀況的工具。沒錯，這看起來像是在打廣告。但我的感覺是，所有其他工具都是在做精算估計，把你當成一個平均值而不是一個結果，任何受過專業訓練的經濟學家都不會推崇這種做法。

[**] 例如，如果你在2018年滿60歲，你在1995年37歲時的承保收入會在排序前被放大（指數調整），係數為 2.11（這是美國 2018 年的平均承保收入比上 1995 年的平均承保收入，也就是 52,145.80 美元對上 24,705.66 美元）。60歲以後的承保收入就會以帳面數額直接排序，不會再指數調整。

（average indexed monthly earnings，縮寫為AIME），以此計算你的PIA。這段過程中有許多複雜的細節，但關鍵是要知道，假如你繼續工作，你就能提高AIME從而讓福利增加。社安局將此稱為福利的重新計算。他們針對你福利的重新計算，是發生在你領取退休福利的每一年。舉一個相對極端但完全合理的例子，假設你在88歲時退休，從事一份高薪工作、使之成為你年收入最高的35個工作之一。一年後，社安局會提高你的AIME、你的PIA（別忘了，這取決於你的AIME），和你的退休福利（這取決於你的PIA）。你的退休福利增幅會超過當年的生活費用調整（cost of living adjustment，縮寫為COLA）。

　　現在，我們假設你有五位**單身**的前夫，他們每個人都跟你結婚滿十年，正根據你的工作收入領取離異配偶津貼。要實現這個狀況，他們每個人的收入都必須相當低，而且在任何情況下，在他們工作生涯中必須賺得比你少很多（或他們沒有幫自己的工作收入支付FICA稅）。不管他們是專業的小白臉還是無法謀生，他們都受益於你的社安福利收入。為了避免前任為了社會安全福利起衝突，每位前任的福利都不會影響到其他人可領取的福利。因此，當你在88歲賺得更多、提升PIA時，每位前任都會在餘生收到更高的離異配偶津貼。此外，一旦你翹辮子，每位前任都會在你死後各自領取更高的離異寡婦／鰥夫津貼，就算他們再婚也無礙（如果是60歲後再婚）[*]。

如果你過去收入很低，或只有零星收入，那麼隨著年齡增長，賺取更多並提高PIA的能力就特別重要（不過有一點要注意，如果你有一位收入遠高於你的現任或前任配偶，並且不太可能根據你自己的工作收入來領取福利，靠賺更多來提高個人PIA可能就沒那麼重要或根本不重要）。如果你是一位高收入的高齡勞工（收入高於社安局的承保收入上限），這點也非常重要**。

如果你的承保收入紀錄相當不穩定，比方說可能有許多數值相當低的數字或甚至直接為零，那藉由賺更多錢，無論年齡有多大，你就能用正數或更高的數值來取代這些比較薄弱的收入紀錄。這就會提高你的AIME，從而提高PIA。

讓我來說明一下這項祕訣的潛在重要性。假設你是一位60歲單身的路易斯安那州人，打算明年退休。你目前的收入是2.7萬美元，薪資一直維持在全國平均水準。你曾經結過十幾次婚，但從來沒有結婚滿十年、無法領取前任的社會安全福利。由於你在撫養孩子的時候沒有工作，所以你到45歲才開始賺錢並繳納社安費。因此，你已經投入必要的十年，來確保能獲得社會安全退休福利所需的四十個「季度承保」。幸好你從最愛的前任那邊繼承了50萬美元，打算靠

---

* 如果他們在60歲前再婚，一旦他們的新配偶死亡，他們就能開始領取你的離異寡婦／鰥夫津貼。事實上，如果他們有多位已故的前任配偶，並在配偶去世時仍保有婚姻關係，他們就能領取屬遺津貼最高的那一位之福利。

** 最高限額是社安福利稅金徵收的最高收入額。在2021年，這個額度是142,800美元。此數額隨著經濟總體平均薪資增長而不斷上漲。

這些錢活到70歲，到時就能領到社安福利。

如果你多工作一年會有什麼差別？你的終生社安福利會增加9,288美元，或是說超過一年稅前收入的1/3。換言之，你可以藉由多工作一年，在退休期間獲得1/3的收入增長。當然，你和雇主會需要支付額外的社安福利薪資稅。一年的總稅額是3,348美元。即便如此，多工作一年就能替你帶來5,940美元的淨收益，相當於你額外繳納社安稅的77%回報！

接下來，假設你能賺取社安福利的最高金額，而不是退出職場。這樣做能使你的終生福利增加98,310美元，幅度相當驚人。雇主和員工的社安稅帳單會超過17,707美元，但你仍然能淨賺一大筆錢。其實這一年的額外工作，能讓你的終生社安福利增加近1/4。

現在我們來設想另一個版本的社安福利承保所得。假設你的收入一直高於社安收入最高額度，而且你目前已年過六十。再假設你今年收入也超過最高額度。假設今年的最高額度比先前的最高額度還要高（這幾乎是肯定的），那你的AIME會上升，PIA也會上升，不管你何時領取，退休福利也會增加。這點或許不是那麼顯而易見，但實際去計算社安福利就能看出端倪。那麼，這種實質福利的增加有很大影響嗎？有，也沒有。按照現值來計算，你的終生福利大約會增加4,500美元。這遠低於你將支付約莫17,707美元的額外社安薪資稅。但是，如果你無論如何都打算繼續工作，這是個

不錯的收益。

如果要藉由賺更多錢來提升福利，還有另一個重要的方法，這適用於大約15%的勞動者，這群人在職涯中的某段時間從事未承保社安制度的工作。這些人主要是州和地方政府的員工，例如教師，他們的工作免徵收社安福利薪資稅。這些未承保的勞工通常是從雇主那邊領取養老金。但是，假如他們在有承保的勞動部門工作滿四十個季度（十年），也能領取社會安全福利。這群勞動者的承保時間非常短，在社安局高度累進的PIA福利公式計算之下，他們看似是應該獲得不成比例之高福利的低薪資勞工。

為了避免對無承保養老金的勞動者過於慷慨，美國國會通過「意外收入消除規定」（Windfall Elimination Provision，縮寫為WEP），只要你開始領取未承保養老金，該條款會即刻生效。在這條規定的作用之下，你的AIME會用一條沒那麼慷慨的公式來計算。你因為意外收入消除規定而損失的福利，僅限於未承保養老金的一半，或是政府從你的非承保403(b)或類似退休計畫中估算之養老金的一半。

但有一點很重要：你受限於意外收入消除規定的程度，取決於你在承保工作中有實質收入的年數。在2021年，有實質收入的年份所需的收入金額是26,550美元。如果你有二十年或以下的實質收入，你就屬於完全WEP的範疇；在二十到三十年之間，每增加一年的實質收入，你的WEP程度就會下降。超過三十年，你就不再屬於WEP了。所以，有

十年的時間你的實質收入能夠提升退休福利的金額。

　　至於你從已故配偶或前配偶（與你結婚十年）那邊領到的配偶津貼、離異配偶津貼、寡婦／鰥夫津貼和離異寡婦／鰥夫津貼，假如你領有未承保的養老金，這些福利會被另一條規定所刪減：政府退休金抵消（the Government Pension Offset，簡稱GPO）＊。減少的幅度是每三塊未承保的養老金就減少兩塊錢的福利，這裡所謂的未承保養老金是指你未承保的養老金，或政府判定你的未承保退休帳戶餘額將提供的養老金。要逃避GPO有個很簡單的做法，只要在有承保社安福利的聯邦、州或地方政府工作六十個月（不必連續）就可以了，這樣你就能永遠免於GPO規定的刪減。

＊ 在國外賺取的養老金，並不會啟動寡婦／鰥夫津貼的GPO規定。

回顧

對多數人來說，社安福利是我們最大或第二大的經濟資產。如果做出正確抉擇，社安福利有大幅增加的可能。我的社安福利關鍵祕訣如下：

- ☑ 社安福利包含13項，其中大部分你可能從來沒聽過。針對這套系統，要是你沒有申請，就等於放棄領取。如果不提出領取福利的主張，就等於讓免費的錢白白流走。你必須拿到屬於你的福利。

- ☑ 這套系統提供的福利並不是免費送你的禮物。這些福利是來自你從你賺的每一塊錢（在課稅最高額度以內）中繳納的高額FICA稅金而來的（12.4%）。無論政府是怎麼將這些稅金包裝成雇主和員工合繳的費用，這些都是從你錢包掏出來的費用。

- ☑ 你必須針對任何一項福利提出正式申請。社安局不會在你有資格申請某項福利的時候主動提醒。他們頂多只會補交六個月的逾期福利。

- ☑ 貨比三家。不要只諮詢一間社安局辦公室，而且要仔細運用線上工具來了解你是否有資格領取13項福利中的一項或多項，或你的家人、朋友，甚至你關心的前任是否正在領取屬於他們的福利。我推薦我公司的工具，你當然也能參考其他選擇。

☑ 社會安全福利制度提供一個強大的誘因，來讓你延遲提領退休福利，這是這套系統最大的金庫。這並不是虛幻的想像，而是真實存在的紅利。你只需要多花點耐心研究到底什麼時候申請福利對自己來說最有利。

☑ 延後領取較高的退休福利，也能連帶讓未亡配偶和符合條件的前任配偶領取較高的寡婦／鰥夫津貼。對你的遺屬來說，他們的收益大到你其實可以考慮犧牲自己的終生退休福利，來提高他們領到的福利數額。

☑ 如果你太早領取退休福利，可以直接在正常退休年齡或70歲之前暫停，並在70歲之前或70歲時重新開始。不要上了社安局的當、在未滿70歲的時候就領取退休福利，不然你這輩子每個月領到的福利都會減少。

☑ 對大多數勞動者來說，收入測定對他們的終生福利影響甚小，因為失去的數額會在正常退休年齡開始時以永久性的高福利形式回收。所以，如果你退休或丟掉工作、被迫提前領取社安退休福利，不要因為收入測定而不繼續工作。

☑ 1954年1月1日前出生的人，可能可以免費領取配偶津貼。有幾百萬名戰後嬰兒潮時期的人，仍然能利用這點來小賺一筆。他們很有可能不知道，因為社安局沒有主動宣導，沒有讓民眾知道只要符合條件就有資格領取免費的配偶津貼。

☑ 正確排定寡婦／鰥夫和退休福利的順序，才能最大限度提高你作為未亡配偶或符合資格的未亡前任配偶的終生福利。社安局出於無知、失誤或惡意，使成千上萬名寡婦／鰥夫失去數億美元的福利。他們還無視監察總長的報告，該報告呼籲社安局使用其內部數據來判定哪位寡婦／鰥夫的權益曾受受損，並針對這些受害者進行適當的補償。

☑ 根據你的工作和收入紀錄，你或許可以藉由在承保的工作崗位上待更長時間，來大幅度提高你的終生福利。對某些人來說，晚年多賺一點錢可以替他們額外繳納的社安薪資稅帶來巨大回報。根據社安福利計算，任何在60歲過後收入超過最高額度的人，他們的PIA會自動提高，而基於PIA的所有福利也會自動增加，數額會超過當年的生活費用調整。如果你被WEP影響，賺超過實質收入限制可能會減少WEP的影響。

Chapter 4

幫自己減稅

最有效的節稅與退休帳戶技巧

正如我在前面所感嘆的，美國人實在很不會儲蓄。但我們在個人和集體的儲蓄慘況並不是新鮮事（早在COVID之前美國的儲蓄率就低得可憐）。美國國會在幾十年前就意識到這個問題，並精心設計出一套退休帳戶和殊價財帳戶（merit-goods-account）儲蓄系統，來引誘我們存下超過社會安全福利儲蓄的數額。

美國國會中律師的比例相當高，而律師總是有把事情搞得很複雜的天性與衝動。沒辦法，這種性格深植於他們的職業基因。他們確實讓社安福利制度成為使用者的惡夢，瘋狂的退休帳戶系統也是如此。目前為止，我已經提過401(k)計畫，這是由雇主所設立和管理的帳戶。我現在要來介紹其他退休帳戶：傳統IRA、羅斯IRA、配偶IRA、凱歐計畫（Keogh Plans）、SEP、簡易IRA計畫、簡易401(k)計畫、薪資扣除IRA、403(b)計畫、利潤分享計畫（profit-sharing plans）、確定給付計畫（defined benefit plans）、員工持股計畫（employee stock-ownership plans）、457計畫、個人401(k)計畫、不可扣除的IRA、羅斯401(k)計畫、羅斯403(b)計畫、羅斯457計畫，還有，呃，先這樣就夠了。先喝杯咖啡吧！

每項計畫都有其規定、限制、繳費限額和資格需求。了解自己符合資格的退休帳戶，以及如何將這些帳戶運用到淋漓盡致，就能降低你的終生稅金。顯然，這樣你就能擁有更多終生可支配支出。在本章，我會描述二種基本的退休帳

戶、其稅賦優惠來源，以及如何在不同類型的帳戶之間移動資金，來最大化提高稅賦優勢。然後，我們會從超級枯燥但重要的規則和條例（你可以先跳過，之後再回頭讀）轉到真正有趣的部分：讓你知道你能從這頂特殊的魔法帽中拿出多少錢。對多數員工來說，這包含從雇主那裡獲得一筆巨大、不需額外付出勞動力的獎金，也就是所謂的「雇主配比」（employer match）。

運用雇主配比的優勢，可能是本書中最簡單的金錢魔法。員工退休計畫中的平均配比額度，是薪資的4%以上。然而，在有資格獲得這筆免費資金的勞工當中，有1/4並沒有參與雇主計畫。請讓我大聲宣揚這個不難理解的事實：

假如雇主免費給你錢，請收下。

帶大家了解退休帳戶之後，我會討論健康儲蓄帳戶（health savings accounts，HSAs）、自助式福利計畫（cafeteria plans），以及529計畫。這些都是專門用於某些類型支出的帳戶。它們讓你在規定的限度內，把存下來的錢花在殊價財上，例如教育或醫療，政府喜歡也希望透過減稅來補貼這類支出。在HSAs以及自助式計畫的情況下，稅賦減免為100%，這代表你分配在這些計畫上的收入根本不需要納稅。

　　我發現我即將灌輸到大家腦中的枯燥退休帳戶細節，有
一部分你們已經有概念了。不過退休帳戶是山姆大叔邀請大
家減稅的方案，我想確保你不會錯過任何能夠節稅的機會。
所以，我要跟你仔細介紹二種能用來減少終生稅金的主要退
休帳戶，並解釋在這二種帳戶之間移動的方式，以及在合法
範圍內使用這二種帳戶減稅的幅度。

稅賦遞延和羅斯退休帳戶

　　退休帳戶基本上分成兩類：稅賦遞延類型和非稅賦遞
延類型。大部分退休帳戶資產都在稅賦遞延帳戶中，這通
常被稱為傳統（普通）IRA。非稅賦遞延IRA則為例外，它
以其發起人、前德拉威爾州（Delaware）參議員威廉·羅斯
（William Roth）命名。羅斯IRA約占所有IRA資產的十分之
一[19]。

　　雇主贊助的401(k)退休計畫也允許雇主和員工的配比繳
款，形式有二：稅賦遞延和羅斯。401(k)是一種確定提撥制
度的計畫（defined contribution，簡稱DC），這代表雇主和
政府能規定提撥的額度。近幾十年來，DC計畫大幅取代確
定給付計畫（defined benefit，簡稱DB），在這種計畫中，
勞動者保證能領到某些退休福利。

　　DB計畫曾是大型企業普遍的做法，但現在，除了工
會、州和地方政府和軍隊贊助的計畫，它已經奄奄一息。大
約有半數私部門的勞動者只能享有DC計畫；13%同時擁有

DB與DC計畫；4%只有DB計畫。其餘32%的人沒有在贊助退休計畫的公司上班[20]。顯然，DC計畫——最常見的是401(k)計畫——占了絕大部分稅賦遞延的經濟資源。只要有資金進入你的DC帳戶，你就能在雇主規定的範圍內進行投資。相較之下，你可以隨心所欲投資運用你的IRA資產。在DB計畫中，撥款額度有可能會高出許多，你能收到的數額是由一條公式來判定，而不是由特定投資的表現決定。

那麼，稅賦遞延帳戶是如何運作的？撥款到這些計畫中的金額，能從你的應稅收入中扣除，代表你在存錢時不必替你存的錢支付所得稅，你還能用這些錢來投資。根據帳戶的類型，你可以把這些錢投在共同基金或指數股票型基金（ETF），後者指的是一系列標的證券。或者，你也可以拿這些錢去投資個人證券，包含股票、債券、房地產信託、黃金和其他商品、出租物業、期權（在限制範圍內）、土地，甚至是比特幣這類的加密貨幣。當投資獲得收益，你不需要馬上繳稅。這是所謂的「內部聚積」（inside buildup）：只要錢留在帳戶內，任何流入帳戶的股息、資本收益、利息或其他投資收益都不需納稅。

不過，代價是當你從稅延帳戶中提款時，必須替你取出的錢納稅。此外，從帳戶中拿錢出來並不會享有稅賦優惠。比方說，儘管現在的股息和資本收益稅率低於普通所得稅率，但當你提領401(k)帳戶中累積的股息和資本收益時，要按照勞動所得的相同稅率來繳稅。

　　稅賦遞延帳戶還有一個問題：一旦你年滿72歲或70.5
歲（如果你在2020年1月前到達這個年齡），你至少得開始
提領規定的最低提領額（required minimum distribution，縮
寫RMD）。RMD的計算方式是將你該年的帳戶餘額除以該
年的預期壽命係數。在72歲時，該係數為25.6；在82歲，
係數是17.1。所以，如果你在72歲時在傳統IRA中有100萬
美元，你需要在那年提領39,062美元；82歲時，100萬美元
的RMD是58,479美元。

羅斯的差異

　　與稅賦遞延帳戶相比，非稅延羅斯帳戶的撥款不能從應
稅收入中扣除，這代表你在存錢的時候還是要替你存的錢繳
稅。與稅延帳戶一樣，羅斯帳戶內累積的盈利也不用繳稅，
但與稅延帳戶的差異在於你最終的提款不會被課稅。因為你
在撥款時已經繳了稅，所以提款時不會增加應稅收入。羅斯
帳戶也不用繳納RMD（這點我們稍後再討論）。

　　稅賦遞延和羅斯IRA的重點在於你存的錢是有節稅優勢
的，因為裡頭的存款是專為退休而存。所以，如果你在59.5
歲之前從稅延IRA中提款，你不只要為這筆錢繳稅，通常還
要繳納10%的罰款。針對羅斯帳戶，你永遠都能在免稅與
免罰款的情況下提款。但是，在59.5歲之前提取在羅斯帳戶
中賺取的任何收入，都要繳稅並被罰款，除非提取的錢是用
於教育、首次購屋、生育或收養費用。過了59.5歲，只要你

成立帳戶並已撥款滿五年*，就能領取羅斯帳戶的收入、不需罰款。

我很快就會提到，你的IRA撥款金額是有上限的。假如撥款金額超過上限，你依然可以放錢到傳統IRA當中（但不超過第二道上限），但撥款的金額不再享有免稅福利。不過，放進不可扣抵應稅收入之IRA帳戶中的錢，能夠享有內部聚積的優勢，帳戶內累積的收益都不用繳稅。此外，如前所述，當你從這類帳戶中提款，只有累積的資產收入才需納稅。

將退休帳戶年金化

不管你的帳戶是稅賦遞延類型還是羅斯型，都能用收益購買年金。同樣，年金也是持續給付到接收者去世的款項。年金可分成單一生命年金（給付到你過世）或是聯生遺屬年金（給付到你或你的配偶過世，以較晚往生的那人為準）。年金可以涵蓋一個保障區間，也可以分級，代表年金會逐年增加。你對年金的規劃（你所納入的功能和特色），會決定其支付和結束時的條件。遺憾的是，市場上的年金都沒有隨通膨調整。據說分級年金可提供通膨保障，但那是騙人的。通膨保障是指當物價上漲50%，你收到的金額會增加50%。通膨保障不是那種微不足道的增幅，比方說3%的「分級」

---

* 這不一定要是你打算提款的羅斯帳戶。

增長，那與實際的通膨率無關。

撇除通膨風險不談，年金在壽命保障方面表現亮眼。簡單地說，對於單一個人，年金的基本功能是假如你繼續活著，就能得到高額的名義回報，但死了就什麼都沒有。所以是一場賭注。但如果你死後不需要錢（肯定不需要），那就沒什麼壞處。很多人並沒有將他們的退休帳戶年金化，這點令人驚訝。交易費並不是理由，畢竟交易費相當合理。這種不情願似乎反映出我們過度堅信自己會英年早逝，投射出我們對通膨的擔憂，點出販售年金的保險公司無法像我們一樣長壽的風險。確信自己會早逝，這是財務層面的一廂情願。擔心保險公司違約，那你可以從不同保險公司購買多份年金，問題就解決了。至於通膨，我很快就會談到，大家可透過獲取名義債務來抵銷，例如物價上漲時實際價值會下降的每月房貸支付。

我建議大家重新考慮年金，尤其是新式的年金產品：QLACs，即合格壽命年金合約。你可以將稅賦遞延退休帳戶的25%投資於QLAC，最高限額為13.5萬美元。作為交換，你會得到一份在未來日期開始的年金。由於你可能在領到年金之前就死亡，QLAC的給付會贏過普通年金給付。所以，假如你已經70歲，確信你會在未來，比方說十五年內活下來，但之後就沒那麼篤定，可以購買一份在85歲（可開始接受給付的最晚年齡）啟動的QLAC，這樣85歲以後的生活會很有保障。QLAC還有另一項好處：你投資在其中

的錢不受限於RMD！QLAC的主要問題是通膨風險，其效應因名義支付被推遲而加劇。

繳款限額：IRA與401(k)

無論是傳統IRA還是羅斯IRA，你都可以在任何年齡向IRA帳戶繳款，但聯邦政府針對繳款額度設限。這同時也限制你可以向雇主贊助的退休帳戶，例如401(k)，繳款的數額。這些限制取決於帳戶類型。2021年，你能放進傳統IRA與羅斯IRA的**合併**總額是6,000美元（如果你超過50歲，則為7,000美元）或你2021年勞動收入〔美國國稅局稱之為「應稅所得」（taxable compensation）〕中數額較低的那個數字[*]。

羅斯IRA的繳款也設有收入上限。針對2021年的單身人士，如果你的修改後調整總收入（modified adjusted gross income，縮寫MAGI）超過14萬美元，你就不能繳款。在12.5萬和14萬美元之間，繳款額度有限制。針對已婚夫婦，限制適用於MAGI在19.8萬和20.8萬美元之間的個案[**]。好消息是，不管你幾歲，都能向IRA帳戶繳款，而且如前所述，一旦年過五十，繳款金額就能提高。

---

[*] 應稅所得包含薪資、薪水、自營業收入和應稅贍養費。這不包含資產所得收入，如利息、股息、資本收益和租金。

[**] 這裡有一份值得參考的資料，也就是國稅局的Amount of Roth IRA Contributions That You Can Make for 2020：https://www.irs.gov/retirement-plans/plan-participant-employee/amount-of-roth-ira-contributions-that-you-can-make-for-2020.

針對401(k)，2021年的繳款限額為1.95萬美元（50歲或以上則為2.6萬美元）。假設你今年45歲，從事高薪工作，可以在401(k)和羅斯401(k)中總共投入1.95萬美元。即使你替多位雇主工作，你在2021年所有退休計畫的繳款總限額也是1.95萬（50歲或以上則為2.6萬美元）。

如果你有來自雇主的退休計畫，還能向傳統IRA繳款嗎？

假如你的收入未超過特定數額，你能向傳統IRA繳款的數額並不會影響你向401(k)繳款的額度，反之亦然。不過，收入限制倒是挺複雜的。你必須仔細閱讀國稅局規定，確保你對該年度的了解是正確的[21]。2021年，假如你有一份雇主贊助的退休計畫，不管其類型，只要你的MAGI為6.6萬美元或更少，你就可以完全扣除放進傳統IRA當中的金額。如果你已婚，假如配偶雙方都有雇主計畫，MAGI上限為10.5萬美元（如果只有一方有雇主計畫，則為19.8萬美元）。如果你的工作有承保，而且是MAGI在6.6萬和7.6萬美元之間的單身人士，你可以進行可部分扣除的繳款。假如你已婚，而且你跟配偶都有與工作相關的退休計畫，如果你的MAGI在10.5萬和12.5萬美元之間（如果只有一人有工作相關的退休計畫，則在19.8萬和20.8萬美元之間），就能進行可部分扣除的繳款。

如果你超過MAGI限制，仍可向傳統IRA供款，**但繳款**

不能從應稅所得中扣除。別忘了，不管是向傳統（在可扣稅或不可扣稅的前提下進行）還是羅斯IRA繳款，IRA總繳款仍有6,000美元的獨立限制（如果你超過50歲則為7,000美元）。不可扣抵的IRA可轉換為羅斯IRA。這種**走後門**的羅斯（backdoor Roths）操作就像直接轉換一樣，讓富人避開基於收入的羅斯繳款限制。

　　總之，不管哪種類型，如果你或配偶有雇主贊助的退休計畫，可扣抵的傳統IRA繳款就跟MAGI有關，跟年齡、年份有關。假如你沒有雇主贊助的退休計畫，IRA繳款限額（羅斯和普通合併）就直接是IRA繳款限制。

假如你有一份基於雇主的退休計畫，還可以向羅斯IRA繳款嗎？

　　羅斯IRA的繳款限額不取決於你是否已有雇主贊助的退休計畫。你的羅斯、傳統IRA和不可扣抵的IRA繳款之總和，不能超過IRA繳款限額，而且如前所述，羅斯繳款會另外根據你的MAGI而受限。

配偶IRA

　　假如你的配偶沒有工作，但你有工作，你的配偶仍可擁有自己的IRA。但是，他們帳戶繳款的金額不能超過個人IRA的繳款限額，而且你的繳款總額不能超過你自己的收入。如果你的工作提供退休帳戶，你配偶的IRA繳款限額是

基於跟你個人 IRA 繳款相同的 MAGI 公式。

雇主對退休帳戶的繳款限制

讓雇主把錢存進你的稅賦遞延帳戶，總是比你自己繳納相同金額還要好。這是因為雇主的繳款不需要繳納薪資稅，也就是被稱為 FICA 的社會安全福利和醫療保險稅。相比之下，你自己的繳款並沒有被排除在 FICA 徵稅範圍之外。

你從退休帳戶中提款時，所有提款都不需要繳納 FICA 稅。假如你提出來的錢，是來自你自己存進去的金額，那這就很合理。畢竟你當時賺到錢時，已經為這筆薪資付了薪資稅。但是，從雇主繳納的部分當中提款也永遠不會受到 FICA 稅的影響。這是一筆很划算的交易，因為 FICA 稅的雇主部分（實際上是你支付的稅）是 6.2%，這是社安福利應稅最高限額以下薪資應繳納的 12.4% 的一半。至於 FICA 稅中 2.7% 的醫療保險，雇主的份額是薪資的 1.45%，不管你賺多少都一樣。

雇主的繳款限額取決於計畫本身。2021 年，401(k) 的限額較小：薪資的 25% 或是 5.8 萬美元（假如你年滿五十，限額是 6.45 萬美元，包含最大的補繳額 6,500 美元）。但這個限額會因為你繳款到計畫中的金額而進一步減少。例如，在 2021 年，如果你自己在 401(k) 計畫（無論是可扣抵還是羅斯）中的繳款是 1.8 萬美元，而雇主限額是 5.8 萬美元，那雇主只能繳款 4 萬美元差額。而且，你和雇主針對雇主贊助計

畫的繳款總額，在任何情況下都不能超過你薪水的100%。

　　簡化員工退休金計畫（simplified employee pension，縮寫SEP）不需要員工繳費。2021年，雇主的最高繳款額被設定為員工薪水的25%或5.8萬美元。針對較年長的勞動者就沒有補繳規定了。

羅斯轉移：正式與非正式

　　正如我們剛才所討論，延稅帳戶能讓你推遲繳稅。羅斯帳戶則不然。無論是哪種情況，繳款都必須納稅，只是時間點不同而已：要不是進入退休帳戶時繳，就是在離開退休帳戶時繳。將一種類型的帳戶轉換成另一種類型可能會帶來優勢——通常是從稅賦遞延的傳統帳戶轉換為非稅賦遞延的羅斯帳戶，也就是所謂的羅斯轉換（Roth conversion）。原因我們很快就會談到。

　　在羅斯轉移的情況下，你可以從稅賦遞延帳戶中提取資金，支付你所提取金額的稅款，然後立刻將該金額存進羅斯帳戶。例如，如果你從傳統IRA當中提取5萬美元，你必須為這5萬美元繳稅，但你可以同時向羅斯帳戶額外繳款5萬美元，不受目前的繳款限額限制。

　　對即將退休的人來說，進行羅斯轉移非常簡單。如果你超過59.5歲，可以直接從傳統IRA中提款，並向羅斯IRA繳納相同金額（甚至是不同金額——大家通常會將提出來的某部分錢拿去繳稅），這是所謂的「非正式羅斯轉移」。不

過，如果你的年齡低於59.5歲，在多數情況下，從稅賦遞延的退休帳戶中提款之後，你必須繳納10%罰款，這對有財務意識的人來說並不理想*。所以，有另一個名叫「正式羅斯轉移」的方式，能讓59.5歲以下的人將資金從傳統IRA轉移到羅斯IRA，而且一毛錢都不會少。

你甚至可以從401(k)或類似的雇主提供之稅賦遞延帳戶中進行羅斯轉移，前提是雇主在他們的計畫中允許這種做法。此外，假如你離開雇主，可以將你的雇主稅延帳戶轉入傳統IRA，然後在未來進行轉移。

雖然不常見，但你也可以把錢從羅斯帳戶轉移到稅延帳戶。只要從羅斯帳戶中提領金額，並在法律允許限額內將錢存入稅延帳戶即可。舉個例子，假設你在羅斯個人退休儲蓄帳戶中有10萬美元，你想在今年向你的傳統個人退休帳戶繳納5,000美元，又假設由於現金流的關係，你不能在不動用羅斯帳戶的情況下繳款。你可以從羅斯帳戶中提領5,000美元，這樣就能獲得5,000美元的扣除額**。

---

* 不管把錢提領出來是為了什麼用途，有幾種方式能夠避開10%的延稅帳戶提前提領罰款。最簡單的方式，是在五年或五年以上的時間內，每年提取相同數量的錢。如果你用這些資金支付高額醫療費用、在被解僱後購買健康保險、支付大學學費、拿去當成首次購屋的資金（最多一萬美元）、作為失能開支費用，或是服兵役的開銷，就能夠避免罰款。最後，如果是從繼承而來的IRA當中提款，也不會有罰款。請閱讀這篇文章：Emily Brandon, "12 Ways to Avoid the IRA Early Withdrawal Penalty," U.S. News & World Report, December 15, 2020, https://money.usnews.com/money/retirement/slideshows/ways-to-avoid-the-ira-early-withdrawal-penalty.

** 當然，這跟用你的收入向IRA繳納1萬美元，並從羅斯中提領1萬美元來解決現金流問題沒有區別。俗話說得好，不管是什麼形式，一塊錢就是一塊錢。不管是用什麼方式來形容，你的羅斯帳戶就是少了1萬美元，傳統帳戶就是多了1萬美元。

利用退休帳戶安排繳稅時間

那麼，羅斯轉移的意義何在？這種轉移會讓你的應稅收入現在高、未來低。那反過來說，逆向操作的意義又是什麼？這裡所謂的逆向操作是指多繳款到可扣抵的帳戶，現在減少應稅收入，並在以後增加應稅收入。重點在於降低你的終生稅金，而這也涉及你的稅率等級。

如果你跟多數人一樣，那退休時你的稅率會更低，有時還大幅減低，因為你已經不會繼續工作賺錢了。你的稅率也有可能現在低、以後高。例如，你目前可能失業，但預計一年後會回到原本的崗位或找到新工作。在這種情況下，將錢存入羅斯帳戶就能確保用來繳款的收入是按你目前的低稅率課稅，而不是按你未來的高稅率課稅。如果你的稅率暫時較低，你會希望現在繳稅而不是等到未來再繳。這就是繳款到羅斯帳戶的用意，羅斯轉移也是同樣用途。

目前為止，我一直使用「稅率級別」這個詞來指稱你額外應稅收入的聯邦和州所得稅率。但是對退休人士來說，他們從額外收入中繳納的稅金，也會大幅受到以下因素影響：社安福利的聯邦所得稅，以及較高的醫療保險保費評估，此評估是根據過去兩年的MAGI計算而來。

山姆大叔對社會安全福利的課稅相當複雜，但極為重要，對有錢人來說尤其如此。2020年，如果你的MAGI（包含你的一半社安福利）超過2.5萬美元（單身）或3.4萬美元（已婚），你的社安福利最高有一半要繳交聯邦所得稅。

如果你的MAGI超過3.4萬美元（單身）或4.4萬美元（已婚），那你的福利有85%要繳稅。高收入家庭要面臨31%的福利課稅。再重複一遍，這些門檻並沒有經過通膨調整。所以，所有退休人士的社安福利最後有85%要被課稅。

　　高收入醫療保險B部分與收入相關的每月調整金額（income-related monthly adjustment amount，縮寫IRMAA）保費，是針對老年人的一種類似稅金。2021年的醫療保險基準保費為1,782美元；2021年，參加醫療保險的單身人士，如果2019年的MAGI在8.8萬至11萬美元之間（若已婚，則在17.6萬至22.2萬之間），則會面臨額外712.80美元的年保費（每人）*。針對那些確定收入高於下一階門檻的人來說，每年保費又增加了1,069.20美元。而且繼續下去還會碰到三個門檻！這些門檻也沒有經過通膨調整。

　　假如你處於聯邦所得稅的低階層級，然後在提領應稅退休資產時以為可以節稅，那要小心了。你可能會在兩年內觸發社會安全稅或更高的社會安全福利稅，以及更高的醫療保險保費。因此，羅斯轉移或許對那些尚未領取社安福利或承保醫療保險的退休人員來說有意義。但是，對於正在做其中一件或兩件事的退休人士來說，羅斯轉移（特別是大規模的羅斯轉移）可能就沒什麼意義。

---

* IRMAA的實施有兩年的滯後期：兩年前的收入決定了你的IRMAA。請注意，傳統的（非羅斯）IRA提款會增加你的MAGI。

免稅的內部聚積

讓資產在這二種帳戶中以免稅的形式賺取收入有什麼好處？透過延後繳稅，你能賺到你欠政府的錢。

假設你要付山姆大叔1萬美元的稅，他說：「謝謝，我突然想要慷慨一點。拿這1萬美元去投資吧。三十年後，用你那時候累積的金額繳稅給我就行了。」山姆提供了一個很棒的交易：貸款1萬美元，附帶等你稅率較低時再繳稅給山姆的優待。假設你今年向個人 IRA 繳款1萬美元。我們還假設你正在並且會繼續處於30%的稅率段落。最後，假設你能安全將資金以3%的利率投資。如果你免稅投資三十年，最終會有20,094美元；假如在這段時間，你必須替3%的報酬率支付30%的稅款，最終會有16,813美元。如果以長期利率1.5%來看（目前就是如此），差別會比較小：14,509美元對12,984美元。雖然這個數額較小，但即使在低利率的情況下，內部聚積仍很有優勢。

我們也可以將內部聚積描述成一個能讓你資產收入避稅的空間。這讓我想到羅斯帳戶的另一項稅賦優勢，這個優勢相當微妙，我也不確定大家是否都有意識到。回想一下，當你繳款到羅斯帳戶時，你針對繳款所支付的稅金，就是你的收入所繳納的標準所得稅。但這代表隨著時間推移，你的非退休資產會減少。換個方式說，你的總資產（非退休與退休資產）中，退休帳戶將占據更大一部分，從而得到庇護*。

---

*這是針對特定繳款方式而言，你會將這些錢放在稅賦遞延帳戶或羅斯帳戶中。如果你意識到向稅賦遞延帳戶繳款在提款時會被課稅，你可能會放更多資金到稅賦遞延帳戶中，來支付那些額外的未來稅賦。

讓我看到錢

使用退休帳戶的終生可支配支出收益有多大？讓我用傑瑞這位年輕人來回答這個問題。

傑瑞25歲，年收入5萬美元，由於他的人生才剛起步，名下沒有任何資產。傑瑞住在紐澤西州，自己當老闆，並且設立一個傳統IRA帳戶，每年繳款3,000美元，也就是收入的6%。我們假設傑瑞的薪資和繳款與通貨膨脹同步。我們還假設傑瑞能從IRA繳款中獲得1.5%的收入，而且通貨膨脹率也是1.5%。最後，傑瑞將在72歲時開始從退休帳戶提款，也就是規定最低提領額開始的時間。

如果傑瑞將其年收入的6%存入IRA直到67歲退休，但在72歲前不提領任何金額，那他的終生報酬會是多少？按現值計算，終生報酬高達39,403美元。這是相當大的變化，差不多是一年的稅後收入。想想看，只要花一小時成立IRA，並安排從活期存款帳戶中自動繳款，傑瑞就能提早一年退休，但享有同樣的永久生活水準。

假如傑瑞繳款6%的帳戶不是傳統IRA而是羅斯IRA，那終生可支配支出的增額會比較小：11,440美元。這很合理，傑瑞年輕時的稅率比他年老時高得多。向羅斯帳戶繳款，他的儲蓄收益就不需要繳稅（剛才討論過的免稅內部聚積），但這並不會讓他的繳款以較低稅率被課稅。

使用傳統或羅斯IRA所帶來的終生可支配支出增加，與他轉而使用有雇主配比的401(k)帳戶所獲得的收益相比，

會顯得微不足道。如果雇主替他那6%的繳款提供同樣比例的繳款，總共是12%，那收益將會是150,231美元，這已經超過四年的可支配收入。這個數字對你來說可能沒什麼大不了。畢竟，假如傑瑞的新工作加薪6%，那在42年的時間裡，他的生活當然會好過很多。不過跟大多數雇主一樣，他們的繳款是基於傑瑞的繳款。所以大家或許可以把它看作是傑瑞先加入一家提供雇主配比的公司，然後再獨立決定要利用這筆錢。在這個情況下，由於有了雇主配比，使用退休帳戶的報酬會高出許多。所以，這裡的重點就是一分一毫的小錢都不能放過。換言之：

至少要向你的退休帳戶繳納
確保雇主配比所需的金額。

三倍傑瑞

假設現在我們的個案是三倍傑瑞。他每年賺15萬美元，向401(k)繳款6%。他終生的可支配支出收益為58,421美元。這筆錢雖然不小，但也沒有你預期的多。原因在於他年老時稅率的降低幅度。年輕和年老的三倍傑瑞之間的稅級差異，比普通的一倍傑瑞還要小得多。一倍傑瑞的稅率下降是大約80%，三倍傑瑞大概是40%。假如今天有一位50萬倍傑瑞，那稅級基本上沒有下降。一位收入如此高的人，一

輩子都會處於最高稅率之中。所以對一位極為富裕的人來說，使用退休帳戶的唯一收益是內部聚積。

假如三倍傑瑞向羅斯401(k)而不是標準401(k)繳款，他的收益將是66,746美元。為什麼羅斯帳戶的收益會勝過繳納相同金額的可扣抵401(k)帳戶，但對一倍傑瑞來說情況又完全相反呢？原因在於：三倍傑瑞需要按比例比一倍傑瑞多存一點錢，因為社會安全福利公式是累進的，他不能像一倍傑瑞那樣依靠這個帳戶來過退休生活。在其他條件相同的情況下，儲蓄越多代表資產越多、應稅資產收入越高，因此在年老時的稅率也就越高。所以對三倍傑瑞來說，在年老時針對資產進行避稅更重要，而這正是羅斯帳戶勝出的原因。

針對雇主配比狀況下的繳款價值，終生支出收益會是288,078美元，超過兩年的稅後收入。沒錯，三倍傑瑞針對401(k)繳款的絕對收益，幾乎是一倍傑瑞的二倍，但三倍傑瑞的收入是三倍。這就反映出三倍傑瑞的退休稅率要高出許多。因此對一倍傑瑞來說，加入雇主的401(k)相對來說更划算。換個說法：比起高收入勞動者，低收入勞動者從稅賦遞延的雇主配比退休帳戶中能獲得更多好處。這跟你在本書中讀到的許多概念一樣，與傳統觀點背道而馳。

未來增稅的風險

我們沿用三倍傑瑞的案例，並讓他回到前一份工作，在那個情況下他向401(k)繳款。我們假設在他72歲開始提領

退休帳戶中的資金時,稅賦會永久增加25%。他現在的收益只有29,612美元,大概是沒有增稅時的一半。這很合理。使用稅賦遞延帳戶的稅率優勢,是讓你的退休提款以較低稅率繳稅。但是當你退休時的稅率提高1/4,狀況就大不相同。

相比之下,增稅實際上提高了向羅斯帳戶繳款的收益,現在來到78,577美元。為何羅斯的收益會這麼高?答案是無論三倍傑瑞是否參加401(k),未來稅款都會增加,而預期到這項變動的他就得多存一點錢。所以,不繳款就代表傑瑞隨著年齡增長會有更多資產累積和資產收入稅賦,退休後尤其如此。這反過來也代表終生支出降低。但是,保護資產不被徵收所得稅是羅斯帳戶的優勢。向羅斯帳戶繳款的終生支出增加比較高,因為與羅斯帳戶下相比,沒有羅斯帳戶的終生支出更低。簡言之,這就是為什麼在未來稅賦增加的情況下,羅斯的表現會比大家想像得優秀。

羅斯轉移

接著,讓我們用虛構的吉恩來評估一下羅斯轉換的情況。吉恩今年61歲,年收入10萬美元,預計在62歲退休。她有250萬美元的傳統IRA和50萬美元的常規資產。她打算在65歲時開始穩定順利地提取退休帳戶的資金和社會安全福利。

假設吉恩今年做了50萬美元的羅斯轉移,而她仍在工作。這是一個很糟的決定。羅斯轉移將稅金轉移到現在,這

對吉恩不利，因為她還在工作而且處於高稅率階段。今年進行羅斯轉移會讓她的終生稅款增加16,335美元，相當於她今年稅後收入的1/4。就終生消費能力而言，吉恩如果一年中工作3/4的時間然後辭職，生活水準也是一樣的。她不僅能享受到與羅斯轉換相同的生活水準，還能額外獲得1/4的退休時間。

比較聰明的做法是延遲轉移，直到她退休再做這件事。在62歲、63歲和64歲時，吉恩的稅率會大幅降低。然後，當她提取退休帳戶的資金和社安福利時，稅率會上升。假如吉恩在這三年內每年轉換10萬美元，來利用低稅率優勢，她能減少42,038美元的終生稅。

顯然，羅斯轉移的時機相當重要。但如果時機和轉移的金額規劃得當，轉移能帶來很高的財務價值。

吉恩也可以藉由選擇其他日期，從她的傳統IRA當中平滑提取資金來達到類似效果。在吉恩的案例中，假如她不想做羅斯轉移或任何退休規劃，那麼開始提取傳統IRA的最佳年齡不是65歲而是62歲。這會減少11,251美元的終生稅金，而這同樣也是利用她在62至64歲之間低稅率的優勢。這比我們剛才談到的每年進行一次羅斯轉移還要多出25%，雖然不多但也不容小覷。如果吉恩在收入較低的那幾年需要更多錢，她也沒有必要進行羅斯轉移。例如，她可以在62到64歲之間，每年從傳統IRA當中提領10萬美元，不要在這段期間繳款到羅斯帳戶中，並在65歲時開始平滑提取剩

餘資金。

羅斯轉移與提領時機

當你開始從退休帳戶中領錢，是先領羅斯還是傳統帳戶比較好？什麼時候應該考慮轉移到羅斯帳戶？這些問題的答案都是要達成三項目標：一，隨著時間推移讓你的稅率等級平滑化；二，在免稅基礎上累積資產（內部聚積）；三，讓生活水準平滑化。

遺憾的是，要是試圖滿足其中一項目標，滿足另外兩項目標的困難度就會增加。你會想要找到一個三者平衡的甜蜜點。利率低的時候（寫這本書時就是如此），第一個目標比第二個目標更重要，但第三個目標永遠是最不可捨棄的。為了老年享樂（一個你可能無法看到的未來）而大幅剝奪自己的當前利益，因為這樣而節稅並提高未來的生活水準未必值得。

以65歲的喬治為例。喬治在去年退休前是一位中等收入勞動者。他在傳統IRA中擁有180萬美元，常規資產為10萬美元。喬治打算推遲到70歲才領取每年3萬的社安福利。而他要等到72歲，也就是RMD啟動時，才開始從IRA提款。

喬治的基本計畫造成嚴重現金流問題。在65到70歲之間，他每年有18,670美元可以花；在70到72歲之間會有37,997美元。72歲之後，這個數額會躍升至78,997美元。如

果喬治能用他未來的社安福利或IRA提款來借款，他就能享有平穩的生活水準。但他無法。因此，他必須在70歲之前靠常規資產生活，然後在短短幾年間增加社安福利金，最後才提領IRA。

喬治的基本計畫終生支出是2,551,418美元。但當他意識到自己的生活在短期內會非常拮据時，他跟多數人做了相同的決定：比計畫中更早申請社安退休福利。這提升了喬治的消費平滑度，他現在能在72歲之前花38,529美元，並在之後花72,600美元。但這根本就不平滑。由於提前領取社安福利，終生支出因而減少96,760美元，這可不是在開玩笑。

假如喬治堅守原定方案，在70歲的時候領取社安福利，但在66歲時開始提領IRA呢？這會降低他的終生稅金，而相較於他的基本計畫，終生支出會增加72,191美元；相較於立即領取社安福利，則增加168,951美元。這是非常龐大的差異。遺憾的是，雖然第三個方案讓消費更平滑，依舊不算完美。喬治最平滑的消費路徑從70歲前的55,241美元跳到70歲之後的72,926美元。

還有第四個計畫：喬治決定在66和70歲之間每年從IRA中提取8萬美元，此後平滑地提領餘額。與基本計畫相比，這使喬治的終生支出增加了73,629美元，並使他的年度支出穩定待在70,599美元。現在，喬治享有兩大優勢：終生支出增加，以及在年歲增長時沒有支出瓶頸。

下一個問題是，喬治是否能透過羅斯轉移來享有更棒的

生活。假設喬治每年轉移3萬美元直到70歲，他這輩子的支出會比基本計畫高出79,455美元。這是微不足道的改善，大約6,000美元，但多一點總比沒有好。不過，在這個方案之下，喬治在70歲之前得少花一點錢。原因很簡單。羅斯轉移後你就需要更早支付額外的稅款，而這對當事人的現金流也會構成壓力。

我們再來微調一下數字，看看如果喬治在未來四年間每年進行5萬美元的羅斯轉移，並在非轉移的前提下每年從IRA當中提取6萬美元，情況又會是如何。這個方案讓喬治在一生中的支出比基本計畫多出82,827美元。但這也再度加諸了現金限制，因為喬治在70歲之前必須支付更多的稅。喬治在70歲之前的年支出為46,596美元，之後躍升至72,457美元。

對喬治而言，只要從應稅退休帳戶中提款，幾乎就能獲得所有來自平滑稅率的收益。這樣做也能緩解現金流壓力、改善消費平滑曲線。此外，透過羅斯轉移，他還能節省更多終生稅款，但代價是可能要面臨嚴重的現金流限制和連帶產生的消費影響。

不過，正如我們在吉恩的案例中所見，假如你的家庭有充足的常規資產，就不會發生羅斯轉移導致或加劇現金流問題的狀況。比方說，如果喬治有100萬美元的常規資產而不只是10萬美元，他在65到70歲之間就不會因為現金不夠而綁手綁腳。另外，在這些年間，如果沒有任何IRA提款，他

也會停留在非常低的稅率級距。在這種情況下，羅斯轉移對喬治來說不會產生任何消費平滑化的成本，而且如果能大規模進行，更能真正協助喬治避開未來的資產收入稅。

思考常規資產的關鍵在於，只有靠這些資產賺取的收入才需要納稅，本金（資產本身或總額）不用納稅。家庭常規資產的本金（在喬治的個案中為10萬美元）基本上決定了家庭是否會面臨羅斯轉移造成的現金流壓力。總而言之，相對於退休帳戶中的資產數額，羅斯轉移對那些擁有大量常規資產的人來說最有價值。這還是因為你手上有足夠的錢來支付轉移衍生的額外稅金。通常要富裕到一定程度手上才會有充足的常規資產。但不管你是不是有錢人，如果你發現自己在退休時擁有相對於退休帳戶和終生社安福利而言可觀的常規資產，羅斯轉移或許就是一張門票。不過讓我重申一遍：請留意將應稅收入轉移到不同年份對你的社安稅和二年後的醫療保險費會造成什麼影響。

先用社安福利還是401(k)？

在前面提及的那一大堆繁雜資訊中，有一個超級吸睛的金錢魔法大家或許沒注意到。那就是提前領取退休帳戶裡的資金來推遲領取社安福利的潛在收益。我在撰寫全國性個人理財專欄時碰到過這個議題。

有一天，編輯史考特告訴我他不幹了，他要離職，想去務農，乾脆直接退休。史考特當時65歲，身體非常健康，

但似乎每天都很疲勞。他說疲勞不是因為和我共事，但我妻子對這個說法存疑。總之，根據我平常的觀點，自主退休是財務經濟上的自殺行為，我盡己所能地說服史考特繼續留在工作崗位上、繼續敲鍵盤，但說服失敗。告別的時候，史考特說他打算馬上開始領取社安福利，這樣他就能將401(k)丟到市場上投資。

「等等，史考特。我覺得這是天大的錯誤。把你的財務明細拿給我看一下。」

果然，史考特差點就要丟失8.5萬美元，但要讓他看出這點並不容易。史考特的整個職業生涯都在編輯個人財務專欄作家的文章，但在我之前他沒有和經濟學家合作過，我們其中一項專長就是風險評估。史考特想推遲401(k)提款，藉此在股市中大賺一筆，但股市風險極高，我很快就會講到。一旦你針對風險進行調整，其報酬率會遠低於不提前領取社安福利能獲得的收益。（大家可以想像自己是提前領取社安福利，然後把它們交回去──當成一種投資，就能在70歲時開始領取更高的福利。）

風險調整再簡單不過。看一下財政部抗通膨債券的收益率就知道了，這是最安全的債券。民眾能自由選擇要投資股票還是抗通膨債券，而抗通膨債券的收益率也顯示民眾願意支付多少錢來避免股票風險。因此，抗通膨債券的收益率是經過風險調整的股票收益率，能直接與「投資」社安福利（如果你夠有耐心）來獲得同樣安全的實際收益相互比較。

如果這個章節能讓大家了解在享受社安福利之前領取退休帳戶資金的根本價值，那我就心滿意足了。

殊價財指定用途支出帳戶

我們現在來談談殊價財帳戶。我最愛的是HSA帳戶，也就是健康儲蓄帳戶。你投入HSA的錢不需繳納聯邦所得稅、FICA稅或大多數州的所得稅。此外，只要你將累積的資產用於醫療開銷（共付額、扣除額、共同保險、醫療照護、視力照護、牙科照護甚至是非處方藥），提取的金額也免稅。如果你把HSA花在不受保險理賠的項目上，例如醫美整型手術，相關的提款就像IRA提款一樣要繳稅，而且如果在59.5歲以前領取還可能會被罰款。因此，HSA至少能成為有效擴大IRA繳費限額的手段之一。

就算沒有工作也能向HSA繳款，但你還是需要加入一個具有高自付額的健康保險計畫，也就是高自付額醫療保險計畫（High-deductible health plan，HDHP）。不管有沒有在工作，如果你加入HDHP，並且沒有透過雇主取得HSA，你就能建立自己的HSA。但是，假如你自己設置HSA並有勞動收入，你繳的費用將不能免除FICA稅，但這筆繳款仍可免繳聯邦稅，一般而言也可免繳州所得稅。參加醫療健康保險與HSA繳款的可扣抵資格之間也有連帶關係。哪怕你只是參與醫療保險的住院部分（A部分），還是可以繼續繳款給HSA，但你必須為此繳稅。遺憾的是，如果你年滿65歲

或以上，並收到或開始收到任何形式的社安福利，你將自動加入醫療保險A部分。

2021年HSA繳費限額是你個人3,600美元、家人7,200美元，55歲或以上的人有額外1,000美元的追繳配額。基於這些限制，加入HSA是個不錯的金錢魔法嗎？讓我們回頭去看紐澤西州的朋友傑瑞，他25歲、單身，年收入5萬美元。HSA限額是他薪資的7.2%，由於傑瑞的稅率大約是30%，考量到聯邦所得稅、FICA和州所得稅，在他的工作年限中，向HSA繳款的限值是他薪資的2.13%，也就是每年1,065美元。用這個數字乘以傑瑞42年預期工作時間，就能發現參加雇主贊助的HSA計畫能讓他這輩子的支出增加44,730美元，大約是1.3年的稅後收入。換言之，藉由參加公司的HSA計畫，傑瑞能保持同樣的生活水準，但是提前1.3年退休。這又是另一個迷人的賺錢工具。

如果你沒有參加符合HSA條件的保險計畫，公司贊助的彈性消費帳戶（Flexible Spending Accounts，FSA）能夠支付當年的醫療保健、家屬照護、非雇主提供的健康計畫保費和其他小額支出。FSA享有與HSA相同的稅賦待遇，但沒那麼慷慨，而且在支出時間方面也有更多限制。這些限制有效消除內部聚積的可能性。醫療FSA是最常見的，這類帳戶涵蓋一系列與健康相關的費用支出，例如假牙和結紮手術。

其他主要的殊價財計畫是529計畫，其中涵蓋與教育相

關的支出，特別是學費、教育費用、書籍、文書用品和設備
（例如筆記型電腦！）。學費可以是美國任何一間經過認可
的學院、大學或職業學校，以及一些外國大學的學費。529
計畫的繳款不適用於任何聯邦稅賦減免，但在某些州，529
繳款確實能享有州稅減免。提款用於符合條件的支出時會有
內部聚積、不會被課稅。因此，就稅金方面而言，529計畫
和羅斯IRA非常類似。529有二種型態：預付學費計畫（有
十個州提供）和儲蓄計畫。預付學費計畫能讓帳戶受益人
（你、你的配偶或子女）免於未來學費上漲的影響，但這也
會將你限縮在某間或幾間特定的大學選項上。

回顧

退休帳戶和殊價財帳戶能讓你將應稅收入轉移到低稅率的年份（讓稅率分級平滑化），或是推遲納稅（免稅的內部聚積），以及將你的支出用於醫療或教育，來降低終生稅。具體的重點如下：

☑ 多年來，美國國會制定出一個瘋狂的退休計畫網絡。

☑ 退休計畫可以是個人的，例如 IRA 或羅斯 IRA，或者是由公司贊助，例如 401(k) 類型的帳戶。退休計畫主要是稅賦遞延或非稅賦遞延型的羅斯確定提撥制計畫。

☑ 繳款到稅賦遞延計畫可扣抵所得稅，但不能延後繳納 FICA 稅。雇主針對你計畫的繳款可推遲繳納所得稅和 FICA 稅。計畫當中的資產累積是免稅的，但提取時要繳納聯邦稅和可能的州所得稅。但這些都不需繳納 FICA 稅。

☑ 針對羅斯 IRA 的繳款不可扣抵。計畫資產的累積免稅，除了一些例外情況之外，提款不需納稅。

☑ 無論是針對羅斯 IRA 還是傳統 IRA，每年針對 IRA 的繳款都有一個整體限額，不得超過你的勞動收入。如果你的調整後總收入過高，羅斯 IRA 的繳款會進一步受到限制或者完全被排除。如果你或配偶參加雇主贊助的退休計畫，傳統 IRA 的繳款也會受到額外限制。

☑ 羅斯轉移能讓你擴大你在羅斯 IRA 的資產餘額。一美元對一美元的轉換就是從 IRA 中提取同等規模的資金並存入羅斯 IRA 當中。提款會產生所得稅。雇主也能允許將其稅賦遞延計畫轉換到羅斯計畫。

☑ 你能向雇主提供的退休計畫繳費的總和會有一個總體限制。而且，你針對你計畫的員工繳款總額，和雇主針對你計畫的繳款總額加總，有一個更高的總體限制。

☑ 讓不同年度的稅率平滑化、免稅資產累積（內部聚積），以及羅斯轉移是非常有用的手段，能大幅減少終生稅款，假如你的稅率等級會隨時間推移而有大幅變化，這些方式就更適用於你。要注意的是，跨年度移動應稅收入可能會產生更高的社安福利稅，也有可能讓未來的醫療保險 B 部分（門診）保費更高。

☑ 如果你的常規資產較多，羅斯轉移帶給你的好處就更大，因為你能用這些資產來支付額外稅款，而不必減少開支。

☑ 殊價財支出帳戶，包含 HSA、FSA 和 529 計畫也能減少你的終生稅款。對 HSA 和 FSA 計畫的繳款、聚積和提款都是免稅的。529 計畫則像羅斯計畫一樣會被課稅。

☑ 提前從退休帳戶中提款，進而延後領取社安福利（在這麼做是合理的情況下），會比顛倒順序的情況還有利，能替你賺進**大筆**金錢。

Chapter 5

發家致富

與媽媽同住，以及其他聰明的住房行為

「房奴」這個說法很常見，用來描述那些在房屋上花太多錢，導致其他生活方面花費左支右絀的人。但同時也可以指那些在住家方面不夠精打細算的人。這章的目標是讓你成為不被房子綁住的人，確保你最後能以真正負擔得起的價格獲得你想要的住房。我會帶大家一起深入探討一系列的住房問題，包括如何計算房屋的真實價格、如何定義你的住房市場、買房是否勝過租屋、為什麼抵押貸款對財務和納稅來說非常不利、如何使用退休帳戶資金來償還抵押貸款帶來大幅回報、持有房屋的隱性減稅、擁有房屋如何降低長壽風險、同居的優勢（包含與媽媽同居）、縮小規模的好處，以及解救被困資產的最佳方式（這可能要使用一種代價高昂的機制，也就是反向房屋抵押貸款）。

首先，我來描述一下自己從有房的窮人到有房的富人的轉變過程。雖然這個故事是歡喜收場，但正如大家接下來會讀到的，我並不引以為傲。我是在我和妻子最近買的一間非常老舊的小房子裡寫這本書的。房子位於羅德島州的普洛威頓斯（Providence, Rhode Island），距離我白天上班的波士頓大學（Boston University）通勤要一個小時。我們賣掉在波士頓的兩房公寓來買這間。我說這房子老舊，可不是在開玩笑，這棟建築建於1720年，低矮的天花板、破裂的木梁，四座壁爐共用一個煙囪，一看就知道這間房子歷史悠久。

我不想搬家，比起枯燥乏味的普洛威頓斯，波士頓有趣多了。從我們以前住的公寓，我只要十分鐘就能趕到辦公

室。另外，我也很愛那棟公寓大樓，那是1880年落成的赤褐色砂石建築，有挑高的天花板和大窗戶，外頭是一條可愛的街道。我堅信搬進這棟博物館——位在普洛威頓斯的博物館——是個錯誤。

爭辯就這樣展開。「我會想念波士頓的。」「你會愛上普洛威頓斯。」「通勤時間太長了。」「你大部分的時間都在家工作。」「我喜歡挑高的天花板。」「你很快就會適應。」「波士頓有世界一流的管弦樂團。」「我們根本沒去看過他們演出。」

等到我老婆把住房成本差異算出來，爭論就停止了。差異讓人難以置信。（非常老舊的）新房子的價格是我們舊公寓的一半，面積多出六成。以每平方英尺來計算，新房價格是舊公寓的1/3！此外，房子還有一個地下室和小庭院。

在我最擅長的經濟學遊戲中，我老婆竟然打敗了我，這實在讓我震驚。我無法想像，住房市場混亂到普洛威頓斯的住宅會比波士頓同等品質的房屋便宜這麼多。沒錯，許多人跟我一樣偏好波士頓，但我從未想到補償性差異會這麼大，所以從來沒有仔細審視過這兩座城市之間的住房價格差異。

終於，再次擦亮眼睛看清事實後，我們買屋、賣屋、搬家。來到普洛威頓斯，我發現妻子說的都沒錯。低矮的天花板不是什麼大問題，房子的年齡讓我們多了一個有意義的使命：保護這一小部分的美國遺產。鄰居超級好相處（我們在波士頓住了八年，從沒遇到半個好鄰居）。普洛威頓斯非常

寧靜安詳，突然間，再把居住品質納入考量，每平方英尺的
價差感覺甚至超過三倍。

　　我跟親朋好友分享這兩座城市之間巨大的住房價差。我
自信滿滿地說：「哎呀，我們發現這項差異還真是聰明。」
然後我意識到這同時也是在吹噓我犯了一個天大的財務錯
誤：在波士頓生活這麼久。沒錯，停止大幅超額支付住房費
用是件好事，但我們已經這樣做長達八年！我完全忘記自己
的人生格言：最簡單的賺錢術就是不要賠錢。為任何東西支
付過高的費用都是在賠錢。

　　這點出本章第一個有房富人的祕訣：

不要為住房支付過高費用。

　　說這是祕訣其實有點荒謬。你其實曉得，每個人都曉
得。但支付過高價格代表沒有好好比價，這是我們會犯的
錯。我們沒有密切關注住房市場，我們一直在盲目購物。不
過，祕訣中的祕訣是搞清楚如何正確比較二個非常不同的住
家成本。就算這二個物件的品質與大小相同，要實際比較也
相當棘手。例如，一個是租來的房子，另一個是你購買並居
住的房子，兩者成本要如何比較？我馬上就會解釋。

　　住房或許是你預算中最大的支出項目，對我們來說就是
如此。在我們搬家之前，我們把可支配收入大約25%用於

住房。現在我們只花這個數額的一半。因此，這次搬家使我們**餘生**的生活水準提高了約12.5%。這段既快樂又痛苦的自白點出第二個有房富人的祕訣：

密切關注你的住房市場。

你的住房市場是什麼？

留在市場上指的是持續檢視你可能居住的所有區域之住房成本，不管我們談的是買還是租都一樣。但你的住房市場是什麼？這絕對比以前更廣泛，畢竟在這個遠距辦公的年代，你沒有必要住在上班地點附近。

寫完上一段的最後一句，我就跑去寫專欄，專欄的編輯住在香港。在相距半個地球的情況下與他交談，我突然發現就算今天住在香港的是我，住在普洛威頓斯的是她，從工作角度來看情況並不會有所不同。說真的，假如我能遠距進行所有教學、研究和會議，只要有高速網路連接，我能住在地球任何角落。

這代表香港是我住房市場的一塊嗎？理論上可以這麼說，但實際上並不是。移動12個時區代表要跟絕大多數的親朋好友道別。以目前狀況來說，親戚朋友的位置可能是決定你住房市場的最重要因素，所以我們才會跟朋友和子女推廣普洛威頓斯的好。我們希望自己的生活圈能夠轉移到

這裡。再者，他們也有可能會認同喜劇演員喬治·伯恩斯（George Burns）曾說的一句話：「幸福就是在另一座城市有一個充滿愛、關懷、連結緊密的大家庭。」

我想澄清一下，我不是要建議大家把尋找最佳住房交易當成一項全職工作。但你們應該要比我花更多時間去關注，每個月花幾小時瀏覽你所在住房市場的價格。

選擇你的家

選擇住家是件困難的事。房屋、公寓和出租公寓在價格、面積、格局、魅力、位置、冷暖空調系統、電器、水電費、街道噪音、交通、停車、稅費、保險、風險（淹水、火災、地震、狂風）、安全、所需維修等各方面都各不相同。

完美的住宅究竟是什麼，這個概念在許多方面是主觀的，所以要客觀評估就更加棘手。沒有任何一個客觀的計算器能準確衡量你覺得某間房子有多迷人。有時候，別人覺得不理想的物件對你來說是夢寐以求，就像南希在Chapter 1中規劃自己作為殯儀人員的職涯發展時所發現的那樣，尋找完美房子同樣也會涉及補償性損失。我也曾半信半疑，不覺得比較便宜的普洛威頓斯房屋所產生的補償性差異，能夠彌補離開波士頓的損失。但當我對普洛威頓斯有更深入的了解，就發現這裡的地理位置**和**價格無疑都是絕對優勢。這就是補償性差異的美妙——它有可能是正的，也有可能是負的。

那麼,你要如何在比較不同物件時考量到補償性差異呢?假設B的價格比A高出5.3萬美元。那問問自己,如果你擁有A,會願意付多少錢來換取B。如果答案低於5.3萬美元,那就選擇A。

如果你有A、B、C這三間房子可以選,現在決定一下你願意付多少錢(有可能是負數)從A搬到B,以及從A搬到C。這就是你的補償性差異。它們並不取決於購買這三間房子的實際成本,而是取決於與A相比,你有多**想要**住在B或C。決定好數值之後,用這些補償性差異來降低B和C的價格(如果差異為負數,B和C的數值就會更高)。現在你有了這三間房子的總成本,包含其補償性品質差異,就可以比較在考量所有因素之下哪間房子最便宜。

假設B比A多花8萬美元,但你對B的喜愛只多了4萬美元,那整體來說B的花費比A高出4萬美元,A勝出。假設C的價格比A低8萬美元,但你喜歡A比C多10萬美元。雖然帳面上的價格不是如此,但C對你來說比A貴了2萬美元。A又獲勝。第三個例子,假設考慮補償性差異之後,B比A便宜3.5萬美元,C比A便宜6萬美元,C才是正確選擇。

有句俗話說,經濟學家知道萬物價格但不知其價值。我想換個說法,把這個概念套到所有人身上:如果不考慮補償性差異,我們知道的只有市場價格,而不曉得其對我們個人而言的價值。當然,不是所有東西都有市場公定價。針對補

償性差異，我們需要想出基於個人需求與渴望價值的價格。不過在調整房屋的價格時，我們必須納入所有能夠立刻訂出價格的因素。比方說，如果在你的職涯當中，從B區到工作地點的通勤費是1.3萬美元，那就把這個數字加到房子成本裡。

　　這樣大家就有概念了。把跟房屋A、B、C相關的即時成本和費用算進去。假設A是你現在的住所，假裝自己是從零買下這間房子。所有開支清單中包含通勤費、房地產稅、保險、維修、保養、安全系統、園藝、水電費、州或聯邦政府的特定稅金，以及你的融資損失（不等於貸款支付，這點我們很快會討論）。只要將所有具體額外費用加到A、B、C的價格上，再從B與C身上扣掉你從A搬到那裡去住付出的額外價格（補償性差異），再比較最後的總價。

比較買房和租屋的成本

　　租房好還是買房好？有二種方式可以比較租屋和買房的成本，不過這二種方法都不簡單。其中一種方法是將你擁有的房子視為出租屋，然後考量你實際上向房東（你）付了多少租金。這種假定的租金價格被稱為「估算租金」，你可以將其與相同品質的出租房之成本相比較。經濟學家在評估美國每年有多少GDP是以住房服務的形式被生產或提供時，就會計算估算租金。估算租金可以透過直接評估類似住房的租金來判定，也可用間接的方法來計算，也就是假設租戶總

共要付多少租金給你，你才會願意將房子出租，而這個加總金額就是推算租金。這裡考量的因素包含房屋稅、屋主保險、維修費、放棄的稅後利息，再減去任何預期的實價增值＊。

也可換個方式思考：把租來的房子當成你要買的房子。我個人偏好這種方式，因為估算租金的公式可能會讓人有點頭痛。將你租來的房子當成可以永久租用的東西來估值。這個假定的永久資產就能拿來跟你可能會購買的房屋比較。

先舉個簡單的例子：假設你考慮這輩子都要租C房屋來住。那就像買房子一樣，價格是你付的租金現值加上額外費用，例如水電費，這在你計算A與B的調整價格時也需要納入＊＊。

這些討論讓我想到最後一個重要的概念，就是比較購買或租賃單一房屋或一系列房屋的總現值成本。如果你打算把房子賣掉，然後再買或租另一間，在計算這個住房計畫的成本時，需要減去賣房所得的收益現值。此外，你還需要加上未來買房或繳房租的現值以及所有附帶費用。你實際上是在比較不同住房計畫策略的優劣。

人活到生命最後那天總還是要跟房子告別，這又該怎麼

＊ 這個公式的前提是以下二種做法對你來說沒有優劣之分：以計算出來的估算租金將房屋出租，或是把房子賣掉並將收益用於投資並賺取相同的稅後實際收益。

＊＊ 但如果你打算租一個地方四年，之後再換租其他房子呢？在這種情況下，算出二個租屋處的預期房租總金額來推估現值。假如你先租後買？將短期租金的現值，與未來購屋價格的現值和你可能替未來房屋支付的其他費用加總。

處理？你預期中、距離現在還很遙遠的最終房屋出售的現值（實際上是其遺產），是否該降低你考慮購買的房屋總價格？沒錯。你從遺贈房屋當中獲得好處，這就會降低這條住房選擇策略的成本。

貸款不算是住房的基本成本

怎麼會有經濟學家說貸款不算是住房成本的基本要素呢？我舉個例子說明。想像一下，你現在不用繳稅，銀行裡有100萬美元。同時，假設你能以儲蓄所能賺取的相同利率來借貸。換言之，你的貸款利率跟你的資產所能賺到的數值相同。最後，假設你要買一棟50萬美元的房子。

你能透過很多方式來購買。最直接的是用現金買房，拿出50萬美元，你就會有房子跟50萬美元留在活期存款帳戶中。你的淨資產，也就是所有真實（實物）資產的價值加上金融資產扣掉金融負債（債務）的總額，依然是100萬美元：50萬美元的房子和50萬美元的存款扣掉零元的債務。

或者，假設你透過借貸來買房，你辦理40萬美元的房屋貸款來購買房子。你現在有一棟價值50萬美元的房子，有90萬美元的存款（10萬美元是頭期款），還有40萬美元的金融負債（房貸）。把你的資產加起來扣掉房貸，你們看！淨資產仍然是100萬美元！假如你今天貸20萬美元，總額不變，淨資產依然是100萬美元。

既然貸款的額度可大可小，而你也持有並住進相同的房

屋，淨資產的數額也沒有改變，那房貸跟買房的成本有什麼關聯？答案是完全沒有關聯。我們把這個祕訣寫下來：

房貸不算是持有房屋的成本。

房屋貸款這個字只是眾多貸款名稱中的一個。其他貸款包含學貸、信用卡貸款、車貸、發薪日貸款、商業貸款、裝潢貸款、房屋產權貸款等類別。我們將房貸與房屋所有權聯想在一起，而不是與學生貸款連結在一起的唯一原因是：假如不付房貸，就有可能失去房子。

銀行或其他金融公司向你發放貸款時，他們會要求你保證會還款。這就是所謂的抵押品（Collateral）。例如，如果你辦理汽車貸款，他們會在你汽車上設置一個留置權。換言之，他們把他們的名字放在你的汽車所有權上，所以未經他們允許你不能把汽車賣掉，你的車是他們的抵押品。這個詞來自中世紀的拉丁文。Co的意思是「與、一起」；而lateral的意思是「側邊」。組合起來，這個字指的是一種帶有附帶條件的貸款。不還錢，我們就開著你的特斯拉離開，並將手伸出車窗對你比中指。

不同種類的貸款以不同方式進行抵押。學貸可能會以你未來的收入作為抵押。如果不還錢，銀行會扣你薪資，甚至會在你收到社安福利時追討（令人震驚，但確實是事實）。

而房貸則是用你買的房子做抵押。你也可以用你的房子來作為小企業貸款的抵押。但是，沒有人會建議你將未來商業貸款費納入購買房子的成本中。

由於房貸是用你的房子作為抵押，所以償還房貸也被視為房子的成本。但你依然只是在借錢而已，你要用這筆錢做什麼，其實與你購買或居住在你擁有的房子裡沒有必然關連。這也未必與特定房屋的成本有任何關係。

另一種理解的方法，是假設你和你親戚有同樣的房子，但你的房貸金額更高，每個月要支付的房貸也比較多。從財務層面來看，這會造成你與親戚的差異嗎？不會，正如前面的例子所示，你們使用的是同樣的房屋，也會有完全相同的淨值。這就像你跟親戚手上有一樣金額的錢，但親戚把一半放在左邊口袋，另一半放在右邊口袋，你則是把錢全部放在左邊口袋。

說了這麼多，當我們將這些假設轉化為現實，有件注意事項需要考量：貸款利率比穩定的投資利率還要高。寫這段文字時，三十年期房貸的利率是3.2%。三十年期美國國債的利率是1.5%，差距是1.7個百分點*。

沒有人會以3.2%的利率借款、以1.5%的利率放款。這種做法包準賠錢。我看到民眾以高利率借房貸的時候，那是

---

* 這二種利率嚴格來說是可相互比較的，因為兩者都很穩定，意思是「確定如此」。假設你不會違約，你必須支付房屋貸款；假設山姆大叔不會違約，他也肯定要向你支付三十年期債券的利息。

因為他們沒有足夠的現金直接購買房子，意思是他們手頭緊。為了擁有一棟房子而支付融資費用，這筆費用以年利率差額（1.7%）乘以未償還貸款餘額來計算，這就像在住家與上班地點之間通勤的開銷一樣，是種額外成本。要算出每個物件的總成本，你必須把你可能購買的每個物件之額外成本現值加總，**而不是去算房貸本身**。這個祕訣的概念重點是：

房貸利率差額才是住房成本的一部分，

房貸本身並不是。

貸款不是你的朋友

　　由於貸款利率的差額，貸款也是財務上的損失。房貸不像信用卡餘額、學生貸款或發薪日貸款那麼糟，這些的利率都高出許多，但貸款永遠是能免則免的東西。和所有消費貸款一樣，房貸是財務損失的原因在於：其穩定利率遠高於儲蓄所能穩定賺取的利息。這就是為什麼償付家庭債務，最棒的投資是從最高利率的債務開始償還。這種還法完全穩定，提供你一個確定穩固、高於市場的收益。

　　想想看。假如你有10萬美元，現在可以投資於收益率1.5%的債券，你在一年中就會有1,500美元的利息收入。但是，假如你有一筆10萬美元的債務，利息是3.2%，而你能

立刻還清，那在這一年你就能省下3,200美元的利息支出。總括來說，藉由把錢拿去還債而不是投資債券，你會在**沒有任何風險**的情況下賺取1,700美元。

房貸不僅是財務上的損失，更是稅賦上的損失。在2017年減稅與就業法案（Tax Cuts and Jobs Act of 2017）通過之前，大家通常都認為房貸有利於納稅，因為民眾一般能藉由扣除繳納房貸利息這部分來獲益。TCJA已經改變計算方式，在2021年將標準扣除額提高大約一倍，已婚夫婦為25,100美元，單身人士為12,550美元，並將利息扣除的資格限制在75萬美元以下的貸款。由於這些改變，很少有人能利用貸款利息扣除。當他們列舉扣除項目時，包含貸款利息扣除，現在的總額幾乎永遠都少於標準扣除額。所以對多數家庭而言，借錢買房並沒有減稅之效。

沒錯，房貸的稅賦減免基本上已不存在，但為何這代表房貸是稅賦方面的損失？

先把房貸利率差異忘掉，回去假設你可以用與房貸利率相同的利率來投資。假設你有50萬美元的現金來買房，但你申請30萬美元的房貸，所以你只需要拿出20萬美元，還有30萬美元的剩餘資金可投資。與直接購買房子相比，你根本是增加自己要繳的稅。你從30萬美元投資中獲得的利息是要納稅的，而你為30萬美元貸款支付的利息則無法扣除，因為你幾乎100%會採取標準扣除法。把貸款利率的差異考量進去，狀況就更糟了。

房貸的這些問題帶我們了解到另一個有房富人的祕訣：

儘可能遠離房貸。

將退休帳戶套現來償還房貸

　　假如房貸是財務和稅金方面的損失，是否有辦法減少或刪去房屋貸款，進而改善你的財務狀況呢？答案是肯定，並且是有可能的。

　　山姆與丹妮爾住在馬里蘭州，山姆61歲，丹妮爾55歲。山姆剛從一份年薪15萬美元的工作中被解僱，但他預計一年後會重返職場。丹妮爾在聯邦政府工作，收入5萬美元。二人都將在67歲退休，屆時他們會開始領取社安福利。

　　這對夫妻在傳統IRA中有170萬美元，山姆在羅斯IRA中有40萬美元，他們的活期存款帳戶中有10萬美元。至於住房，他們有一間價值60萬美元的房子，三十年期的房貸為40萬美元，利息是3.65%，遠超過國債投資利率的1.5%。

　　山姆在五年多前就設立羅斯帳戶，所以可免稅提取所有資金。如果這對夫婦用山姆的所有羅斯帳戶金額來償還房貸，他們這輩子可多支出將增加近9.6萬美元，大約是他們每年稅後收入總額的2/3。

　　這個巨大的收益是來自利率差額。光是在第一年，這對夫妻透過投資三十年期的國債，能從羅斯帳戶中獲得6,000

美元。但他們的房貸利息總額高達 14.6 萬美元。這 8,600 美元的差額會隨時間推移而減少，因為他們的未償餘額持續下降，通膨也會侵蝕其實際價值。不過，大家還是能看出只要換個方式，他們就能淨賺 9.6 萬美元。你也能評估自己從清償房貸中獲得的收益，或至少在一段時間內預付房貸的財務優勢。只要將房貸剩餘年份的實際（經通貨膨脹調整後）年度差額（房貸利息扣除投資利息）加總起來就能算出。

這項操作一點風險也沒有。用一項穩定（確定的）的資產，也就是羅斯帳戶，來償還另一項穩定（確定的）負債，也就是房貸。不過，當山姆和丹妮爾考慮這個做法時，他們好奇要是把 40 萬美元留在羅斯帳戶中拿來投資股票會不會更好。從歷史上來看，股票市場的收益率比通貨膨脹高出 6.5%，這比山姆和丹妮爾目前投資的三十年期國債實際收益率（約為零）要高得多。

面對股市他們應該當心。正如我已經強調過，並且也會在 Chapter 9 進一步討論：股票市場風險極高。從歷史上看，長期投資股票的收益相當可觀，例如三十年或以上。但股市有可能下跌，並持續下跌。沒有人能保證股市會在你用完現金之前會出現轉機。

寫這段文字時，風險溢價（股票平均實質收益與短期國債平均實際收益的差異）大約為六個百分點，這項事實反映了市場的極端風險。實際上，市場的意思是說一旦你對風險進行調整，其實際收益率就是零：三十年期抗通膨債券的普

遍實際收益率。

話雖如此，山姆和丹妮爾可能想承擔風險，把錢多拿去投資股票。說真的，他們也有可能魚與熊掌兩者兼得。即便他們用羅斯帳戶來繳房貸，還是能將常規IRA的一大部分拿去投資股票。這能替他們帶來他們所追求的額外股市風險，同時將9.6萬美元收入囊中。

但是，假如山姆和丹妮爾將羅斯與傳統IRA資產中的每一分錢都投到市場上呢？用羅斯帳戶的資產來還房貸，勢必會減少他們的持股總量。但是，山姆和丹妮爾必須理解假如不償還房貸，他們實際上是在借錢投資股市。與沒有房貸和沒有羅斯的情況相比，持有貸款和用來投資股市的羅斯帳戶，其實就跟借40萬美元來投資股票差不多。處於這樣的資金槓桿處境甚至比光是投資股市風險更高。如果股市崩盤，你的淨資產會下降更大的比例。為什麼？因為你的資產下降，但負債保持原樣。

假如山姆和丹妮爾用普通（傳統）IRA，而不是用羅斯IRA來償還房貸，結果會不一樣嗎？如果是這樣，他們就必須替提取的資金繳稅。支付這些稅款也會影響這對夫婦的現金流。為了避免這個問題，他們可能會提取60萬美元，讓他們有足夠的錢來支付額外的稅金。在這種情況下，他們這輩子的支出增幅比9萬美元多一點。跟兌現山姆大叔的羅斯帳戶來償還房貸所得到的增幅，這種做法還差一點。

但這怎麼可能呢？從普通IRA提款需要繳稅，收益不是

應該要小得多嗎？不。這對夫妻的普通IRA資產將在某個時間點被提取並課稅。而且，正如Chapter 4所討論過，最好是在稅率低時提取。換言之，要讓稅率平滑化。而且別忘了，山姆被裁員了。

總而言之，不管是提取哪個帳戶，祕訣是：

將退休帳戶資產兌現來還房貸，

可算是財務上的一大收益。

為什麼買比租好？

持有房屋具有一項罕為人知的稅賦優勢，這跟你是否申請房貸無關。擁有房屋的稅賦優勢相當微小。所以，大多數人可能不知道這個祕訣：

持有房屋是一種避稅手法。

為了清楚闡述這個概念，我們來假設二個一模一樣的複製人：特魯迪和特魯迪。這二個特魯迪在身體、情感與財務都一模一樣，連那一點精神錯亂的特質也如出一轍。這二位特魯迪在一條街的兩邊持有相同的房子。雖然他們各自都有一棟房子，但他們都住在**對方**的房子裡並向對方支付房租。

　　為什麼要假設這種狀態？如果二位特魯迪都住在一樣的房子裡，而且每個人都收到並支付相同的租金，那這個案例有什麼好討論的？因為當這二位特魯迪向彼此租屋時，每個人收到的租金都要納稅。然而，如果他們只是住在自己的房子裡，而且實際上是向自己而不是向另一位特魯迪支付租金，那這種租金收入（大家還記得這叫估算租金）就不用納稅。不針對估算租金徵稅，政府替持有房屋的人提供了比租屋更多的稅賦優惠。經濟學家將這種稅賦優勢稱為房屋所有權的補貼。

　　這種補貼的規模有多大呢？假設二位特魯迪都是30歲，二人在67歲退休前的年收入都是7.5萬美元，並從中拿出4%放進IRA中。我們還假設他們每年針對自己價值30萬美元的房屋向對方收取市場租金，每年為16,920美元（經通膨調整）*。

　　正如預期，假如二位特魯迪住在自己的房子內而非互相租屋，他們這輩子的稅款會減少近4.8萬美元，代表他們這輩子的可支配支出基本上會增加相同數額。每位特魯迪一生中可自由支配的支出增加大約1.6%，雖然不多，但也不容小覷。

　　假如二位特魯迪年收入為5萬美元，擁有20萬美元的住房，並按市場價格向彼此租屋，那對應的收益是多少？目前

---

* 這個數目是二位複製人一生中無論是租是買每年都要花費在住房上的確切數額。

由於他們的稅率較低，將對方趕出家門並搬到自己家裡的收益要小得多，終生稅金減少1.1萬美元，相當於他們一生中可支配支出的0.7%。一樣，這也不無小補。

那年收入15萬元、擁有60萬美元房子的二位特魯迪呢？他們有相當可觀的10.08萬美元支出增幅，約是一年稅後收入以及一生中可自由支配支出成長3.3%。

二位特魯迪是如何得知房屋所有權的減稅政策呢？幸好他們經歷一場討厭的法律鬥爭，各自指責對方盜用自己的身分。在隨後的混戰中，特魯迪停止向特魯迪支付租金，反之亦然。雙方各自被驅逐出租屋處，也因此住進自己原本的房子，從而降低彼此的稅金。

假如購屋有這種減稅優惠而租屋沒有，為什麼還有人租屋？換言之，為什麼大家不從房東那邊把房子買下來住，而不是花錢租用呢？答案是交易成本、搬家成本與現金限制（沒有頭期款）。大學生不會買一間公寓，四年後再賣掉，因為買跟賣都要支付高額的房地產仲介費。民眾不會因為一份不可能做得久的新工作而在新地點買房。而低收入者可能沒有獲得房貸資格所需的頭期款。此外，政府（包含聯邦政府）經常補貼租賃單位的發展，尤其是低收入家庭，所以租賃比持有更便宜，因為開發商會降低租金來吸引能讓他們獲得稅賦減免的租戶。

整體來說，我想說的是在購房時要傾向用現金購買，而不是租房。把更多的錢拿去購屋是一種避開聯邦和州資產收

入稅的方式。如果你是中高收入者，情況尤其如此。因此，在比較買房和租房的貨幣成本時，除了你需要做的其他調整，還有一項調整不能忘記，那就是在買房時可支付較少的聯邦和州所得稅。

房屋持有權如何減少長壽風險

持有房屋要面臨各種風險，比方說淹水、火災、風災到地震。但這些基本上都能透過屋主保險來應對。而從另一個角度來看，持有房屋實際上是減少我們在世上面臨最大風險的好方法：在一個房價可能上漲的世界活太久。比方說，如果你70歲，在孫子居住的區域附近找到夢想的住所，那在你的餘生中，租房會有租金上漲的風險，而你的固定收入卻不可能增加。相比之下，假如你擁有自己的房子，房價可以飆升或大跌，但你不會被影響。因為反正你既不買也不賣房，怎麼還會去關心住房市場的情況呢？你的住房消費得到保障，**直到你翹辮子那天都不用擔心**。假如這聽起來很像真實版的年金，那就對了。這是不受通貨膨脹影響的實際收入，以住房服務的形式提供。在你去世之前，這項服務都不會結束。

另一個要好好把握自己房子的原因，是房屋所有權就像一條安穩的毯子，能讓你應付年老臨終時的醫療費用。長期看護是標準健康保險不涵蓋的高額醫療費用，不管是輔助生活還是養老院護理皆然。如何提取房屋的價值來支付這些費

用，這是棘手的問題。

在輔助生活和養老院護理的情況下，對於中產階級甚至中上階層家庭來說，標準做法是賣掉房子，用所得的錢來住進完善的照護中心。然而，像樣的老年看護中心收費昂貴，如果要長期居住，資金可能很快就會用完。但長期護理機構通常有個變通方法。他們建議你賣掉房子，用賣房的收入來付給他們自費住戶的費用，直到你的錢用完。他們承諾當你破產並有資格申請醫療補助（Medicaid）時，他們會繼續讓你住在設施裡，並向醫療補助收取你的房間費用作為回報。簡單來講，你的房子（實際上是你房子的資產），成為住進完善養老院的入場費。

這讓我們迎來另一個有房富人的祕訣：

房屋所有權提供長壽保險和
進入完善長期護理機構的門票。

這項建議是利用你的「受困資產」作為儲備金來投資更棒的醫療補助設施，而這與那些似乎負擔不起的長期養老院護理者收到的標準建議相悖。建議是至少提前五年將你的資產贈送給子女，這樣醫療補助就無法收回這些資產來協助支付你的護理費用。這些決定讓人頭大，也大幅取決於你與子女或照顧者的關係。但是，在與二位父母一起經歷這段過程

後，我能告訴你進入更完善的養老設施是有市場的，所以即便你最後會住進接受醫療補助的養老設施，被困住的資產也有很好的潛在用途。

不要當房奴的其他辦法

到目前為止，我把重點放在判斷居住地點和負擔住房的方法。但是，還有其他方法能讓你不要因為買房被綁死，例如透過同居來分擔住房費用、出租你的房子、透過縮小規模來減少你的住房費用，以及提取被套牢的房屋資產。

與媽媽同居！

以65歲的海斯特為例，她有一位30歲的兒子彼得，二人都單身、自己住、生活過得有點拮据。他們處不來，但都意識到二人一起住遠比各自分開住還要便宜。另外，海斯特可以做飯，彼得可以做體力活。經過多次考慮，海斯特和彼得決定一起住。合住之後，由於共同生活能夠節省許多開銷，他們的生活水準也大幅提高。除了分攤住房開銷，這還包含電力、照明、暖氣、空調、洗碗機、洗衣機、烘乾機、熨斗、吹風機、電動、鋼琴、聖誕樹、音響、工具箱、藝術品、筆電、電視、印表機、戶外烤架、家具、剩飯等等。一次採買大量的日用品也讓購物變得更便宜。

假如海斯特和彼得是財務與肉體上的複製人，而且真的能像一個人單獨生活一樣省錢，那合住就能讓他們的生活水

準提高一倍！但由於每個人都需要自己的房間、衣服和其他個人物品，他們從同居當中獲得的收益會比較小。儘管如此，其好處還是相當大。我的估計是，二人同居通常的開銷大概是自己獨居時的1.6倍*。這代表與另一人同居能讓每個人的生活水準提高25%。先不管隱私方面的損失以及有人陪伴的好處，這就是金錢魔法。

　　美國年輕人（18到29歲）越來越清楚意識到同居過生活也是一種賺錢方式。多數年輕人現在都與父母同住[22]，這與1960年情況相比可說是截然不同。當時，只有29%的美國年輕人與媽媽、爸爸或者雙親同住[23]。與這種生活模式變化相對應的，是美國老年人現在與自己的子女，可能甚至還有孫子女住在一起。事實上，每五個老年人中就有一人是如此[24]。當然，與父母同住可能不需要按比例支付生活開銷。但如果父母或祖父母真的尋求你的陪伴，可以將這種生活模式視為你在支付應付的租金，而他們也會替你的陪伴給出相對應的給付。這麼說，他們支付的就是你的三餐和住宿費用。

　　如果二個人會比自己住更划算，那三個人也會比二個人一起住更便宜……嗎？當然。如果你能在同樣或沒有大太多

---

*這項估計是由經濟合作暨發展組織（Organisation for Economic Co-operation and Development）的收入分配和貧困項目（Project on Income Distribution and Poverty）之研究所提供。請見OECD, "What Are Equivalence Scales?" [n.d.], https://www.oecd.org/els/soc/OECD-Note -EquivalenceScales.pdf.

的空間塞進更多人，每個人支付的有線電視費和其他家庭支出就越少。

但是，越多人擠在同一個住處，就要有心理準備可能會因為「搭便車問題」而起爭執，也就是每個人都沒有做好自己在集體生活中該做的工作（更別說要大家同意看同一部影集了）。每個人的心態會變成「別人會清理廁所跟洗碗」。這裡的忠告是，請謹慎挑選室友。但也別忘了，無論是不是浪漫關係或家庭關係，與他人同住都能享有龐大的潛在經濟收益。

總結一下這項住房祕訣：

> 同居，甚至是與媽媽同住，
> 都是能明確提升生活水準的方式。

將房子出租

另一個降低住房成本的方式是在部分時間內將房子出租。Airbnb 與類似的線上租屋公司都提供便利的服務。我有個表妹住在洛杉磯海灘附近。隨著房價、保險費用與房地產稅飆升，住在那間房子裡的估算租金也變得難以負擔。其中一個選擇是把房子賣掉、到郊區找更便宜的住房；另一個選擇是將車庫改造成套房並放到 Airbnb 上出租。她選擇後者。五年來，她的收入多到足以將那間改裝套房跟自己住的

房子裝修得更完善。由於Airbnb租金在她所處的洛杉磯地區相當高，她能在一年當中出租這個空間，獲得和擁有一位全日制室友相同的經濟收益。但這種安排讓她更有隱私，讓她能將公寓租給規模較大、不希望度假時跟陌生人一起住的家庭。

我們的朋友勞勃跟艾比沒有可以改造成平房的車庫，但他們一樣發現自己的波士頓公寓能以好價錢出租。他們還意識到自己其實能遠端工作。事情看似突然，他們決定把公寓出租六個月，帶著五歲大的孩子跳上飛往斐濟的飛機。經過六個月、遊歷十二國之後他們回到波士頓，而這半年的旅費幾乎完全來自那間公寓的租金收入。

在我表妹和勞勃與艾比的故事中，有趣的點不是他們能出租房子並運用收益來做一些事，而是估算租金（他們實際上因為住在自己的房子內而必須支付的租金）是如此之高，以至於隨著時間推移，這筆租金能拿來負擔比方說大規模裝修或環遊世界這樣的大事。

這邊的心得是：

如果你的實際租金或估算租金高到無法負擔，

或者至少比你想付給房東（你自己）的數額還高，

那分租或是轉租給別人是個不錯的選擇。

　　順道一提，你可以這樣處理自己的房子，當然也能用同樣的方式處理汽車。我朋友羅傑就運用類似 Airbnb 的服務來用車子賺錢，不然他的車有大半時間是閒置的。他和友人也會在不同的日子裡透過 Airbnb 將住處出租，當其中一人房屋出租時，那人就會去跟另一人合住。不曉得羅傑接下來還會出租什麼，可能是狗吧。

縮減規模：二分之一的力量

　　如果分租或出租你的住房對你而言很不切實際，那還可以考慮縮小規模，選擇一個成本較低但仍適合你需求的住房。美國人的房子都特別大。在近期建造的住家當中，多數都有三間以上的房間。在撫養孩子的過程裡，家裡有多個房間相當實用。但當孩子搬離家，這些房子還有意義嗎？這就是在住房方面過度支出的常態。確實，持有房子能讓你內心感到安穩，正如之前討論過的那樣，房子是能讓你長期住進安養機構的資產儲蓄。但年復一年，你都支付過多的估算租金：房地產稅、屋主保險、維修和放棄的稅後利息總和，每年都在浪費。為你不需要的東西支付費用，來減輕未來的特定財務風險，這其實是沒必要的。還有其他方式能應付長期照護需求。其一是購買長期照護保險，其二是單純持有金融資產，包括房地產，但卻是以不動產投資信託（Real estate investment trusts，REITs）的形式來間接持有。

　　第三種做法是請子女在你需要非專業護理協助的時候來

照顧你。這種安排能夠以交換互惠的方式進行。比方說你可以縮小規模，然後用騰出來的資產替孩子支付頭期款來幫他們買房。作為交換，你可以明確表示假如你未來需要協助，或者是活得比預期還要久，你希望他們能照顧你。這實際上是在安排一個隱含於家庭內部的保險。你預先提供一份禮物，或者在遺囑中指定孩子為財產繼承人。假如你比預期時間早過世，而沒有產生大量的生活或醫療開銷，他們就能夠順利因應；假如你比預期時間晚過世，或者花了大筆自付醫療照護費，他們會用金錢或實際的協助來幫忙你，你也能安妥地生活[*]。

擬定長期照護計畫之後，你就能去思考縮減規模能讓生活水準提升到什麼程度。以佩吉和麥可‧格林這對65歲剛退休的夫婦為例，他們的401(k)裡有200萬美元，佩吉每月有2,500美元的社安福利，麥可則有1,500美元。他們還有一棟價值100萬美元、四千平方英尺的四房住家。他們打算將房子留給孩子，房貸已全數繳清。

每年的房地產稅、保險和維修費分別為7,500、3,500和3,000美元。與前例相同，他們的稅前利息和通貨膨脹率為1.5%。他們住在加州的沙加緬度（Sacramento），所以在繳

---

[*] 我早期與人合著的一篇研究論文顯示，即使是有兩三位成員的家庭，也能透過購買正式的長壽保險來提供大部分收益。這篇論文名為 The Family as an Incomplete Annuities Market，與 Avia Spivak 合著。請見 https://kotlikoff.net/wp-content/uploads/2019/04/The-Family-as-an-Incomplete-Annuities-Market-March-7-2007.pdf.

納聯邦所得稅的同時還要繳加州的州所得稅。

　　這邊有個問題：如果佩吉和麥可縮減到一間價格50萬美元、開支減少一半的兩房住家，他們這輩子的可支配支出會增加多少？為了不要讓答案失真，我們假設這對夫婦會把他們的新家留給孩子，再加上額外的50萬美元，所以他們的遺贈同樣保持在100萬美元（與他們目前計畫留下的金額相同，只是現金更多、房屋資產更少）。

　　在這些假設下，將他們的住房規模縮小一半能讓這對夫妻餘生的可支配支出增加154,990美元。如果他們能活到100歲，可支配支出每年都會多出5.8%，或是4,428美元。這是相當驚人的大數字，超過三年份的社安福利。這個增幅並不是因為他們換到更便宜的市場居住（我跟我老婆的做法）。這不是釋放50萬美元的被困資產結果，因為佩吉和麥可計畫留下來的遺產依然為100萬美元。這就是「1/2的力量」，也就是將生活空間縮減1/2。說真的，佩吉和麥可甚至沒有使用到那四千多平方英尺住家的一半。他們會去內華達州拜訪子女，也從來沒有進去過四間臥室的其中三間。他們還直接在廚房吃晚餐，餐廳基本上從來都沒有用過。

　　將住家規模減半，這對夫婦也將估算租金減半。回顧一下，放棄的稅後利息是估算租金的其中一部分。但名目利率如此之低，以至於投資穩固的長期國債實際收益（扣除通貨膨脹的收益）在目前情況下是零。換句話說，目前沒有辦法在標準穩固的長期國債上獲得稅後的實際收益。這使估算

租金（佩吉和麥可住在偌大的房屋裡的成本）比在其他情況下還要小。在正常的情況下，比方說有3%的名義收益（代表安全的投資會比通膨高出1.5%），佩吉和麥可的估算租金會更高。實際上，在其他條件相同的情況下，假如名目利率為3%，縮減規模所帶來的生活水準增幅百分比會是二倍：10.6%。以絕對值來看，格林夫婦獲得相當於5.3年的**免稅**社安福利。

　　假如格林夫婦的所有數字都砍為一半，1/2的力量還成立嗎？沒錯。5.5%的生活水準收益幾乎沒變。那麼，如果今天是三倍格林夫婦呢？在這個版本，佩吉和麥可都領到最高的全額社安退休福利3,011美元，其他數字也會是三倍嗎？這種情況下的增幅是6.1%。所以無論收入高低，將規模減半似乎能都能帶來相同百分比的增幅。

　　這就是縮減規模的祕訣：

假如你的窩是空的，

能靠縮減規模來獲得龐大收益，

利率高的時候尤其如此。

搬到低稅率或無稅率的州

　　包含哥倫比亞特區（District of Columbia）的四十二個州都有所得稅。不徵收所得稅的州有阿拉斯加、佛羅里達、

內華達、新罕布夏、南達科他、田納西、德克薩斯、華盛頓以及懷俄明州。如果你住在麻薩諸塞州和新罕布夏州的邊界，理論上你可以搬到對街並節省5%的薪資，否則你將繳納麻薩諸塞州的所得稅。當然，事情沒那麼單純。由於新罕布夏的稅賦優勢，該州的土地價值可能更高。而且麻薩諸塞州的學校等設施可能更好。但誰曉得？搞不好你沒有小孩，而且很樂意住在一個沒有院子的五層公寓大樓裡。那麼，搬到對街可能是你小賺一筆的途徑。

決定哪個州最適合自己居住時，另一個需要考量的潛在因素是遺產稅。除了華盛頓特區之外，有十一個州徵收遺產稅：康乃狄克州、夏威夷州、伊利諾州、緬因州、麻薩諸塞州、明尼蘇達州、紐約州、奧勒岡州、羅德島、佛蒙特和華盛頓。另外五個州，愛荷華州、肯塔基州、內布拉斯加州、紐澤西州和賓夕法尼亞州則徵收繼承稅。馬里蘭州同時徵收遺產稅與繼承稅。

如果你有可能遺留大量財產，那在有遺產稅的州度過黃金歲月時就要小心。聯邦遺產稅對超過1,170萬美元的遺產徵收遺產稅，但各州門檻要低得多。例如在麻薩諸塞州是100萬美元。麻薩諸塞州的遺產稅率從0.8%上升至高達16%。在夏威夷與華盛頓，最高稅率為20%。

至於繼承財富，如果這可能影響到你，而且你是一位遠親或是非血親繼承人，請到內布拉斯加州以外的地方建立家園。該州將對你的繼承徵收高達18%的稅！

釋放受困資產

正如我們所討論，嬰兒潮世代的退休規劃並不完善，花掉房屋資產或許是必要之舉。滯留在房子裡的資產問題在於流動性，除非把房子賣掉，否則你無法得到這筆資產。房子或許要等到你去世才會出售，但你現在就需要這筆錢，而不是在你翹辮子之後。這就是消費平滑的目標。

縮減規模肯定有幫助。再來考慮一下佩吉和麥可，但這次讓他們把縮減規模時釋放出來的房租資產花掉，而不是留作未來的遺贈。現在，他們的生活水準提高25.8%，一生當中支出的絕對增幅為692,261美元。這相當於超過十四年的稅前社安福利之總和。假如格林夫妻的資源減為一半，收益的百分比會是25.4，絕對收益是348,177美元，這仍然是一筆高額現金。假如格林夫婦有三倍資源，除了領取最大值的完整退休福利，收益百分比也會更高，來到驚人的39.8%，絕對值為1,984,374美元（富人的收益百分比更高，因為考量到社安福利的最高水準，受困資產在總資源中的份額更大）。

但是，如果你拒絕搬家，也不需要保留房屋資產作為長期照護儲備，也沒有任何你希望傳承房屋的孩子或其他繼承人呢？你能怎麼做來釋放和使用房屋資產的至少其中一部分？你可以透過房屋抵押來釋放資產，申請常規抵押貸款或再融資到更大的抵押貸款，並希望能在死前還清貸款。這似乎可以讓你在短期內花更多錢，但實際上沒那麼單純。如果

你借了錢、花了錢，並在抵押貸款全部付清之前幸運死去，你就順利在那一天之前花了更多的錢，銀行則從你的房屋銷售收入中得到償還。這是一套標準機制。辦理抵押貸款時，銀行在你的房子上設置留置權。這代表房子被賣掉的時候，銀行將首先獲得賣屋換來的錢財。

但是，如果你在抵押貸款到期後才死怎麼辦？為了讓案例更具體，假設你單身、60歲、無子女或其他繼承人，並且辦理了二十年的抵押貸款。那麼，如果你能活到80歲，你會花二十年償還比你安全投資抵押貸款收入所得的錢還要多的金額。你所做的一切就是在這二十年當中失去金錢。當然，一旦你收到抵押貸款，就能用其收益來狂歡享樂。但在未來，你需要以減少消費的形式來償還。你也可以借錢投資股市。但是以昂貴的條件借貸來進行風險投資是很有風險的。如果股票下跌，你還是要償還抵押貸款，並可能被迫進一步減少未來消費。不管怎麼樣，你都會違背消費平滑原則，並且為了短期享樂付出龐大代價。此外，在80歲時，你可能仍然擁有與60歲時相同數額的受困資產，以實際價值來計算。還有另一個小問題：除非你依然在工作，不然你不可能有能力申請正常的抵押貸款。就這點而言，你也不可能獲得可觀的房屋淨值信用額度。這就是反向抵押貸款發揮作用之處。

反向抵押貸款

反向抵押貸款（Reverse mortgages，RMs）的目的是協助釋放受困房屋資產。其運作相當複雜，而複雜的金融產品通常是為特定目的存在：將你與你的錢和其他貴重物品分離，包含你的房子。另一方面，RMs受到聯邦住宅管理局（Federal Housing Administration）嚴格監管。幾乎所有RM都是FHA的房屋淨值轉換貸款（home equity conversion mortgages，HECMs）。假如山姆大叔參與其中，那就包準安全、可供公眾使用，是這樣嗎？

很遺憾，就連對這本書而言，這種想法也是不切實際的魔法。請回顧一下山姆大叔在社安福利方面的三大騙局：從寡婦鰥夫那邊奪走這一生可能獲得的數十萬美元福利；在我們接近70歲的時候打電話來，賄賂我們接受可能根本不曉得的較低年度福利；以及假如我們知道自己有資格領取福利時已經太遲，除了補給六個月之外，不提供過往追溯的福利。這第三個騙局最惡劣。畢竟，在繳納多年的12.4%雇主與員工合併薪資稅，我們替自己有資格領取的福利付了費用，但因為沒有被告知所以沒有申請！

遺憾的是，山姆大叔是政客的簡稱，而政客，尤其是那些負責金融監管的政客，都從銀行和其他金融公司那邊拿了許多利益。看看眾議院金融服務委員會過去和現在的主要贊助者就知道。情況很清楚。美國的金融監管深受華爾街所操弄。

我太了解山姆大叔了，所以做足各種關於RMs的功課。我想傳達的重點：

反向抵押貸款（RMs）與傳統抵押貸款不同，

確實能讓你用被困資產來償還借貸金額，

但這是在極高的價格和巨大的風險之下實行。

比較反向與常規抵押貸款

RMs與普通抵押貸款一樣，不過有六大例外。首先，你必須超過62歲才有資格申請；第二，你不能像普通貸款那樣借到那麼多錢*；第三，RM的利率高於普通貸款；第四，RM的費用更高；第五，RM允許你推遲還款，直到房子出售，也就是在你縱向或橫向騰出房產的那一刻；第六，你不能被逐出房子，除非你無法支付其乘載成本，比方說房地產稅、屋主保險和整修費。不管你的反向抵押貸款是否資不抵債，這點都成立。

與普通貸款相比，前四項區別（年齡要求、額度較小、較高的利率以及費用）讓RM更棘手。第五項差異（推遲付

---

*你在HECM RM上可借到的最大金額是x與y的乘積：x是一個百分比，從六十二歲的52.4%到85歲的63.8%不等；y是你的房屋價值和一個上限（HECM本金限額，2021年的本金限額為822,375美元）中較小的那個數值。假如你有一個現有的抵押貸款，那它不得超過你房屋價值的一半。如果低於這個數值，HECM將用於償還你現有的抵押貸款，留給你直接領取的資金就會減少。

款）實際上是讓你在一段時間內增加貸款。這也讓你有更多現金能即時花用，因為不需每月償還貸款。第六項差異是指，在房子資不抵債之後還能繼續住在房子裡，這個狀況的意思說借來的利息累積加總已超過房屋價值。但你必須住很長一段時間並且**不搬家**，這種狀況才可能發生。而且，RMs的費用和利率越高，這種優勢就會越早出現。但是，一旦你的RMs資不抵債，你實際上是以低於市價向貸方租屋。你只需支付維持成本而不是市場租金，其中也包含屋主的放棄實質利息*。然而，如果該利率為零（此時此刻就是如此），如果你住在屋子裡夠長的時間而使RMs資不抵債，那就沒有實際租金優惠的狀況。

重複一下，RMs能提供額外的消費能力，這個能力是來自你住在家裡時的房屋資產。以這個角度來看，這似乎解決被困資產的問題，但是，由於它用相對較少的消費能力來跟你換取房屋資產的一大部分（就算不是全部），所以還是不要輕易嘗試。

讓我用二個RMs成本比較誇大的警世故事，來概括我對RM的擔憂，並且提高讀者的警覺。我在描述RM時，使用的財務術語與實際RM交易中常見的術語不同，這樣才能實際理解這種交易的本質。這二個警世故事的主角都是盧，他是單身、無子女的62歲退休人員；還有剛拿到哈佛MBA

* 我假設你的房價會與通貨膨脹保持一致。

學位的蘇。

● 盧輸了賭注

有一天，盧在修剪草坪時，鄰居蘇走過來說：「嗨，盧。你這棟百萬美元的房子還真不錯。你知道嗎？我查了公開紀錄，天啊，這間房子的貸款完全繳清了。恭喜！我還聽說你已經退休。真是恭喜。不過，說真的我很擔心你。從你的衣服、汽車和腰圍看來，感覺你手頭拮据。多虧我受過菁英教育，我已經想出能夠幫助你的方式。在這裡簽字，我現在就付你50萬美元買這間房子。沒錯，我知道這間房子的價值是這個數字的二倍。但最棒的地方在於我會讓你繼續住在你的房子裡，呃，應該是說**我們的**房子才對。只要你想或你能，要住多久就住多久。等到你搬走或過世我才會搬進去。在此期間，你需要做的就是支付房地產稅、繼續繳保險，並且花錢維護整理。如果你不能支付這些費用，那我就得將你逐出房子。」

盧覺得非常驚奇。**哈佛大學MBA**畢業生耶。他立刻在虛線上簽字。但當晚他在床上輾轉反側，擔心自己會比預期更早搬家。果然，清晨五點整，盧中風了。幸運的是，他在昏迷前按下醫療警報按鈕。救護車將盧送到急診室，後來又將他轉送到新的終生住所，也就是養老院。蘇被警笛聲驚醒，看著他們將盧綁在擔架上。她告訴急救人員不用擔心，她會把他的房子上鎖的。

　　盧剛失去了50萬美元，這筆錢能讓他住進更棒的療養院或聘請私人看護。如果我們修改故事，讓盧死於中風，那他的繼承人會少繼承50萬美元。蘇把盧騙進一個超級昂貴的反向抵押貸款結構中。

● 盧「贏得」賭注

　　在另一個平行宇宙，蘇不曉得盧其實是不好惹的狠角色。盧對自己的生活非常滿意。他不吃肉並不是吃不起，是因為他本來就是純素主義者。看起來邋遢，那是因為他喜歡不拘小節的樣子。至於那台破舊的金龜車，那是他的驕傲與快樂。與蘇達成協議後，盧花了三十八年的時間做他一直在做的事，也就是瘋狂鍛鍊身體，早中晚餐都吃豆芽菜、豆腐、豆子、天貝、堅果等食品。在他100歲生日那天，盧被韭菜和生燕麥做成的零食噎住了。他嗚噎一聲之後死去。蘇現在兩鬢斑白，聽到警笛聲，衝向救護車，大喊：「阿門！」

　　在這個比較快樂的另一個版本的寓言故事中，盧在接下來的三十八年裡多花了50萬美元，而且在自己喜歡的地方死去：廚房餐桌上。而蘇呢？她苦等三十八年才擁有「她的」房子。

　　盧可能會覺得自己贏了賭注。但在我看來不是。盧只花了被困資產的一半[*]，而他的繼承人（侄子姪女）最後只得

---

* 如果實際利率高於目前的零利率，盧就能提取超過一半的被困資產。

到50萬美元。

實際的RMs會用不同詞彙來描述盧與蘇之間的交易。在RMs的行話中，盧借了50萬美金。但是，一旦他騰出房產，不管是自願還是非自願，房子就會被賣掉，來支付未付的貸款餘額（50萬美元加上未付的RM費用與過戶費用，所有都是按照RMs加貸款保險的綜合利率累計的）。如果房屋售價超過貸款餘額，盧或其遺產將領到剩餘的部分，而貸款清償的收益則象徵性地歸蘇所有。如果售價低於貸款餘額，也就是說已經資不抵債，那房屋出售的全部收益將歸RMs貸方所有，也就是蘇。

來總結一下我對RM的抗拒：

假如你搬家或太早死，
RMs貸方會從你的受困房產中獲得相當大的份額。

當然，沒有人說你得搬家。但是，如果你想要搬家，但考量到償還RM的成本而選擇不搬，那這種貸款會把你鎖死在你不想繼續做的事情上：留在現在這間房子內。

「我必須搬家，但償還反向抵押貸款會讓我身無分文」還有「我得搬家，但沒辦法，因為還反向抵押貸款太貴了」，這些令人心痛的搬家案例是RMs最讓我「感冒」的地方。但當我了解有另一種叫做購屋HECM的RM之後就沒那

麼擔憂了。

購屋的HECM

假設你貸了RM，然後15年後需要搬到孩子住家附近。另外，假設RM還款後，你的現金太少，無法購買同等價值的房屋。你可以申請HECM購屋貸款，這能協助你住進新家。而且，這種貸款跟第一種RM一樣不需現金償還。因此，如果你的HECM反向抵押貸款的借款比例是60%，你可以得到60%的款項來購買新房子，剩下的40%加上成本由你負擔。簡單來說：

如果你必須搬家，
使用購屋的HECM可以減輕RM還款壓力。

這邊要先說清楚，申請一份RM已經夠昂貴了。現在我們談論的是再申請另一個。而且，也沒有人說第二筆RM就能夠還清。在你的餘生中，你可能需要搬家不只一次。如果你必須搬家，但已經資不抵債，你就沒有資產可以住進像樣的養老院，或者用來支付搭配購屋HECM的首付款。

許多人申請HECM是為了還清房貸，而不一定是為了購買新房。他們很開心能從拮据的每月付款中掙脫，但這並沒有讓HECM反向抵押貸款變便宜。也就是說，用RM的收

益來償還現有債務，比用它來增加消費更謹慎精明。

領取RM款項的方式

　　HECM反向抵押貸款提供六種領取款項的選擇，無論是全部還是部分領取皆然。針對RM款項以及未支付之RM費用所收取的利息，有可能是固定或靈活的。靈活代表有可能會上升，而這對你來說相當不利。

　　在這六個選項中，唯一有固定利率的選項，是立即將所有潛在的RM款項一次性領取。固定利率會比其他選項收取的靈活利率高，但也更安全[*]。第二個選項是每月收到固定的付款，一直到你過世為止，這實際上是一種年金，由於你可能會英年早逝，這種方式的付款金額更高。當然，年金是防止過度長壽的保險政策。第三選項是在一個固定的月數內收到固定的付款。其餘三個選擇都需要你拿出一個信貸額度，要不是不付款、以年金形式付款，不然就是固定付款。留作信用額度的金額可由借款人自行支配。

已婚情況下的RM

　　如果你已經結婚並考慮申請RM，確保你和伴侶都在契約上。我的建議是等到你們雙方都超過62歲時再申請。在

---

[*] 當然，如果你拿著錢直接跑到附近的賭場，這實際上比其他選項更有風險。另外，要注意反向抵押貸款的借貸人常被騙子搭訕，他們不曉得從哪裡得知解款人有閒錢可能想要「搞點投資」。

這種情況下，HECM反向抵押貸款會以較年輕配偶的年齡為基礎。假如你的配偶未滿62歲，你需要滿足一連串條款資格，來確保如果符合條件的配偶（60歲以上者）去世，遺屬不會帶著他們的家當在街上流浪[25]。再次提醒大家：

如果你的配偶未滿62，而你正在考慮申請RM，
簽約前請跟一位厲害的律師檢核你配偶
在你去世後會得到什麼待遇。

HECM反向抵押貸款取款以及通貨膨脹風險

如果你將RM的一次性取款投資在美國抗通膨債券，或其他明確或隱含的抗通膨資產上，你會在三個面向上得到保障。首先，你拿到的付款能得到保護；再者，你將避免通貨膨脹侵蝕投資的實際價值，就像RM款項有可能面臨的狀況；第三，由於與一次性RM取款相關的固定名義利息費用，通貨膨脹會侵蝕你在搬家時還款的實際價值。

與有可能減少通貨膨脹風險的一次性取款相比，其他五種提取方法的利率是會靈活變動的，這些利率肯定會隨通膨上升。事實上，如果它們的利率隨通膨上升，而你的房屋價值卻沒有上漲，你就會面臨更大的通膨風險。當然，如果你在自己的房子內住了夠長時間來讓RM資不抵債，那通貨膨脹對實際還款的影響就不重要了。一般來說，我在這方面的

最高指導原則是：

一次性領取HECM反向抵押貸款的金額

可減少利率上升的風險，

並自然提供一個抗通膨防護網。

用HECM信貸額度保住房屋價值

　　HECM信貸額度（LOC）提供一種相當微妙但很有價值的保險形式。信貸額度將以可變的利率增長，與你的RM取款和費用的累積利率相同。最酷的是，假設你單純申請HECM信貸額度，然後完全沒有取款，至少在最一開始沒有。我們假設信貸額度是48萬美元。另外，假設在接下來二十年，你的房屋價值保持固定，名義上是80萬美元（也就是說，其實際價值逐年下降），而信貸額度上升到100萬美元。這時，你可以行使選擇權，將你的信貸額度轉換成RM。比方說，你可以一次性拿100萬美元，雖然房子只值80萬美元。在這種情況下，你的RM會立刻資不抵債。如果你在取出RM的第二天就搬家，你就會帶著100萬美元走人，而貸方也會帶著80萬美元的房子離開。因此：

HECM信貸額度讓你免受房屋實際價值下降之風險。

HECM信貸額度成本相當高。以我們家的房子為例，其價值約75萬美元，成本約為1.5萬美元。為了防止我們的房子的實際價值大幅下降，這是相當高的金額。但是，如果我們真的對其價值可能跟不上通膨而感到緊張，這也很值得考慮。

HECM反向抵押貸款費用

辦理HECM反向抵押貸款或HECM信貸額度時都要繳納高額的費用，這點並不令人意外。兩者都有一堆大大小小的費用，包含諮詢、評估、啟辦、服務、初始貸款保險、年度貸款保險、產權保險、調查、信用報告、託管、文件準備、害蟲檢查、快遞、洪水保險證明等等。整體來說，RM費用很容易就會來到借款金額的近7%。這比你在常規貸款上支付的費用還要多。這是個壞消息。值得慶幸的是，不同的RM機構設置的費用不同。所以大家可以也應該要貨比三家，找到一間費用最低的貸款單位。

抵押貸款的潛在收益

為了了解RM對個人生活水準的潛在價值，假設你們是一對已婚、62歲、退休的麻州夫婦。你們有一棟價值45萬的房子，沒有貸款。你們每個人每個月從社安福利那邊領到2,000美元。你們唯一的其他資產包括普通IRA中的50萬美元。除了每年支付1萬美元的住房費用（房地產稅、維修費

和屋主保險）和繳稅（包括醫療保險門診部分保費）之外，你們沒有其他固定開支。

假設你們沒有孩子或其他你們想遺贈房子的對象。那麼，毫無疑問，你們手上現在有45萬美元的受困資產。假設你辦理一筆額度235,800美元的RM，並以一次性領取的方式取款。還假設你們都活到100歲。貸款使你的終生支出增加23.9萬美元，或14%。這是個不錯的增長，但這也是最理想的情況。關鍵在此：當你活到100歲，你的房子幾乎已經資不抵債。所以，你只會從每一塊美金的被困資產中提取52.4美分。這個要付給RM的代價非常高，在我看來太高了，而這只是最理想的情況。

反向抵押貸款的潛在風險

比方說，假設你活到85歲、已經領取RM了，卻突然需要搬家，會發生什麼事？假設你的房屋價值依然是45萬美元。在付清RM，包括費用和實際利息之後，你會剩下大約10萬美元。基本上，你已經用掉45萬美元房屋資產中的35萬美元。這時，你可以去辦理購屋HECM，購買一間價值大約27.5萬美元的房子。因此，你的住房品質將下降約40%。假設你必須在十年後再次搬家，那在原來的45萬美元中，你只剩下7.5萬美元的房屋資產。你下一筆購屋HECM貸款能讓你住進價值18萬美元的房屋，這也是我們假設的最後一筆。這代表相對於你最一開始居住的房子，住

房品質下降了60%。而這個情況是假設你的房價和其他名義上的房價保持固定。但如果你的房子價值不變，但其他房價上漲，你的住房品質會徹底掉到谷底。

重點在此：

如果你不得不搬家，

而你的房屋價值沒有跟上

你的HECM反向抵押貸款利率所依據的通貨膨脹率，

你可能會發現自己把房子給了貸方（比方說蘇），

卻沒有資金來支付持續的住房開支。

售後回租：釋放房屋資產的好方法

釋放房屋資產最簡單的方式就是把房子賣掉然後租回來。在理想情況下，可以把房子賣給孩子或近親，然後再跟他們租回來。開個好價格把房子賣給他們，然後請他們以不超過通膨的速度提高租金。或者可以指定用一條公式來計算租金，根據房地產稅或全國租金之增長來部分調整租金。如果你將收益拿去投資長期抗通膨債券，房屋銷售收益就會受到保護、不受通膨影響，並可部分用於支付租金。

這種安排可以擬定成具有法律效率的合約。這種售後回租的約定可以跟任何人締結，跟銀行也可以。為何FHA沒有支持這種直截了當的解決方案？我也不曉得。或許銀行不

想在週日晚上十一點處理水管漏水的問題，也不想陷入房東和房客的糾紛。這就是彼此相愛的父母與子女所具備的優勢。對彼此的關懷讓雙方不會做出太極端的違約行為，例如不付房租就落跑。

這種解決方案與 RM 有何不同？首先，這基本上釋放了你所有的房屋資產，而且沒有任何附加費用。此外，只要你願意，你可以一直待在自己家裡。如果需要搬家，也不會受到任何財務上的懲罰。

花錢住進持續照料養老社區是另一種釋放受困資產的方式。在這種情況下，你會把房子賣掉，將一大筆售屋收入交給該社區並支付月費，然後他們會提供你住房、膳食、娛樂、交通，以及家庭保健和護理服務直到你離世。這樣的社區因為有許多住民，所以比起每個人單獨購買服務，他們能夠提供居民更高的生活品質。原因是他們的服務能夠以年金的形式來提供。長壽者能夠從早逝者的預付款中獲益。

回顧

家就是你的堡壘。但是就跟歐洲那2.5萬座城堡當中的多數城堡一樣,住在裡面或許不划算,至少自己一個人住很划不來。以下是我的住房金錢魔法:

☑ 不要像我一樣花這麼多年支付過多的住房費用。

☑ 找出屬於自己的住房市場並加以研究。

☑ 有條有理地比較購買和租賃價格,將個人個補償性差額納入考量。

☑ 貸款不算是基本的住房成本。貸款是財務與稅務上的損失。請盡快還清或降低貸款。

☑ 將你的退休資產變現來償還房貸,有可能會讓你大賺一筆。

☑ 房屋所有權是一種主要的避稅手段,這與房貸無關。

☑ 你所擁有的房屋提供的住房服務就是真正的年金,讓你就算活太久也不用擔心。你的房屋的受困資產也是潛在的入場費,能讓你住進長期護理養老機構。

☑ 分攤住房費用能大幅度提高生活品質。合住、Airbnb、出租或分租都是分攤費用和省錢的妙方。

☑ 縮小規模能釋放大量受困資產、大幅度提高生活水準。

☑ 用反向抵押貸款來釋放房屋資產的代價高昂,這會使

你面臨搬家與房價的風險。如果你必須搬家，購屋HECM能協助你買新房子。但是，每次搬家和辦理新的HECM貸款時都要負擔高額費用，而且借貸利率高昂。雖然代價高，但HECM信貸額度卻是一種很特別的手法，能讓你免於承受房屋轉售價格大幅下降的風險。

☑ 售出再租屋是一種直接釋放受困房屋資產的方式。如果你想住在自己的房子，就必須向你的買家租房。子女是理想的買家，你可以考慮跟他們擬定這種售出租回的安排，用你的房屋資產來住進持續照料養老社區也很值得考慮。

Chapter 6

為金錢而結合

書中最古老財務技倆

「我度過一段愉快有趣的時光；我為愛結婚，同時也得到一點錢。」

——羅絲‧甘迺迪[26]（Rose Kennedy）

　　為錢結婚聽來俗氣，但這是非常古老的一項財務操作。巴比倫人在寫於公元前1750年的《漢摩拉比法典》（*Code of Hammurabi*）中，就在聘禮和嫁妝法段落中明確指出，婚姻長期以來一直是現在的樣子：婚嫁與金錢高度相關。

　　聘禮代表支付一些財貨給未婚妻的家庭來換購一位妻子，比方說一頭牛、一塊土地，或者是金幣。巴比倫人會在拍賣會上出售新娘。事實上，要是不透過競標程序來購買新娘，那就是違法的[27]。不過，拍賣會往往會反其道而行，請競標者提出負數的價格。這代表新娘的家庭必須向新郎（或新郎的家庭）支付嫁妝來完成交易。如果在所有條件相同的情況下，新娘相對於需求而言是供不應求的，那新娘的價格就會是正數。

　　值得慶幸的是，自漢摩拉比以來的大多數社會中，將未來的配偶放在拍賣會上供人品頭論足的做法已不是常態。然而，幾世紀以來，許多婚姻都是新郎與新娘的父母雙方私下談妥促成，過程中通常也有婚姻仲介的協助，這裡指的就是媒人。不管這種手法經過什麼包裝讓它看起來更合理，有一點依然不可否認：未來的新娘和新郎已被商品化，而他們其實就是被當成父母的動產來對待。

　　時代改變，在多數現代社會中，年輕人能決定自己到底要不要結婚以及與誰結婚。沒錯，他們能選擇要與誰步入禮堂。但這些選擇與拒絕的權利並沒有讓婚姻市場消失；這只是改變買家和買家的身分。過去，父母將孩子交給出價最高的人，現代人則是在日益科技化的關係市場上買賣自己與他人、尋找潛在伴侶。Tinder、Match、Bumble、Hinge、OkCupid、eharmony、EliteSingles、Silver-Singles、Zoosk 和 OurTime，市面上現在有很多這種促使大家一見鍾情的約會交友平台。

　　雖然沒有直接的資金交換（除了可能會跟你收會員費），這些平台將你放在一個虛擬的拍賣場上，讓你在台上展示、傳遞你的資本：年齡、教育、個性、背景、收入、種族、宗教信仰、身體外觀、喜好、不喜歡的東西、才華、寵物、孩子等等。這些特徵的總和是你帶到婚姻交易市場上的東西。這種交換不是那種每天用兩隻肥美的雞換二十根多汁香腸那種交易。在這裡，你將自己的優缺點與他人的優缺點合併。如果一切順利，會有一次喝咖啡的快速約會，然後吃幾頓午餐，再來是幾頓晚餐。接下來你們會一起出門踏青，接著是一起過夜，然後變成週末旅行，更常一起過夜，再來是跟對方的爸媽或小孩見面，接下來是同居。就這樣，你們開開心心地結婚或結為伴侶，雙方的關係至死不渝……或者至少會持續一段時間。

　　我在這個章節的任務不是告訴你有哪些好方法能讓你遇

見愛人。針對這點我沒有任何專業知識。我的目標是確保你在挑選配偶或伴侶時，了解你和你的同居者或伴侶共同具備的真正經濟資源。經濟資源可以是正面或負面的。正面資源包含常規資產、退休帳戶、房屋和其他不動產、車輛、當前與未來的勞動收入、當前與未來的養老金、當前和未來的社會福利等。負面資源可能是債務（無論是抵押貸款、信用卡費還是學生貸款）、贍養費、子女撫養費、大學教育基金、父母撫養費、房地產應付的整修費、未付的稅金等等，多到列不完。

　　把重點擺在金錢、伴侶與婚姻上，我的意思並不是說金錢是共結連理的唯一或甚至關鍵因素。對多數人來說，愛超越金錢。但人類有能力愛上很多人。再者，將迷戀鎖定在能夠提供你更高生活水準的人身上，這並不可恥。

　　舉個例子吧：假如蓋爾和凱特在各方面都一樣，但蓋爾的收入是凱特的二倍，不需要拋硬幣。選蓋爾。你不會是第一個做這個決定的人。自古以來，人們的選擇就是蓋爾。現在我已經幫你做好決定了，那就來深入了解一下跟一位富有的伴侶在一起能帶來哪些好處吧。

跟自己結婚的好處

　　結婚代表同居，並且從而獲得共同生活的經濟效益，我們在上一章已經探討過這種力量。另外，這也代表跟對方的財務搭上關係，所以婚姻必需負擔這一項主要成本。如果你

能跟自己的複製人結婚，那麼要決定是否結婚就容易多了。沒錯，要跟自己親密是有點古怪，但你確定可以知道伴侶的一切資訊。你就不必在所有不確定的正面因素和負面因素之間權衡。

讓我們考量一下複製人婚姻來進一步了解婚姻的經濟價值，暫時不要去考量其他因素，包含二個人在生活習慣上的嚴重分歧，例如窗戶的裝飾該是什麼風格這種問題。簡單起見，我會假設同居經濟在住房方面是完美的選擇：二個人可以用一個人的價格住在一起。至於消費的其他部分，我會做出與上一章相同的合理假設：二人以1.6個人的價格生活。如果所有商品和服務的消費，包含住房服務，都基於這個1.6的因素，那二位複製人光靠住在一起就能讓生活水準提高25%。這個25%的參考值對後續討論相當有幫助。

淨稅也很值得先拿出來談一談，因為有所謂的婚姻稅。這裡指的是一對已婚複製人夫妻需要繳納的淨稅，可能是他們自己在單身時繳納稅金的二倍以上。為方便起見，我們假設美國每位成年人都是單身，然後都跟自己結婚，淨婚姻稅平均會超過4%。換言之，平均來看，在全國的複製人婚姻當中，每個人的生活水準會比他們單身時減少4%以上*。

在這個數額雖小卻不容忽視的婚姻稅之下，多數美國人

---

* 這項統計數字，是由包含在下在內的一群經濟學家，利用美聯儲的全國家庭調查數據推算而出。

還是結過婚、處在婚姻中，或者是將要結婚。65歲以上的美國人中，從未結過婚的比例只有4.4%。對那些45至65歲的人來說，此比例更高，來到7.5%。這可能顯露出婚姻式微的趨勢。即便如此，我們離冰島的境界還很遙遠，那邊很少人結婚，「生活在罪惡中」（意指未婚同居）反而是常態。

如果你跟我一樣是稅務專家，可能會搔頭問說：「難道這傢伙不曉得目前已婚夫婦的聯邦所得稅級距，是前五個級距（幾乎包含所有人）的單身人士二倍嗎？」確實如此。但最後二個級距會課徵高額的婚姻稅，並且包含一些家庭。而且聯邦所得稅的其他特點，例如代替最低稅（Alternative minimum tax），其實也與婚姻相關。此外，根據美國現行法律，稅法在2028年將恢復到2017年減稅和就業法案之前的情況，其中包含大幅增加之婚姻稅的稅法*。

在州所得稅和隱含的IRMAA（與收入相關的每月調整金額）稅當中，也有對複製人婚姻不利的規定。IRMAA是一種與收入相關的高額附加費，加在參加醫療保險之已婚人士的B部分保費上。你的IRMAA是根據兩年前的調整後總收入（MAGI）來計算。如果根據你兩年前的收入在今年向你徵稅，聽起來似乎很怪，而這也真的很怪。某種程度來看，IRMAA對高收入已婚人士的處理也很莫名其妙，因為

---

* 結婚時你確實可以選擇分開申報，但納稅方面的劣勢會更明顯：納金會比二個共同申報的複製人夫妻所面臨的稅金還要高得多。

該條款針對非常高收入的已婚家庭徵稅[*]。

　　與無數的聯邦和州福利項目相比，我們稅賦制度的怪異特點會顯得平凡無奇。那些不勝枚舉的項目包括食物券計畫（SNAP）、醫療補助（Medicaid）、醫療保險（Medicare）、歐巴馬健保（Obamacare subsidies）、福利津貼、住房補助、托兒補助（childcare subsidies）和社安福利。這些項目中的多數福利都會受婚姻影響。換言之，如果二位複製人結婚（尤其是低收入的複製人夫婦），他們會失去一些甚至是大部分的福利。對於低收入的美國人來說，協助方案可能產生10%或更高的婚姻稅。話說回來，社安福利這項規模最大的福利方案卻也替結婚以及結婚十年後的離婚提供額外福利。我這裡指的是Chapter 3中討論的配偶、離婚配偶、遺屬以及離婚遺屬福利[**]。

　　沒錯，跟自己結婚有經濟上的益處，但也有財政上的優劣之處。但重點是什麼？來，我們設想一下彼得的情況。彼得沒有子女，住在新墨西哥州，年紀30歲，年收入5萬美元，將在67歲退休。他有一間價值15萬美元的房產，每年的房地產稅、屋主保險和維修費分別為1,500、750和750

---

[*] 如果你單身，二年前的MAGI為50萬美元或以上，你的B部分保費要多繳近7,500美元。如果你們已婚，二年前的MAGI為75萬美元，你和你的配偶每人每年支付的保費，與單身且總收入超過你們總收入一半的人相同。

[**] 如果長期伴侶生活在絕大多數不承認普通法婚姻的州，他們就無法享有這些福利。即使是生活在承認普通法婚姻的州民眾，可能也不符合適用那些福利的資格，因為他們的州有高度限制性的條款，而他們不符合條件。

美元。彼得房貸利率3%、三十年期，相當於房屋價值的八成。除了這間房子，彼得剛開始將薪資的3%存入401(k)，他能獲得同等比例的雇主配比。他目前的常規資產是16,666美元，換算之後是年收入的1/3。

假設彼得與他的複製人彼得結婚。由於二位彼得能完美共享同一間房子，婚姻讓他們享受同等的住房服務。但是在同居生活中，二位彼得現在只需要一筆房貸。現在，他們也只需繳納一筆年度房地產稅、屋主保險和整修費用。最後，因為同居而出售二套住房當中的其中一套，他們釋放那間房屋的受困資產。至於他們居住的這間房子，我們假設他們打算把房子留給二個未來的孩子：彼得跟彼得，他們從裡到外都跟雙親別無二致。

解決住房成本的問題之後，他們的生活水準會隨著可自由支配支出（從購買商品與服務中享受到的所有消費）產生什麼變化？單身時，二位彼得的可支配支出和生活水準是25,703美元。婚後，他們的生活水準躍升至34,792美元。後面這個數字有考量到當一位彼得花錢時，另一位彼得在某種程度上因共享經濟而受益的狀況。換言之，這是每個彼得的有效可支配支出，因為一位彼得的可支配支出當中的一部分，另一位彼得也能享受到。單身和已婚彼得的生活水準相差35.4%。如果這二位彼得結為伴侶而非結婚，收益會再高一些，來到35.8%。這項差異顯示政府會向結婚的人多收一點稅。

　　不管二位彼得是結婚還是結為伴侶，這裡涉及的都是一大筆錢。光是透過資源分享，二位彼得的生活水準就提高了1/3以上。這是最棒的共產主義，前提是二位彼得不會因為誰沒洗碗而爭執不休。35.4%的數字也反映出他們徹底節省住房開支的能力，以及將兩間住處縮減成一間所帶來的其他優勢與好處。

　　接下來，我們來設想一下三倍彼得和三倍彼得結婚的狀況，其中每位彼得的經濟變數都乘以三倍。在這種情況下，婚姻的收益是34.7%，伴侶關係則是37.4%。所以，三倍要繳的淨婚姻稅比例比一倍更高[*]。

　　那麼，如果是二倍彼得與二倍彼得結婚呢？現在，結婚的收益是34.3%，結為伴侶的收益是34.8%[**]。六倍的複製人婚姻呢？結婚的收益是36%，伴侶關係則為41.7%。這些差異顯示淨婚姻稅的確不容小覷，而富人可能比較適合結為伴侶。

　　這邊有一個重要的教訓：在其他條件相同的情況下，結婚或結成伴侶能讓你與伴侶的生活水準提高**三分之一以上**。當然，這某種程度上也說明為何過去幾乎所有人都以正式或非正式的形式締結婚姻。假設你們不要互相殘殺，分享真的

---

[*] 淨婚姻稅較高的部分原因是替代最低稅，這以不符合比例的方式影響高收入家庭，而且也會影響到複製人婚姻。

[**] 此計算並不包括低收入家庭在結婚時面臨的利益損失。因此，婚姻的收益可能會低幾個百分點。

會有收穫。

婚姻斜坡：往上或往下

　　假如1/2彼得與六倍彼得結婚，他們住在六倍的房子裡，狀況會是怎麼樣？1/2彼得的生活水準有極大改善。與單身相比，1/2彼得的生活水準提高了5倍，住房品質提高12倍。比起跟1/2彼得結婚，他的生活水準提高3.7倍，住房品質依然提升12倍。

　　那六倍彼得呢？他受到一點影響，與單身相比生活水準下降22.2%，因為他必須補貼較窮困的配偶。比起跟自己結婚，他的生活水準下降42.8%。所以六倍彼得在迷戀一個經濟條件遠不如自己的人時，可能要三思。

　　1/2彼得會有灰姑娘般的機運嗎？六倍彼得會願意締結在經濟上如此劣勢的婚姻嗎？當然有可能！的確，許多明確的案例顯示基於收入的對等式聯姻確實存在，換句話說就是有錢人找有錢人結婚。這個狀況也適用於教育程度，因為受過高等教育的人傾向於與受過高等教育的人結婚。但愛情，正如補償性差異的道理，是能克服一切的。再者，二位彼得婚姻中的一人變得越富有，對婚姻當中經濟能力的差距就不會那麼擔心。以一位五十倍的彼得為例。基本上，他對於跟1/2彼得彼得或十倍彼得結婚的經濟風險無動於衷。沒錯，他的生活水準在跟1/2彼得結婚時會降低，但還是夠高、高到他可能不會注意到有減少。

這就是為什麼會有所謂的花瓶夫或花瓶妻：收入低於平均水準，但還是成功嫁給高級富豪。花瓶類型配偶用他們的其他特質來彌補經濟上的不足。如果你還不曉得我在講什麼，可以欣賞1964年的電影版音樂劇《窈窕淑女》（*My Fair Lady*），這部片得了奧斯卡最佳影片獎。奧黛麗・赫本（Audrey Hepburn）飾演的賣花女伊萊莎（Eliza Doolittle），碰到了希金斯教授（Professor Higgins），他是一位優秀、有錢的語音學教授。希金斯教授保證自己能導正伊萊莎腔調濃厚的口音、提升她的字彙量，讓她神不知鬼不覺融入進上流社會。當然，伊萊莎讓希金斯為她傾倒。不過，伊萊莎也受到一名社交名流的追求，他名叫弗雷迪（Freddy Eynsford Hill）。希金斯和弗雷迪之間的競爭是這個故事的重要基調。這讓伊萊莎成為翩翩飛舞的花蝴蝶，讓希金斯為她付出符合市場價格的代價。如果希金斯想和那位對他來說美妙迷人到極點的女子長期生活，他就需要先把代價跟條件談妥。

有些人看不起這種「花瓶」關係。他們可能會說金錢沒辦法帶來真正的幸福。這樣說固然正確，但是，億萬富翁可能也具有成功勝任配偶的條件，例如提供足夠的情感支持、奉獻、理解、耐心以及傾聽能力，我們不該因為有錢而譴責有錢人。世界上有一些非常樸實的人其實都有錢到出油，他們或許是自己辛勤努力工作而有今天的成果，或者是幸運含著金湯匙出生（多數情況是如此）。這些超級富豪將財富拿來做好事，而不是三餐都買魚子醬來配。不過他們肯定也會

享受金錢能買來的東西。至於伊萊莎，她並不是傻呼呼的美女，她知道除了優雅的措辭之外，希金斯還能提供她更多的其他資源。

就算即將結婚的二位彼得收入相當，讓收入較低的一方來專門帶孩子、讓收入較高者負責工作，這或許是比較好的安排。傳統的夫妻分工，也就是一方撫養孩子、另一方賺錢養家，在經濟上或許是比較適切的安排（不過在現代社會，沒有任何經濟原因會使人謹守傳統的男主外、女主內形式）。孩子還小的時候尤其如此，因為育兒成本相當高。事實上，對許多美國勞動者來說，育兒成本超過他們的稅後收入。因此，假如你以全職育兒者來自我行銷，你能賺到的錢可能對你的婚姻銷路沒太大影響。在這種情況下，你跟富人或窮人結婚的機會一樣大。

重點是：如果你要尋找伴侶或配偶，不妨去找一位收入比你高得多的人。沒錯，你貢獻的收入較少，但這在對方眼中可能不重要。你的魅力、學識、勞動階級口音、耀眼光芒、彼此合拍的程度、機智、才華、興趣，和其他許多特質，都可能讓你成為你超級喜歡的人的完美人選，而你喜歡對方也不只是因為他們的錢。

戴上戒指

假如伴侶關係能帶來相同或更大的收益，為什麼還要結婚？與伴侶關係相比，婚姻關係有三大優勢：讓收入較低的

配偶享有離婚保障；收入較低的配偶可能會獲得更高的社安福利；替配偶雙方大幅降低風險。

離婚保障的形式為贍養費，這個議題我會在下一章探討。至於婚姻的社安福利優勢？首先，結婚短短九個月後，你就有資格領取未來的寡婦／鰥夫津貼。此外，在結婚一年後，你和你的配偶就有資格領取未來的配偶津貼。如果你們結婚超過十年，就有資格領取離異配偶和離異寡婦／鰥夫津貼。正如我在 Chapter 3 介紹，根據社安福利計算公式，配偶福利只對那些按絕對價值來看收入很低，且收入比婚姻配偶低很多的人來說有用。另一方面，如果收入較高的配偶（或前任配偶）先去世，寡婦／鰥夫津貼對收入較低（或離異的）配偶有相當大的價值。

以居住在佛羅里達州的貝塔為例。78歲的她每個月會收到 1,500 美元的社安福利，另外還有孩子的資助。貝塔持續和九十歲的菲爾約會。菲爾是個好對象，他身材好、頭腦靈活、開著帥氣跑車、支持塞爾提克隊（Celtics）而且更棒的是，他每月領到的社安福利更高：3,000 美元。這對一位90歲的老人來說相當高，但菲爾一直等到 70 歲才開始領取。

貝塔和菲爾已經穩定交往五年。天氣不太熱的時候，他們會在游泳池裡泡水約會。不然，他們會一起打牌、玩賓果、參加讀書會、打麻將，或者是跟認識的幾對夫妻一起玩猜字謎。貝塔完全不想跟菲爾同居；菲爾也是這麼想的。二人都很重視隱私。不過菲爾很愛、很愛、很愛貝塔，每次

貝塔模仿吉米・杜蘭特（Jimmy Durante）或是唱他最愛的菲兒・奧科斯（Phil Ochs）歌曲時，菲爾都會被逗得樂不可支。

最近，菲爾一直在擔心自己會死掉，怕會沒有人來照顧貝塔。他們的生活過得非常舒適，二個人共享每個月4,500美元的社安福利總和。但是，假如菲爾先上天堂，他要怎麼讓貝塔繼續過原本舒適自在的生活呢？很簡單。菲爾只需要慢慢（**非常**緩慢地）單膝下跪、向貝塔求婚。菲爾還需要活至少九個月，在那之後，他可以安詳離世，確保貝塔能在經濟上得到保障，因為她能以寡婦的身分領取他每個月3,000美元的福利*。

菲爾一直不願意求婚，因為他想把自己的房屋和金融資產留給孩子，貝塔也想把自己的財產留給小孩。這項安排並不難。菲爾與貝塔只需要擬定妥善的婚前協議和遺囑就可以了。此外，社安局只在乎你們是否結婚，不會去管你們到底住在哪裡。菲爾和貝塔能住在各自原本的住處。

正式結婚的第三項財務優勢涉及風險分擔。先不談共同生活的經濟效益，我們再來考慮一下複製人彼得的婚姻。結婚如何協助他們分擔風險？如果他們繼續過著完全相同的生活，那婚姻就沒有分擔風險的功能。但要是他們碰到困難

---

* 社安局會將此描述為貝塔領取她自己的社安退休福利加上多餘的遺屬福利，而這多餘的遺屬福利就等於菲爾的退休福利減去貝塔的退休福利。

呢？當他們遇到難題，會想到結婚誓言裡的「無論是健康還是疾病」這句話。這句話代表當對方需要時，他們必須提供經濟上與身體勞動上的協助。

二位彼得複製人面臨的風險，與我們所有人面臨的風險相同：失業、失去高薪工作、投資收益不佳、意外的自費醫療費用、未投保的財產損失、年齡歧視與殘疾失能等。婚姻都替這些風險提供保障。如果一位彼得發生不好的事，另一位彼得會來救援。反之亦然。比方說，假如彼得失業了，在職的彼得能負擔起二人的生活。二位彼得甚至能在遺囑中指定各自為受益人來分攤長壽風險。這樣一來，假設有一人比另一人長壽，長壽者就能在繼續活著的時候有更多資源可供使用。這也是一個釋放房屋資產的計畫，因為遺屬能花用已故者的被困資產。

二位彼得透過婚姻獲得的免費保險值多少錢？根據我在各項研究報告中的計算，估計是每個彼得一生收入的1/3。換句話說，假如他們得到保險，但失去1/3的未來收入，生活狀況整體來說並不會變糟。

要是二位彼得繼續保持伴侶關係，難道就不能享有這些保險收益嗎？或許，但不能保證。如果健康的彼得照顧生病的彼得，而生病的彼得在臨終前更改遺囑，將他所有的財產轉移給第三位彼得，那比起以死亡彼得的配偶身分出發，伴侶彼得可能更難向新冒出來的第三者提出法律主張。

回顧

羅絲・甘迺迪的愛爾蘭式冷笑話替本章節起了幽默的頭。羅斯出身富貴人家，她為了愛情嫁給甘迺迪總統的父親老喬・甘迺迪（Joe Kennedy Sr.）。這場婚姻得來不易。羅絲的父親「甜心費茲」・費茲傑羅（"Honey Fitz" Fitzgerald）是波士頓的市長，他對甘迺迪一家沒什麼好感。喬的經濟狀況逐漸改善，加上羅絲不斷勸說，甜心費茲的態度終於軟化。經過七年的戀愛，他們終於結婚。隨後，喬的經濟狀況從小康變成富裕。喬去世之後，羅絲也成了一位億萬富翁（以現在的話來描述）。在婚姻這條路上，她確實得到一點錢。

遺憾的是，把目標擺在目前身為或即將晉身為億萬富翁的人身上是有些好高騖遠，市面上根本沒那麼多單身億萬富翁。千萬富翁也是鳳毛麟角。百萬富翁就比較常見了。美國目前有2000萬名百萬富翁，還有更多即將成為百萬富翁的人。其中肯定有一個人在等你。假如你自己就是百萬富翁，那你在進入婚姻或伴侶市場時就能奪得先機。

不過，就算嫁給一位與你收入相當的人，一起生活也能改變你的實際生活品質。讓我回顧一下本章最精彩的重點：

☑ 不管你是19歲還是91歲，只要你單身，就還在婚姻市場上。

☑ 在婚姻市場上代表你用自己的長期陪伴來跟其他人交

換他的陪伴。如果你跟有錢人結婚，生活水準會飛速提升；如果是跟窮人結婚，要有心理準備生活水準可能會大打折扣。

☑ 今天的交友軟體等同於古代巴比倫的新娘拍賣會，我們在會場上的目標是將自己能提供的東西與他人提供的東西相互結合。交易時間不是一個小時、一天或一年，而是直到死亡或離婚。

☑ 跟經濟資本優於自己的人結婚是個很棒的目標。想要追求更多物質的資源或享受並不會讓你變成騙財者。反之，不跟有錢人結婚也不會讓你變成聖人。尋找愛人的時候要特別留意金錢這項因素。如果有人因為你的財富而欣賞你，不要覺得被冒犯，這可能是你最棒的優勢。

☑ 當你與某人結婚，你在這項交易當中得來的是準配偶在財務與實物層面上的資產；現在與未來的收益能力；還有當前與未來的負債。這些都是在選擇與誰相愛時需要了解的關鍵因素。

☑ 無論是正式結婚還是單純結為伴侶，長期共同生活是最棒的金錢魔法。二個家庭單位合而為一時，賓果：你們的生活水準至少會提升三分之一！

☑ 長遠看來，婚姻勝過夥伴關係。婚姻可能代表你們需要繳納更多稅金，但隱含一連串有價值的保險優勢，而婚姻的正式性與合法性都有助於鞏固這些保險優

勢。婚姻還代表收入較低的配偶能獲得重要的額外社安福利。假如你碰到婚姻中常見的狀況，也就是離婚，並且得以領取贍養費，你就能在離婚時獲得保障（雖然贍養費制度有時很不完善，也絕非十拿九穩）。

Chapter 7

付得起錢才離婚

分開要分得公平

> 「結婚是想像戰勝理智。第二次結婚則是希望壓過經
> 驗。」
>
> ——普遍認為出自奧斯卡‧王爾德（Oscar Wilde）

「沒辦法和他們一起生活；沒有他們又活不下去。」這句話概括了美國人的婚姻概況。從一數到十三。當你數到十三的時候，又會有一段在天堂締結的姻緣將在地獄中結束（或至少失敗收場）。這種配偶離異的速度大概是每三小時近300對夫妻離婚、每天6,000多對、每週近5萬對、每年近250萬對[28]。大約有半數美國人的婚姻以破裂告終。但我們並沒有從經驗中學習。第二次婚姻的離婚率為60%，第三段婚姻的離婚率為73%。

有鑒於這些驚人的數字，讓人訝異的是沒有人（至少在一開始）認為這會發生在自己身上。到婚禮現場詢問任何一對新人，問他們是否預期會離婚，沒有人會回答是。經濟學家將這種狀況稱為「非理性預期」，意思是民眾集體相信一些他們知道並非全然真實的事情。非理性預期在生活各領域比比皆是。詢問大學新生他們預期自己的GPA會是多少。一般來說，大學生都以為自己的成績會比大學平均標準分數還要好；問股票投資者他們期望獲得的收益，平均答案都會超過歷史平均水準；問美國人有沒有覺得自己比大眾聰明，三分之二的人會說有。加里森‧凱勒（Garrison Keillor）在長達數十年的《大家來我家》（*A Prairie Home Companion*）

全國公共廣播電台節目的開場中，每次都完美傳達這種過度樂觀的現象。「歡迎來到沃貝貢湖（Lake Wobegon），這裡所有的女人都很強壯，所有男人都很英俊挺拔，每個孩子都優於平均水準。」

談到離婚，我的第一個金錢魔法祕訣是假設你不會表現得比平均值好。這是鐵錚錚的事實：

假設你會離婚。

就連我這麼贊成婚姻的人，竟也給出如此陰沉的建議！我不是才剛花了一整章的時間來強調婚姻帶來的經濟收益嗎？但離婚的數據也假不了。婚姻確實有風險。當一件事情有風險，我們通常會關注最壞的情況，並採取措施來避免或者減輕危害。所以我們才會購買汽車險、健康險、屋主險和人壽險。這也是為什麼我們應該要謹慎駕駛、健康飲食、檢查家裡線路，並且在過馬路時看清楚左右來車。就婚姻而言，最壞的情況應該是永遠分道揚鑣。我接下來會探討如何儘可能讓自己不受離婚影響。我們先從一個最基本的問題開始：離婚真的值得嗎？

你有這麼恨對方嗎？

許多人離婚是因為雙方產生無法彌合的分歧。身材外貌

的吸引力是個大問題。四分之一的離婚是由外遇出軌、缺乏
親密關係、對配偶的身材外貌感到厭倦所造成。另外四分之
一是由金錢問題、成癮或虐待所致。一般來說，剩下二分之
一的人之所以離婚是因為雙方合不來，比方說太年輕就結婚
或為了錯誤的原因結婚。

　　當然，如果你的婚姻關係中有任何一種形式的虐待，你
早就該離婚。言語虐待、身體虐待、情感虐待，不管是哪一
種虐待都無法接受。如果事情沒有那麼嚴重，那要小心離婚
的後果。離婚是世界上破壞性最強的財務力量。如果你今天
為了一個閃亮亮的東西拋下老婆，要確保那個東西是純金做
的。如果你因為受不了這段婚姻而離開，要知道這樣做可能
代表你擁有的可能會**不夠**──會沒有足夠的錢來維持生活水
準。所以在喊停之前，要先替心中的反感標價。具體來說，
問問自己，為了擺脫配偶，你願意犧牲多少目前的生活水
準。

　　假設答案是30%，這代表你願意在數量或質量上少消費
30%的東西，例如住房、度假、上餐廳用餐、娛樂、衣服、
汽車、醫療保健、洗牙、雪茄、汽車、手足美甲。生活水準
下降30%是很高的比例。對，我知道，你的配偶太糟糕，
這樣做或許是值得的。但如果離婚使你的生活水準下降35%
呢？那咬牙忍下去會比分開還要好。不過，要是離婚只會讓
生活水準下降19%，那離婚成本會低於你願意負擔的30%。
在這種情況下，就放膽離婚吧！

簡言之，在你把婚姻毀掉之前：

請仔細進行離婚成本與效益分析。

認真思考離婚的好處與成本聽起來難以實行。要怎麼判斷為了打破神聖婚姻關係而犧牲30%的婚後生活水準是值得的？為什麼這個數字不是22或39？

從根本上來看，評估離婚的益處或許跟評估可能從事的職業、可能承接的工作、可能購買的房屋、可能長期租用的汽車或者可能購買的大衣沒什麼兩樣。你要在評估時帶入自己的偏好。那件華麗的紅色羊毛大衣真的值得300美元嗎？如果你最後決定購買，那答案是肯定的；如果你不買，答案就是否定的。你的決定是基於你對這件大衣的感覺、其價格以及你的資源，你將自己的感覺與這些其他因素整合來做出決定。無論你是否意識到這點，都會將擁有這件大衣帶給你的確切收益與其帳面價格相互比較。你提出一個簡單的問題來得出這件大衣對你的價值：**我最多願意為這件大衣付多少錢？**而評估離婚時，這個問題變成：**我最多願意付多少錢來擺脫這段婚姻？**

當然，重獲自由遠比購買一件大衣還要難評估。如果你們還有小孩，情況就更複雜棘手。離婚會對小孩產生正面或負面的影響嗎？心理學家指出，如果父母停止爭吵、如果父

母在離婚後各自過得很快樂、如果孩子都能夠與父母雙方接觸相處，以及如果孩子在身體與經濟上覺得有安全感，那小孩就能安然適應離婚這項變化。這邊有很多「如果」。然而，多數準備離婚的父母都說孩子**不會有問題的**：孩子會慢慢適應、他們能夠從中恢復、少了緊繃的婚姻關係孩子會更快樂。平均而言狀況或許如此。但最重要的是你的孩子的反應而不是平均狀況。他們會不會在學業或社交上碰到困難？他們會不會出現焦慮、憂鬱、酗酒或吸毒的狀況？假如離婚涉及小孩，無論是在好的還是壞的情況下，他們的幸福快樂也必須和你自己的前途一樣納入考量。

假設你已經全部考慮清楚：整體而言，包含對孩子的影響，如果不影響你的生活水準超過30%，你願意結束這段婚姻。現在你必須衡量這個成本，因此必須仔細思考共同生活的經濟問題。

共同生活之經濟對離婚的成本影響不容小覷

我們先從最理想的共享生活開始談。你和你的配偶道格（超討人厭的道格）的共同生活，開銷就跟一個人單獨生活一樣便宜。在這種情況下，你們結婚後共同花費的每一分錢都能讓你們平等受益。假如道格買了一件襯衫，你也能穿。如果你買了一輛車，他也能開。如果你買來並吃了一顆蘋果，道格也會以某種方式吃到一顆蘋果（或許道格很愛反駁，而這就是你想離婚的原因）。

　　你要如何計算並比較離婚前後的生活水準？這種情況下的計算很直截了當。假設你和道格在可持續的基礎上每年共同花費10萬美元（按通貨膨脹調整），這代表你們結婚時各自的生活水準是10萬美元。為什麼？因為道格的消費就是你的消費，你的消費就是道格的消費。一旦夫妻倆離婚，這種分享就停止。假設你們離婚時的資源，包含你從道格那邊得到的任何東西減去你給他的任何東西，能夠提供4.5萬美元的年支出。這代表你在離婚的那一刻，你的可持續生活水準從10萬美元下降到4.5萬美元。下降幅度是55%，非常驚人。假設你最多願意放棄35%的生活水準來離開這段婚姻，而這次離婚會使你損失55%，那你就繼續撐下去。

　　但當然啦，在現實世界裡你們不可能真的像一個人生活一樣那麼節省。道格身高195，你只有160。你們的衣服沒辦法一起穿。不管他說什麼，你也不願意分享蘋果。你們也不能共享汽車，因為你們都必須開車上班。你們有很多東西不能共享。假設你和道格的生活支出是一個人生活的1.5倍。在這種情況下，你需要將10萬美元除以1.5，你們各自的婚姻生活水準就是66,666美元：你們共同賺取並花費的那10萬美元所產生的共同生活經濟效益，與一個人自己住時賺66,666美元所享有的生活水準相同。現在，你必須將留在婚姻中的66,666美元與離婚後單身的4.5萬比較。這代表只下降了32.5%，還沒超過35%，所以「掰掰，道格！」

　　對你而言正確的共享生活水準係數是什麼？針對住房支

出我的建議是「1」，反映出住房可以完全共享的假設。針對其他所以非住房支出，我認為「1.6」是合理的。如果要計算結婚後的生活水準，你要將住房支出加上除以1.6的非住房支出[*]。

　　我們把這個計算方式繼續套用在你跟道格身上。假設在你們10萬美元的婚姻支出中，有三分之一（33,333美元）是估算租金。加上你們的非住房支出（66,666美元）除以1.6，也就是41,666美元。加總結果是7.5萬美元。這就是你目前的婚姻生活水準。假如你們離婚，4.5萬美元的生活水準會比7.5萬美元少40%。所以呢？根據這種精算，婚姻對你的生活水準打擊太大、你無法承受。所以你決定不跟道格分道揚鑣了。你必須繼續留在婚姻中，沒錯，就貫徹到底，舉辦一場延續婚姻誓詞的儀式吧！

　　重點在此：

計算離婚成本時，

要仔細考慮共同生活的經濟因素。

　　另外要提點大家。如果你離婚了，有四分之一的機會再

---

* 假設你租屋，你的住房支出就是租金和水電費。如果你擁有自己的房子，住房支出就是估算租金（算法請見Chapter 5）加上水電費。

婚。在這種情況下，你可以收回自己失去的共同生活經濟。但別忘了，你只有60%的機率能維持再婚。所以你長期維持再婚狀態的機率只有15%。再婚的不確定性相當高，所以保險起見，離婚後請做好保持單身的打算。

贍養費，怎樣算公平？

本章節的主要目的是協助讀者判斷離婚是否是明智的財務抉擇。你正在努力判斷自己沒有留在該退出的婚姻中，也沒有斬斷應該繼續維持的婚姻。不管是離婚還是繼續留在婚姻裡，不要花錢去換取超過其價值的東西，你才能夠獲得更多財富。

不過，歡迎來到進退兩難的離婚局面。你必須先搞清楚自己會拿到多少贍養費（除了撫養孩子的費用，贍養費是離婚時其中一方為了照顧另一方生活所支付的費用，金額有可能是私下協商而成或是離婚判決中指定的數額），才有辦法計算出離婚是否值得，但除非你先離婚了，否則你不會知道自己能拿到多少贍養費。假設妳——克洛伊——早年都把多數時間拿去撫養孩子、照顧婚姻家庭生活，讓配偶哈利能追求他的教育與事業。現在，經過二十五年的婚姻，高收入的哈利找到一個更好的選擇、想要離開這段婚姻。妳能預期自己會拿到多少贍養費？

這取決於妳離婚時所在的州甚至是郡。聯邦法律中沒有關於贍養費和子女撫養費的部分，只有州與地方的法律會規

定相關事項。請參考 Maritallaws.com。正如大家所見，州法律通常會說贍養費的金額應該考量婚姻長度、你和配偶之間的收入差異、你在婚姻期間的生活水準、孩子的監護權，和子女撫養費的支付。但這些法律只提供大方向，而不是判定贍養費數額的計算公式。而且最後，每個州都讓家事法庭的法官來決定贍養費的有無以及數額。而且其實有95%的離婚案件都是庭外和解。這就顯示出法律費用有多昂貴，以及民眾普遍認為法官可能會根據各州規範來裁定贍養費的觀念。

　　一般來說，贍養費是將婚姻期間獲得的資產與債務進行五五切分。所以當你即將成為前任的伴侶在你不知情的情況下累積龐大債務，你最後有可能會背上一屁股債。另外一個常規是，假如你們結婚時間較長，贍養費支付期間也會較長。有些州在這一點對領贍養費的人較慷慨，其他州則相對吝嗇。

　　如果你是接收贍養費的一方，請注意，假如你再婚或與他人同居，無論新婚配偶或同居人的收入如何，你的贍養費都有可能隨時終止。事實上，假如你真的再婚，可能會受到雙重財務打擊：贍養費終止、無法領取社安福利的離異配偶津貼*。情況還有可能更糟：如果你在60歲前再婚，並且前

---

* 如果你與新任配偶離婚或者新任配偶死亡，你就能重新開始領取因再婚而失去的社安福利。

任在你們離婚後去世，你就不能領取社安局的離異寡婦／鰥夫津貼。這些針對再婚離異配偶和寡婦／鰥夫的社安福利限制，是社安福利規定中超級性別歧視的一部分，這點在 Chapter 3 已有談過。贍養費也可能在你前任決定退休時終止，這要取決於你在和解中同意的意外情況，或是法律裁定的離婚協議變化而定。這絕對是一項離婚的金錢魔法祕訣：

> 同居有可能導致贍養費終止，
> 再婚可能會使贍養費與社安局的離婚配偶津貼終止，
> 而 60 歲前再婚
> 有可能無法領取社安局的離異寡婦／鰥夫津貼。

你能期望得到多少贍養費？

至於你可能收到的贍養費數額，各州要求的付款金額有很大差異。先從麻薩諸塞州開始，該州在 2011 年頒布新的離婚準則，部分是基於著名的金斯堡公式（Ginsburg formula）。此公式是由艾德華・M・金斯堡所制定，他是米德爾塞克斯遺產與家事法院（the Middlesex Probate and Family Court）的退休法官。麻州的法律規定了一般（定期）贍養費、更生式贍養費、補償性贍養費以及過渡期贍養費[29]。

一般贍養費是我們通常比較容易想到的贍養費，也就是配偶一方定期向另一方支付費用長達一段時間（如果不是無

限期）。更生式贍養費是短期的，目的是協助配偶改善其收入能力。補償性贍養費補償配偶的特殊犧牲，例如放棄自己的職業來扶持另一位配偶的發展。過渡期贍養費則適用於短期婚姻，協助收入較低的配偶回到婚前的位置與住所。

我們來看看麻州法律針對哈利與克洛伊給的建議。他們都60歲，已經結婚25年。他們沒有小孩。上週，哈利投下一顆震撼彈。他說自己遇到一位讓他心醉神迷的對象，想要跟克洛伊離婚。哈利的收入是12.5萬美元，克洛伊是2.5萬美元。假設他們要分割資產，麻州的準則會宣判克洛伊應該要領取贍養費，金額相當於他們收入的10萬美元差額的35%，也就是3.5萬美元。

其他州，比方說德州，就參考1/3、1/3、1/3的規則。他們會把哈利跟克洛伊的收入加起來，分配1/3給稅金、1/3給哈利、1/3給克洛伊。所以，克洛伊的贍養費會是15萬美元的三分之一減去克洛伊的2.5萬美元收入，最後她能拿到2.5萬美元的贍養費。這比麻州的數字少29%。在本案中，金斯堡的公式產生了41,667美元的贍養費。美國婚姻律師協會（The American Academy of Matrimonial Lawyers）有他們自己的公式，他們會將哈利要付的贍養費金額判為32,500美元。在亞利桑那州的馬里科帕郡（Maricopa County），他們將贍養費定為28,500美元。加州聖塔克拉拉郡（Santa Clara County）將贍養費判為3萬美元。堪薩斯州的詹森郡（Johnson County）認為23,500美元才是對的。

大家應該曉得了，我們把這個祕訣寫下來吧：

希望贍養費金額的判定是公平的？
好好選擇要住在哪個州／郡吧。

另外，請儘早做出這個決定。如果哈利和克洛伊一直住在德州，但克洛伊想在麻州提出離婚，她需要在那裡登記居住，這大概需要一年時間。即便等到她在麻州確立居住身分，假設依然居住在德州的哈利也有可能早就在當地提出，或者依然能夠提出離婚。在這種情況下，各州的法官將共同決定離婚的地點。這對夫妻在一起生活時間最長的州可能會被選為離婚地點，但只是「可能」而已。聘請一位頂尖的離婚律師可能有辦法讓法官找到不同的答案。

贍養費將持續多長時間？

贍養費會維持多長時間？我們繼續假設哈利與克洛伊生活在麻州。根據麻州的法律規定，如果他們結婚未滿6年，贍養費會持續他們結婚月份的50%；結婚6到10年則持續60%；10到15年則持續70%；15到20年是80%。如果他們結婚超過20年（這對不快樂的夫妻就是如此），贍養費會永久持續。然而，永久可能也不是真正的永久，而是直到哈利達到社安制度的完整退休年齡。所以，你每等一年才與收入

較高的配偶離婚，就會限縮你可能領到贍養費的時間。

由於完整退休年齡是67歲，哈利需要支付27年的贍養費。將27年乘以每年3.5萬美元，根據麻州的準則，我們能算出87.5萬美元的終生贍養費。但是對於住在德州的哈利與克洛伊來說，婚姻不滿5年沒有贍養費、10到20年有五年的贍養費、20到30年有七年的贍養費，而超過30年有十年的贍養費。由於哈利與克洛伊剛結婚25年，哈利只需支付七年的費用。七乘以2.5萬美元是17.5萬美元。所以，如果這對夫婦在德州離婚，克洛伊很有可能只會收到麻州數額五分之一的終生贍養費！

假設哈利與克洛伊在結婚9年又364天後正式離婚，也就是社安制度規定（如果要依據前任配偶的收入領取離異配偶福利或者離異寡婦／鰥夫福利）結婚滿十年的前一天。這樣一來，除了微薄的德州贍養費之外，克洛伊領到的終生社安福利又會大幅減少。

這裡的教訓在於：

不要太早或太晚離婚。

除非你的配偶想要再婚，否則就社安福利制度而言，法律沒有規定你們必須離婚。克洛伊應該盡量推遲離婚的時間，來滿足社安離異配偶福利規定的十年結婚時間。等久一

點再離婚也有可能會提高贍養費的金額以及支付期限。另一方面，克洛伊可能也想把握時間來拉長領取贍養費的時間，因為再過七年哈利就要67歲了。

哈利也有理由等十年後再離婚。任何能協助克洛伊的事，都會減少哈利在未來照顧她生活起居的壓力。另一方面，哈利可能也想盡快離婚來降低他需要支付的贍養費。

平均而言，以離婚告終的婚姻通常只會維持八年。大約有12%的離婚發生在結婚後五年內，而約有四分之一發生在第一個十年內。所以，幾乎每四個離婚的人當中，就有一個人放棄長期的社安離異配偶福利或潛在的離異遺屬福利。而且，他們更有可能根本就不曉得有這種福利。

聘請離婚律師的代價與風險都有可能相當高

如果你決定離婚，然後跟配偶二人各自去找律師，所有參與的律師都會高興地摩拳擦掌。你們讓他們有強烈的動機去打法律訴訟。他們纏鬥的時間越久，能收取的費用就越多。幾個月或幾年後，你因離婚而需承受的巨大財務損失，會因為高額的律師費而急劇增加。最後，你們的爭執可能會在家事法庭落幕。在法庭上，法規基本上有無限的權力來判定贍養費要怎麼算。

法官有可能偏袒其中一方，事實上也真的是如此。他們和其他人一樣有根深柢固的偏見，比方說沙文主義、種族主義、宗教偏執以及政治傾向。來到法官面前，法官可能會透

過取證程序和直接審問來了解你和配偶的一切，例如收入、資產、消費習慣、賭博、肉毒桿菌治療、有線電視方案、飲酒習慣、婚外情、健康狀況、育兒能力、工作史，完全不會幫你們保留任何隱私。

假如你會在週末到昂貴的鄉村俱樂部打高爾夫球，把配偶跟孩子晾在家裡，法官可能會認定你是個混帳（你本來就是），然後讓你支付更多或領取更少贍養費。如果法官認定你在衣服、個人用品以及水療方面的花費比配偶多，那你有可能會在贍養費的判定過程中被扣分。有些法官可能就是不喜歡你的長相、風格、態度，或者只是討厭你的職業。

多年前，我參加一場令人難過的離婚審判，兩造都是我非常熟識的朋友：一位經濟學家丈夫和一名律師妻子。我不是去那邊選邊站的。二人當中的其中一人熱切地請我去提供精神支持。審判是在一年左右的離婚程序之後進行，除了單獨之外也有聯合會談，每次都是由頂尖（高價）律師居中斡旋。

法官請丈夫出庭作證，劈頭就詢問他的工作，發現他在哈佛法學院教法律經濟學，之後整場審訊就有點失控了。他顯然不喜歡經濟學家，更遑論那些自以為可以教法律的經濟學家，而且任教學校還是哈佛。法官開始大肆撻伐我那位經濟學家朋友，用各種與離婚糾紛無關的問題來轟炸他，法官作出裁決時，他基本上是站在妻子那邊。不過，判決結果顯然是在這對夫妻打從一開始就設想到的範圍內。兩年的訴訟

費用對雙方來說都是損傷。雙方的律師都說他們能拿到的絕對不只這樣，他們二人也如此認為。

教訓是什麼？

避免昂貴的法律離婚戰爭，

因為這場戰爭可能會在法官任意裁決之下落幕。

在你和配偶都沒有聘請律師的情況下，要怎麼離婚？一個答案是靠商業軟體來解決*。第二個答案是聘請一名離婚調解員，這位人員能和你與配偶一起處理所有文書工作。調解員能告訴你假如有法律糾紛，你有哪些處理方法。這樣你們就能以切合實際的角度來了解自己能向對方提出哪些合理要求。但你需要一個參考基準來了解多少贍養費算是公平的。這讓我想到……。

多少贍養費算公平？

信不信由你，審理我朋友的離婚案件的地方法官，就是前面提到的傳奇人物金斯堡法官。由於我當時想要開發一款軟體來協助離婚夫婦公平調解，所以在這對朋友宣告要分開之前，我就已經對金斯堡的贍養費計算公式有所了解。他

---

* 我的公司在 Analyzemydivorcesettlement.com 上銷售離婚軟體。

們的案子是由金斯堡來審理，這點讓我非常驚訝，但對妻子的律師來說並不意外，他似乎已經把這個案子引導到這個方向。我發現金斯堡法官在他的判決中偏離金斯堡公式。法官無法控制個人情緒這點也讓我錯愕。

我對金斯堡法官的公式以及全國各地差異頗大的贍養費準則感到好奇。我還想知道金斯堡是如何建構出這條公式的。是用數學方法算出來的嗎？還是天馬行空隨便亂掰的？法官的公式或其他州和郡的規範是否有任何原則基準？公平對待雙方的想法，怎麼會因為他們住在州界的這邊或那邊而有如此大的差別？

好奇心驅使之下，我聯繫法官，告訴他我觀察了這場審判，並且有一些問題。我們共進午餐，也進行一場非常有趣的對談。聊到最後，我發現法官顯然是以多年的裁決經驗以及個人對公平正確的認知為基礎導出這項公式。但是他並沒有遵循任何公平原則。而至少在我看來，他的經驗法則過於粗糙，無法在大多數案件中實現公平。

結束午餐會面時，金斯堡法官對經濟學家的觀感恐怕不會更好了。我向他提出建議，說贍養費的正確分配法應該是要平衡配偶雙方離婚後的生活水準，並且根據配偶一方工作時間更長或更辛苦、配偶雙方的最大餘命、誰負擔撫養孩子的主要責任以及其他因素進行調整，尤其是針對婚姻住處的處置。

法官發現我的方式很有趣，但堅稱他的公式也能推導出

極為類似的結果。我敢保證,所有州和郡的贍養費準則制定者都有類似感覺。他們都認為自己的解決方案基本上對所有人來說是公平的。但是,無論「公平」的定義到底是什麼,他們的公式與規範之間差異如此顯著,怎麼樣都不可能是公平的。

此外,不管是正式還是非正式,這些判斷贍養費的公式或指南都有兩大問題。第一個就是它們都沒有明確目標,所以我們沒有理由相信他們建議的贍養費解決方案是合理的。再者,那些規範也忽略了基本要素。如果你知道有哪些要素被遺漏,你可以在審理過程中正式提出,希望最後能得到比較公正合理的裁決。

說到底,如果你和配偶能想出一個雙方都認為公平的安排,而法官也判定這是公平的,事情就搞定了。所以我建議在找來第三方介入之前,先試著自己制定一個暫定的離婚協議,因為第三方可能沒有顧慮到你的最佳利益。這項協議應該是暫定的,因為不管是找調解員還是律師,你們雙方還是會希望跟一位專門處理離婚的人員確認諮詢一下,確保雙方都完全理解自己提供或接受的東西,確定自己答應的條件在理性的情況下看來確實是公平、可接受的。

贍養費的合理目標是什麼?目標不是複製你目前的生活方式。考量到結婚的所有經濟優勢,離婚代表你再也不能負擔得起結婚時的生活方式了。如果你們剛結婚兩週,你們應該各自打包走人,分別在阿拉斯加度假一個月,在那裡登

記居住，然後離婚。一個更快速的選擇是在美國領土關島離婚。就算沒去過關島，你也能在關島離婚[30]。

現在，假設你們已經結婚三十年。到這個時候，你們已經做出各種共同的決定以及互利的投資。你們實際上已經締結財務合夥關係。實行共同財產法的九個州就是採取這種立場。離婚時，根據這九個州的規定，在婚姻存續期間獲得或產生的所有資產和負債，將由配偶雙方平均分配。其他州則規定，夫妻雙方的合併資產應在「公平分配」的基礎上進行分割，也就是說實際數額有待商榷。未來勞動力的差異如何處理？這是贍養費判定當中的關鍵因素。

克洛伊能夠對哈利未來的勞動收入提出公平的主張嗎？假設答案是肯定的，或許是因為克洛伊放棄更高薪的工作，在哈利進行職業進修時讓家庭經濟狀況保持平穩；或者是克洛伊繼續做一份薪水較低、相對較保險的工作，來讓哈利去承擔高風險做一份報酬較高的工作。

哈利可以直接將他勞動收入的一半給克洛伊，然後繼續前進。但這樣公平嗎？離婚後，哈利必須支付更高的稅金。另一方面，他也會獲得較高的社安福利，雖說這也能同時幫到收入較低的克洛伊，因為她能領到離異配偶和寡婦福利（因為基於他們的年齡與婚姻長度，她已經滿足領取此福利的必要條件）。如果配偶的年齡不同，情況會更複雜。給予年輕配偶與年長配偶相同資源，可能代表年輕配偶會過著較匱乏的生活，而年長配偶未來能以較奢侈的方式過活。怎麼

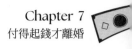

說？因為年輕配偶必須將拿到的錢分攤到更多年份。

我對離婚的建議

　　無論你們是結婚三十天還是三十年，我的建議都適用：做其他決定之前，先討論出什麼樣的分配比例對二人未來的生活水準是公平的。如果你們已經結婚三十年，可能會同意一比一的分配。換言之，配偶雙方都能負擔同樣的生活水準直到餘生。如果你們才結婚三十天，可能會同意各自的生活水準分配比例應該剛好跟未婚時一樣。如果你們已經結婚十二年，可能會認為1.5比1是合適的，收入較高和工作較努力的配偶生活水準，比收入較低的配偶高50%。

　　一旦做出這個基本的公平決定，算一下你和配偶在沒有任何贍養配的情況下，自己能夠在最大壽命年限中花多少錢。假設所有的淨資產都轉化為現金（房子賣掉等等），夫妻雙方各得到一半，再加上未來的淨收入（稅後）以及社安福利與其他收入之現值總和。扣除任何分配給對方的任何未來必要支出，比方說子女的大學學費（確保在計算之前將所有未來的金額轉換成現值）。

　　下一步是將你們每個人一生的淨資源（共有資產當中屬於你的那部分，加上你未來的勞動收入和其他未來收入的總和，扣除你未來的稅賦和任何未來必須支付的費用），除以你的最大壽命年限。

　　這樣一來，你們雙方都會得到一個數字：離婚後的暫定

生活水準。如果這些暫定數額的比例不符合你們談好的公平比例，可以試試看不同的年度贍養費數額：從付款人的終生淨資源中扣掉一個數字，把這個數字加到受款人的終生淨資源中，直到隱含的年度和可持續生活水準比例符合你們商定的結果為止。

　　算出能帶來公平生活水準比例的贍養費數額之後，你還會想要針對其他因素做一點小調整。你們需要判斷雙方未來還會工作幾年，並以這個立場出發來判斷怎樣算公平。換言之，你們或許會同意會花更多年在高壓力、長時間狀態下工作的配偶，應該要有相對更高的生活水準。或許配偶有其中一方在短期內需要更多現金來買房，而另一方會租屋租個幾年。或者，配偶一方想放更多錢到退休帳戶，但沒有足夠的流動資金。替缺乏流動性的配偶提供更多資產、但減少贍養費，該配偶能在不減少另一位配偶的福利的情況下獲得更好的生活。此外，任何降低配偶其中一方之未來稅金的舉措，都能讓配偶雙方在一段時間內透過調整贍養費來增加支出，使雙方的生活水準恢復到目標比例。

　　在沒有律師以及法律開庭費用的情況下，這種協商方式的好處在於能在釐清到底該如何公平分配之前，先搞清楚什麼叫公平。一旦你們對公平的贍養費數額有大致的把握，就能立刻開始合作、提高各自的生活水準。每項改進都能讓你們**雙方**生活變得更好。

　　讓我來總結這個實現公平以及友好離婚協議的祕訣：

就你們的相對生活水準達成共識，

然後確定贍養費或其他資源的分配來達成這個結果，

並讓雙方儘可能過上不錯的生活。

在規劃自己的離婚協議時，還有一件事要注意：一定要設想到意外情況。假設付款人死亡、失能或者失業怎麼辦？這些結果都會影響未來的贍養費支付與接收。一種可能是付款人取得人壽保險和失能保險來保護受款人。這項安排所衍生的費用，必須一併算在付款人的生活水準當中作為一項必要開支。如果付款人出於不可控原因而無法支付贍養費，協議也能夠重新協商。

透過婚前協議來規劃婚後財產歸屬

婚前協議基本上是進階版的離婚協議，其中會規範如果雙方分手要怎麼處理。大約只有10%的愛侶會在「我願意」之前簽訂婚前協議。我的建議是，假如你準備結婚，請成為那10%的其中一員。諷刺的是，明確規範離婚之後雙方的義務與責任是什麼，搞不好會讓你們不願意走到那一步。

想像一下，你的未婚妻南希希望你能扶持她接受葬儀訓練，這需要大概4萬美元。她還想要跟你一起投資一輛5萬美元的全新凱迪拉克XTS靈車。她說這輛靈車也能當成露營車用，因為後方有足夠空間能拿來躺平睡覺。哦，對了，

她還希望你去買一輛價值6.5萬美元的活動式房屋，能拿來當成殯儀館使用。她的計畫是將活動式房屋掛在靈車上，這樣就能在各地移動、舉辦葬禮。儀式結束後，參加儀式的來賓會在墓地下車。

你必須借一大筆錢才能完成這項任務，你當然會猶豫不決。假如這段婚姻在你出錢投資這些東西之後結束了該怎麼辦？你不想繼續負擔南希的學貸、靈車貸款以及活動式房屋貸款。這就是婚前協議的功能。你們可以規範說假設雙方離婚，南希需要支付跟她事業相關的所有貸款費用，也就是所有超出靈車、活動式房屋跟剩餘的甲醛之銷售價值的金額。你依然是貸款的簽字人，但她能在一段時間之內還你錢。

經過多次討論，你和南希草擬並簽署這份非比尋常的婚前協議。很棒的決定！但在你不知情的情況下，永遠都在想辦法撈到更多好處的南希，其實心裡有個備案：跟麥克墨菲殯儀館（McMurphy Funeral Home）的接班人私奔（其特色是一個閃爍著「準備好了，等你來！」的霓虹招牌）。

你還可以在婚前協議中列出什麼條件？你可能會想要指定保留那台1951年的捷豹XK120、珍貴的火鍋、珍藏的Xbox、你的十二弦Gibson SG以及心愛的吉娃娃Gigi。

那你的儲蓄帳戶或退休帳戶以及你持有的特定房地產物業呢？你能在婚前協議中保有這些財產嗎？當然可以。這就是協議的主要目的：將特定金融資產保留在離婚分割區以外，讓你有權隨自己的意願來處理這些資產。這對於晚年的

第二次或第三次婚姻特別有用，因為你可能在第一段婚姻中育有子女。在這種情況下，你或許想替子女保留特定資產（在你活得不長、用不到這些錢的情況下）。在此，再次透過正式書約來解決這些問題，無論以婚前協議或者是遺囑或者是雙管齊下的方式，都能讓你的孩子在財務層面不會對你的新配偶心懷芥蒂，你配偶的孩子也不會在財產規劃上對你處處提防，這點好處多多。

這就帶出我最後一個離婚祕訣：

婚前協議是大家的好朋友，
它能讓你在離婚時有所保障、
讓你在未來免除一些衝突，並讓孩子感到安心。

回顧

我們腦中充滿浪漫的幻想，幻想著跟完美的伴侶結婚，想像能從此過上幸福快樂的生活。假如婚姻以離婚收場，我們往往會深受打擊。正如尼爾‧薩達卡（Neil Sedaka）的歌曲所言，分手往往非常困難。

　　分手不容易，但半數人還是選擇分開拆夥。提前意識到這點，假如你的婚姻出現問題，就不會在經濟以及心理上徬徨不安。以下經驗或許能有幫助：

- ☑ 婚姻當中本來就有變數。婚姻需要不斷維繫照料才能穩固。不要把婚姻當成理所當然，否則你會跟半數美國人一樣落得離婚的下場。
- ☑ 婚前協議能在你真的離婚時提供保障。同時，雙方也會在婚前協議的規範之下互相投資，並讓婚姻在這種安排之下更穩固強健，避免走到離婚那一步。
- ☑ 離婚的經濟成本非常高，其中一部分是律師費用。你可以透過調解或合作來擬定離婚協議，從而免除律師費用。但除此之外，離婚也會讓你失去伴隨同居而來的龐大共同生活經濟益處。
- ☑ 離婚看似主要是關乎情感，但是你能透過一些方法將情感轉化為金錢，這樣就能將離婚的好處與其經濟成本相互比較。

☑ 離婚的第一步是判斷離婚是否值得。問問自己，從降低的生活水準來看，你願意付出多少錢來擺脫現任配偶。這個數字可能不小，但依然低於離婚需付出的成本（就算不是遠低於），這種情況下請留在草沒有那麼綠的地方。

☑ 如果要計算離婚的經濟成本，你需要計算出離婚後的生活水準，並與婚姻生活的生活水準相互比較。

☑ 你離婚後的生活水準可能大幅取決於你支付或收到的贍養費金額。所涉及的金額與支付時間，會因為你離婚時所在的州而有差異。某個州判定的贍養費可能會比另一個州慷慨五倍。所以，請仔細考量你選擇居住的州，因為這是你或許會離婚的地方。

☑ 結婚時間越長，支付或收到贍養費的時間就越長，除非你接近退休年齡（不然情況完全相反）。

☑ 如果要離婚，請結婚十年後再離婚，這樣才能領取高額的離異配偶與離異寡婦／鰥夫福利。這不代表你們必須同居滿十年。

☑ 在聘請律師和打離婚官司之前（這可能會對你和子女帶來永久的創傷），試著共同擬定一個公平的生活水準比例，先不要去想要如何達成這個目標。確定這個比例之後，你就知道要如何計算必要的贍養費數額以及其他資源分配的比例。

Chapter 8

不要為了大學而貸款

風險太高

　　幾年前，我在波士頓大學開一門個人財務方面的課程。一開始我就介紹消費平滑曲線和其他經濟學原理，然後再進入正題，闡述應該要如何實踐這些經濟學概念。在課堂上教的，其實跟我在書中傳達的概念相同：償還高利率的個人債務，不管是信用卡餘額、汽車貸款、房貸還是學貸，都是最棒的投資。

　　由於受眾是大學生，我把重點擺在學貸上。

　　「超過三分之二的大學生（弱勢族群的比例更高），會靠學貸來資助學業與教育。他們總共欠下高達1.6萬億美元的債務。他們的父母以其子女的名義欠下高達1,000億美元的貸款。那些借錢上大學的人當中，有一半在畢業二十年後還沒還清學貸。此外，也會有學生私下跟父母借錢唸書，就算法律上沒有義務，他們在道德上還是覺得自己有義務要還爸媽錢。」[31]

　　為了讓概念更具體，我詢問50位學生他們是否有背任何學貸，大約有40人舉手。接著，我問他們貸款利率是多少。他們的答案從高到非常高，再到宇宙無敵高。我問每個人，欠超過一萬美元以上的請舉手，在場有很多人立刻舉手。

　　「好，如果你欠超過三萬美元請繼續舉手。」多數人的手仍高高舉起。把數字提高到六萬美元以上，現在只剩三分之一的手還舉著。我繼續往那個看不見光明的方向走，直到金額超過十萬美元。這時只有瑪德琳（非本名）的手還半舉

在空中。她手臂彎曲的幅度彷彿喊著：「拜託，不要！」

我應該要停在這裡。我已經侵犯學生的隱私了。但我問瑪德琳是否介意告訴全班她欠了多少學貸。她說12萬美元。

我傻眼，只能用我想到最專業的經濟學術語說：「嗯，呃，啊啊，呃，嗯，天啊，那，呃，好像有一點多。」

然後我試圖合理化瑪德琳的情況。「我並不驚訝，雖然波士頓大學有很多獎學金和助學補助，但根據學費來看，依然是全美國最貴的幾家大學之一。當然，好處是能上我這種老師開的課。」最後這句話說得特別平淡。

焦點又回到瑪德琳身上。「妳介意告訴我妳的主修嗎？」希望她的主修跟能賺大錢的產業相關，例如商業界。

「藝術史。」

「噢，嗯，呃，啊啊，呃，嗯，天啊，那，好像不是收入最高的產業。而且你是高年級生，準備要就業了？」

「沒錯。」

此時，我不小心講出讓她尷尬的話。「有任何工作機會嗎？」

尷尬的沉默之間出現深深的嘆息聲，瑪德琳的表情出現各種尷尬、憤怒、絕望的情緒，最後是無法遏止的抽泣。淚水不斷從臉龐滾下，瑪德琳說她在自己的領域投了幾十份求職申請，但沒有找到任何工作。多數申請都沒有得到回音。

　　這段經歷我至今仍耿耿於懷。我在課堂上與下課後都鄭重向瑪德琳道歉。但傷害已經造成，不僅是因為她在全班面前崩潰，我發現瑪德琳也在經濟上受到傷害。藝術史當時的平均薪資約為3.5萬美元。瑪德琳的各種貸款平均利率約為5%。在二十年內還清這些貸款，需要每年向她的聯邦和私人貸款人繳納1萬美元。沒錯，這個還款額還算適中，而且會隨著時間推移被通貨膨脹稀釋。但這依然占瑪德琳藝術史職業稅後收入的一大部分。假如她不跟父母同住、沒有嫁給腰纏萬貫的人，或是沒有神的干預，瑪德琳到頭來就是為了一個她負擔不起的藝術史職業借了太多錢。

　　這個章節涵蓋幾個相互連貫的主題，結論就跟我在標題中所說的一樣：不要為了上大學而借錢！這些主題涵蓋以下內容：

+ 學生債務的規模，或者說未知的規模；
+ 高到令人難以置信的大學肄業比率，這大幅度放大借貸的風險；
+ 不同類型的實質就學援助（助學金、獎學金和工讀）以及虛假的就學援助（學貸）；
+ 試圖拖欠償還學貸的可怕代價；
+ 大學學費的天文高價；
+ 帳面價格與實質大學費用之間的潛在巨大差異；

✦ 藉由增加每單位教育支出所獲得的教育，以及減
　少每單位教育所支出的成本，來降低大學淨成本
　的方法；

✦ 如何在大學之間做選擇，以及；

✦ 哪些貸款最便宜，以及如何比較常規和薪資驅動
　的還款計畫。

　我會探討其中的每一個主題，但市面上也能找到更細緻
的討論分析，例如羅恩・李伯（Ron Lieber）暢銷書《你為
大學付出的代價》（*The Price You Pay for College*）。李伯是
《紐約時報》的頂尖個人財務專欄作家。

大學生產生多少學貸？

　瑪德琳借的學貸是極端例外，也有可能不是。今天的大
學生在畢業時，平均有將近3.3萬美元的正規學生貸款[32]。
大約1/7（超過14%）的人欠下超過5萬美元的債務[33]。這些
高額學生貸款占未償還學貸總額的一半以上。老一輩的學生
平均欠下4萬美元的正式學貸。這包含研究生培訓的貸款，
以及過去未支付或推遲支付的貸款利息累積。

　許多人到了60歲還在償還學貸。即使他們不是在還自
己的大學學貸，也有可能產生或支付聯邦直接貸款（Direct
PLUS），其中包含針對研究生和專業學生的Grad PLUS貸
款，以及讓父母與祖父母幫助子女和孫子女上大學的Parent

PLUS貸款*。近年來，Parent PLUS貸款急劇增加，現在占聯邦贊助之學貸的四分之一。截至2020年，Parent PLUS貸款的未償餘額超過一千億美元[34]。

這些貸款最大的問題是，到底**誰才是真正的借款人**，是父母（或祖父母）還是孩子？沒錯，父母在法律上有義務還款。他們的姓名和簽名都在貸款文件上。但是，父母可能會把每個月的還款帳單交給孩子來付。在這種情況下，Parent PLUS只是子女利用父母作為中間人的額外借款。誰才是真正的還款人？這個問題之所以不容小覷，有二個原因。首先，父母能夠借到大學的淨價格金額。如果淨價很高，父母可能會借入高額資金，並期待孩子能夠負責還款，而孩子有可能沒有完全意識到隨之而來的義務。

更糟的是，Parent PLUS貸款的利息幾乎是直接、無補貼的聯邦學生貸款利率的二倍。如果還款需要數十年，那每一美元的Parent PLUS貸款基本上大概就等於兩塊美元的直接學生貸款。

孩子欠父母多少錢的隱憂，還不僅限於Parent PLUS貸款範疇。父母可能會透過其他方式來「協助」孩子上夢想中

---

* 父母和祖父母能夠以自己的名義貸款，幫忙資助子女或孫子女接受高等教育。你會認為他們的信用風險比孩子或孫子更好，並獲得更好的借款利率，但Parent PLUS貸款收取高額申請費，利率也遠高於標準聯邦學生貸款。一個人能借來支付學費的金額沒有上限，所以父母和祖父母能自由借貸，借到甚至超越他們還款能力的金額。而且，如果他們在還款前死亡，政府或私人學貸機構會在第一時間從他們的遺產中收回貸款金額。這代表他們的孩子或孫子最後會成為還款人。（Credit Summit, "Student Loan Debt Statistics—Updated for 2020"）

的大學，比方說將房子拿去再融資、申請二次房貸，或者是動用自己的退休儲蓄。即使他們不期望孩子償還，還是有可能含蓄地迫使孩子償還。除非父母降低自己的生活水準，否則當他們去世時，留給孩子的財產會更少，因為錢都拿去償還 Parent PLUS 貸款了。

由於沒有人收集關於子女欠父母的學生貸款數據（相對於禮物），我們根本不曉得目前的美國年輕人和中年人背負的實際債務數額。我們所知道的是，剛畢業的大學生平均3.3萬美元的**正式**債務，並不包含他們欠父母或祖父母的錢，所以大學畢業生實際負擔的債務規模可能遠不止如此。

華盛頓特區的美國大學（American University）提出的研究數據就說明這個問題。許多美國大學新生的父母利用 Parent PLUS 計畫借款。到畢業那天，有15%的人已經代替孩子借了6萬美元以上 *。這些父母的孩子很有可能在畢業時背負3.1萬美元的史塔佛貸款（Stafford loans，一種直接提供學生的聯邦貸款）。這是一個人在四年內能透過該計畫借到的最高金額。由於史塔佛貸款的利率比 Parent PLUS 的利率低得多，家長很可能會讓孩子在借高利率的貸款之前先借滿史塔佛貸款的限額。因此，假如父母明示或暗示孩子償還 Parent PLUS 貸款，15%的美國學生在畢業時就會有超過9萬美元的債務！

---

* 這還不包含遞延利息。

所以說，雖然瑪德琳是我班上唯一一個背負六位數正式債務的人，但假如她的一些同學幾乎也欠了政府和家人這麼多錢，我其實也不會太意外。

有極高比例的大學生從未畢業

有很大一部分花在大學支出上的錢最後完全浪費了，而這點也讓過度借貸來資助基本上無法負擔的大學開銷之行為更讓人擔憂。

以下是最令人震驚的大學統計數字：經過六年時間，有四成的大學新生還沒畢業，而且很可能永遠不會畢業[35]。更慘的是，多數人肯定是借學貸來享有這個輟學的特權。

每年約有1,500萬名大學生新鮮人，他們不曉得其中有600萬人不能畢業，但他們堅信自己能完成學業。為了改善那種不了解實情或對大學有錯誤幻想的狀況，美國教育部應該強制大學在錄取通知書中提出以下警告：

警告——
我們有2/5的大學新生永遠不會畢業！
付錢上大學是高風險行為，
更遑論為了上大學而借錢了！

　　這份警告可能會改變一些行為。我們當中沒有多少人會在知道自己空手而歸機率是2/5的情況下，高額借款來參加一場高風險的撲克遊戲。話說回來，我想大學中輟生也不是完全空手而歸。在他們離開大學校園之前，還是有可能從了不起的老師那邊學到很棒的東西。但如今，這些很棒的東西也能免費在網路上從了不起的老師那邊學到。

　　教育部並沒有提供相關數據。但這確實有助於你了解你考慮去讀的學校輟學率是多少。教育部網站（Collegescorecard.ed.gov）總共納入5,700多所教育機構，其中多數是職業學校。名單範圍從Toni & Guy美髮學院到史丹佛大學都有。多數機構都公告他們的畢業率以及轉學率，你可以從中推斷出輟學率。

　　雖然你可能沒有這樣預期，但輟學率高的大學在學術上未必更加嚴謹。以麻薩諸塞大學為例（我老婆布麗姬特念完大一就離開該校了），其輟學率遠高於鄰近的阿默斯特學院（Amherst College）。這不代表麻薩諸塞大學的學術要求更高，這反映出不同學生群體有不同的經濟資源與教育興趣。以布麗姬特的案例來看，她覺得自己當時還沒有成熟到可以讀大學。度過大一的派對歲月之後，她前往科羅拉多州，當一個在滑雪勝地打零工來賺錢滑雪的打工仔（她這樣描述自己）。三年後，她回到麻州，做過幾份工作之後認定物業管理是她想做的職業。她花了兩年時間白天工作，晚上唸書考試取得物業管理文憑。

在整段職業生涯中，布麗姬特管理波士頓最高聳的幾棟辦公大樓，並替國內兩家頂級科技公司工作，而她的收入遠超過典型麻薩諸塞大學畢業生（也超過阿默斯特學院畢業生）。她的經歷就像 Chapter 1 中 CJ 的故事一樣，讓我們知道其實要擁有成功的事業有許多途徑。這還點出一個很重要的大學金錢祕訣：

如果你已經開始讀大學，

但發現大學根本不適合自己，

那早點退場吧！

如果你對大學沒把握，就不要投資太多。先從比較小的投資著手，比方說社區大學或州立大學。你還是可以轉學，這點我很快就會提及。最重要的大學金錢祕訣是：

在決定是否讀大學和要讀哪間大學之前，

先評估自己的輟學機率。

大學畢業是例外而非慣例

我們所處的社會其實過度強調上大學的重要性。超過半數的高中畢業生上大學，但在這裡我要再講一遍，只有 3/5

的機率會畢業。那些沒有拿到學位的人可能這輩子會為這件
事感到尷尬難為。即使是那些最後在經濟上比有文憑者成功
許多的人，還是免不了會有這種感覺。

　　這真的很可惜。我們是一個具有高生產力的經濟體，擁
有高生產力的勞動力。但是，我們的勞動生產力並不是來自
於每個人都具備大學學位。美國有64%的人沒有取得大學
學位[36]，這個比例在瑞士更高，是75%。然而，瑞士勞動者
的平均生產力遠高於美國。

　　在距離現在不遠的過去，大學學位基本上是在頂尖公
司任職的先決條件。現在情況已非如此。以蘋果為例，其
新員工當中有半數沒有大學文憑[37]。而且想要成為超級成功
的人，也未必需要大學文憑。回想一下，蘋果公司的傳奇
創辦人賈伯斯就大學肄業。比爾·蓋茲（Bill Gates）和馬
克·祖克柏（Mark Zuckerberg）是世界名列前茅的富豪，
他們也沒有大學學歷。創辦人沒有上過大學或沒讀完大學的
頂尖企業名單包含：推特、Fitbit、WhatsApp、WordPress、
Tumblr、Square、Stripe、Spotify、Oracle、Napster、Uber、
Dropbox、Virgin、戴爾（Dell）、DIG和IAC。當然，這些
公司基本上都屬於科技產業，但關鍵在於大學學位不是成功
的唯一途徑。

　　我的目的不是要勸阻你或你的孩子上大學或完成學業。
我的目的是要改變大家對讀大學的看法，同時也要揭露上大
學的本質：這是一個昂貴且有風險的投資。一旦你或你孩子

意識到讀大學沒有意義，或不再有意義，你或你的子女就能自主拒絕或終止這項投資。

是否申請大學、在那裡申請、以及在哪裡就讀

撇開風險不談，你要怎麼決定是否上大學，以及如果要上大學，該申請哪間學校？如果你被一所以上的學校錄取，要怎麼判斷該選哪間？這就跟所有經濟選擇一樣，你需要計算一下數字，把補償性差額考慮進去。這與選擇職業和房屋沒什麼不同。這就是一個關乎淨收益的問題，額外收入減去成本再加上額外福利。例如，借錢上昂貴的歐柏林學院（Oberlin College）對比不借錢上便宜的社區型聖塔莫尼卡學院（Santa Monica College）。

換言之，上一所低成本、名聲不高、設備等級較差但不需要借錢的學校，是否有比去讀一所高成本、名聲響亮、設備精良但需要借很多錢（不管是直接還是間接借款）的學校還要好？答案取決於大學的實際成本，以及上某間特定大學對你這輩子的收入有多大影響。

大學的成本

目前有五十多所美國大學，在沒有任何學費補助的情況下，每年收費超過7.4萬美元。這包含食宿和費用。四年7.4萬美元總共是29.6萬美元。如果你每年以5%的利率借貸7.4萬美元，大學畢業時就會有33.5萬美元的學貸。從這個角度

來看，美國人平均年收入約為5.3萬美元（稅後約為4萬美元）。所以，領取全國平均薪資的大學畢業生需要工作八年以上，才能支付在菁英學校就讀四年的費用。而這是在他們不吃不喝、把賺到的每一塊稅後收入都拿去還貸款的情況下才成立，所以並不實際。如果他們只用年收入的1/5來還款，就需要超過四十年的時間才能無債一身輕。

沒錯，大學畢業生的平均收入比非大學平均畢業生還要高。紐約聯邦儲備銀行（Federal Reserve Bank of New York）最近公告的一項研究顯示，大學畢業生的平均薪資為7.8萬美元，比非大學畢業生的收入高出近3萬美元[38]。但大學畢業生的起薪接近5萬美元[39]。而且薪資分布非常傾斜，平均水準被那些收入極高的人拉高了。大學畢業生的典型收入中位數（包含已經來到職業中期或進階等級的大學畢業生），大約是6.5萬美元。而大約有16%大學畢業生收入低於5.2萬美元；10%的人收入低於3.3萬美元。

對於多數大學畢業生來說，隨著時間進展，償還2萬或3萬美元當然是有可能的。但其中有兩大風險。第一是成為那1/5借款遠超過平均水準的人。第二則是無法獲得預期的高薪。作為一個群體，學生不僅相信自己在大學裡的平均表現會比實際上能做到的還要好，他們也相信自己的收入會比最後實際收到的還要高出許多[40]。此外，超過3/5的人在剛入學時認為自己會在四年內畢業。

你大概明白了。如果沒有助學金、獎學金或者勤工儉

學（work-study）*的工作，到排名高、排名中間甚至是排名低的學校就讀，費用都是高到令人難以置信的。借錢來支付超級昂貴的大學學費，就大幅加劇了成本問題。因為這樣做可能需要以高額的私人利率來借款。所以，本章的主要概念是：

如果可能，避免借錢上大學。

風險太高。

我並不是隨便說說。我是一名大學教授，我認為高等教育具有龐大的個人與社會價值。但是，你可以在不要拿未來去抵押、甚至有可能使職業規劃破滅的情況下，去接受良好的大學教育。你只需要申請費用較低的高等教育機構即可，即使名聲普遍來說沒那麼響亮也無妨。

比較大學的淨價格與帳面價格

大學的實際價格（淨價）其實遠比表面上看來還要低，這對低收入和中低收入戶家庭的學生來說尤其是一大福音。這是因為政府和學校都提供獎學金和補助。由聯邦政府授權的裴爾助學金（Pell Grants），以及類似的州助學金（因州

---

* 這是美國聯邦政府資助的一項計畫，旨在幫助學生透過兼職工作支付高等教育費用。

而異，通常與州立大學掛鉤），都是根據你計算出來的需求來分發 *。大學提供的助學金除了基於需求，同時也基於學業表現。

根據你父母的經濟狀況，大學的帳面價格與淨價之間的差異可能會相當懸殊。

威爾斯利學院（Wellesley）的經濟學家菲利普・萊文（Phillip B. Levine），是大學財政援助方面的專家。他的著作《配對錯誤》（*Mismatch: The New Economics of Financial Aid and College Access*）跟李伯的著作一樣，是高中畢業生的必讀之作。這本書跟菲利普架設的優秀免費網站Myintuition.org相輔相成，讀者能用該網站計算出上美國七十多所大學的淨價格。

以波士頓大學為例，他們2020／2021學年的帳面價格是77,662美元，高到令人瞠目結舌。這包含56,854美元的學費，16,640美元的住宿和膳食費用，以及4,168美元的雜費。然而，假設你父母的總收入為5萬美元，沒有任何資產。在這種情況下，去波士頓大學唸書最多只需花7,500美元！帳面價格跟最高的淨價之間差了90%。一般來說，來自低收入家庭並不值得慶幸，但關乎大學補助金時這就是一件

---

* 還有聯邦補助教育機會獎助金（Federal Supplemental Educational Opportunity Grants）、伊拉克和阿富汗服役補助金（Iraq and Afghanistan Service Grants）以及聯邦大學和高等教師教育援助補助金（Federal Teacher Education Assistance for College and Higher Education Grants）。

美妙的事。確實，每年還是要付7,500美元（或更少），但你可以在暑假或學年期間打工，輕鬆賺到這個數字的絕大部分，**根本不需要借半毛錢！**

　　假如你父母收入更高或資產更多呢？具體而言，假如他們年收入為10萬美元，銀行裡有10萬美元（因為他們一直在幫你存學費）。在這種情況下，Myintuition.org計算出來的波士頓大學淨價格為25,900美元，依然遠低於77,662美元，但也遠高於7,500美元。如果你在四年內每年都借這個數額，畢業時就會有超過10萬美元的債務。因此，對於那些來自中等收入家庭的人來說，學費債務還是一大問題。

　　如果你的父母收入為十萬美元，但他們所有的儲蓄都在401(k)或其他退休帳戶中，那波士頓大學的最高淨價為14,800美元。判斷學生需求時，退休帳戶中的資產不會納入計算＊。這個數字還是比7,500美元多很多，但也比25,900美元少很多。

　　假設你家的收入很高，每年25萬美元，有一棟100萬美元的房子，沒有背負任何房貸，銀行戶頭裡有20萬美元的存款。除了波士頓大學有可能提供的學業表現優良獎學金之

＊但是，永遠都還有一個「但是」，「納稅人在基準年（前一個納稅年度）針對這些退休計畫自願撥出的存款數額，還是會記錄在免費大學助學金申請表（FAFSA）上，並被算作未納稅的收入。雇主配比供款不會被記錄在申請表上。未稅賦入和福利，都跟應稅收入一樣會對助學金資格構成影響。」請見：Mark Kantrowitz, "How Do Retirement Funds Affect Student Aid Eligibility?" FastWeb, October 6, 2009, https://www.fastweb.com/financial-aid/articles/how-do-retirement-funds-affect-student-aid-eligibility.

外，你面臨的會是波士頓大學的帳面全額學費7.8萬美元。

如果你用Myintuition.org計算幾間大學的淨成本，只要少少幾間就行，就會發現令人驚訝的事實。比方說，假如你家有萬美元的收入、沒有資產，波士頓大學每年比麻薩諸塞大學阿默斯特分校（UMass Amherst）便宜約5,000美元（即使是對在UMass付更少學費的州內學生來說亦然）。根據《美國新聞與世界報導》（*U.S. News & World Report*），波士頓大學的聲望排名為第四十二名，麻薩諸塞大學阿默斯特分校排第六十六。但是，名氣高出70%的波士頓大學（假設《美國新聞與世界報導》的排名只比較學校名聲而已，這點我們很快會深入探討），費用卻比麻薩諸塞大學阿默斯特分校便宜40%[*]。

這是不容忽視的金錢祕訣：

只要貨比三家，

不僅能夠買到聲望，

還可能買到更棒的教育。

同樣的，便宜的定義取決於你的家庭狀況。如果你父母總收入很高、持有大量資產，而且你不住在麻薩諸塞州，你

---

[*] 我衡量大學聲望的方法，是用1去扣除《美國新聞與世界報導》的排名除以100，所以波士頓大學的聲望是0.42或0.58。

就必須支付麻薩諸塞大學阿默斯特分校 50,365 美元的全額帳面學費。這比波士頓大學的學費便宜 35%。在此情況下，更響亮的名聲跟更好的教育就要付出更高的代價。

這告訴我們什麼？

根據你個人的情況，

超級昂貴的學校有可能無敵便宜。

不要說是去就讀了，

早在申請之前就要去了解不同學校的淨價格！

避免潛在的鉅額大學援助稅

剛才舉出的範例說明另一項金錢祕訣：擁有更多金錢會減少你孩子計算出來的財務需求，從而提高他們的大學淨成本。你可以利用 Myintuition.org 來計算這些針對儲蓄和收入的隱性「大學援助稅」，來輸入不同的收入與資產，看看就讀同一間學校的成本差異。針對波士頓大學，針對退休帳戶以外的資產大約有 22% 的稅，針對收入則有 15% 的稅。

我來澄清一下。如果你持有相對較低的非退休帳戶資產，並且多存了一塊美金，你會失去這一塊美金中的大約22 美分，也就是說你孩子四年領到的財政援助總額會減少。如果你的相對收入較低，但是多賺了一塊美金，當你孩子的大學淨成本提高時，你會損失其中的 15 美分。還要記

住，雖然Myintuition.org關注的是當前收入，但你孩子的財務需求計算實際上考量的是他們提交申請前兩年的調整後總收入。該計算是基於Studentaid.gov網站上的免費大學助學金申請表（FAFSA）。

這裡要傳達的訊息很簡單：

你處理財務問題的方式，
會大幅影響大學的淨成本。

以下是一些避開大學資產與收入測試的金錢妙招。注意，這些妙招只適用於那些收入和資產水準低到足以影響學生財務需求計算的人。我在提供這些建議時有些猶豫，因為我覺得鑽學生援助系統的漏洞是不公平的。但我也認為，對中低收入家庭的儲蓄和工作徵收這些巨大的額外邊際稅是不公平的。我也在想，如果財力有限的父母讓孩子自己承擔大學的淨成本，那他們應該竭盡所能縮小這種負擔。聯邦政府也意識到自己正對人民應該做的事情（也就是儲蓄和工作），徵收瘋狂的額外稅賦[41]。為了協助民眾避開隱性稅金，他們開發出FAFSA4caster這個工具（請見：Studentaid. gov/h/apply-for-aid/fafsa）。沒想到政府真的在鼓勵民眾避稅，但事實真的就是如此。

如果你想要照這些步驟做，請在孩子來到大學年齡前幾

年開始這樣做，並且在孩子就讀大學期間繼續遵照這些步驟，因為學生的財政援助每年都會重新計算。

盡量減少大學援助資產和所得稅的九個方法：

1. 儘可能多繳款到退休帳戶中來縮小你的常規資產數額。可能的話，與雇主溝通安排，將更多勞動薪資放進退休帳戶中。

2. 運用你的常規資產來支付貸款。FAFSA 不納入房屋資產*。

3. 用常規資產購買耐久性消費品（是不是該買一台電動悍馬了？）和個人收藏品，包含容易轉手的珠寶，這些不納入你孩子的經濟需求計算中。

4. 讓子女的祖父母成為 529 計畫、教育儲蓄帳戶和其他大學儲蓄帳戶的帳戶持有人，因為這些資產會降低你孩子的經濟需求。

5. 推遲獲取常規資產的資本收益，因為這會納入政府針對 FAFSA 收入的計算。

6. 在終生壽險或萬能壽險保單內儲蓄。這些保單的現金價值通常不會納入學生補助的計算中。

7. 延後從退休帳戶中提款，因為這會提高你的 FAFSA 評估收入。

---

* 不過，某些特定學校在計算學生的財務需求時，可能會將房屋資產納入其中。

8. 不要把資產放在孩子名下。你孩子的資產與收入會壓縮他
   們的援助。

9. 如果結婚會增加你的資產從而降低孩子的援助計算，那就
   延後結婚。

小心常見的大學「獎勵」騙局

　　申請上大學的時候，通常會收到一封財務獎勵信，列出
所有你能申請的所謂財務援助，其中包含聯邦與州學生貸
款。但貸款不是獎勵。貸款不是援助。貸款不是禮物。貸款
是你必須償還的費用。

　　貸款的條件是什麼？貸款的利率是多少？這些「獎勵」
信並沒有提及。獎勵信也將 Parent PLUS 貸款列為獎勵，但
沒有提到收取的利率、貸款長度，也沒有提到家長和孩子需
要事先討論誰負責還款。這些信件也沒有解釋勤工儉學的
「獎勵」前提是學生要在校內找到兼職工作。信件也不一定
會解釋學院提供的任何獎學金是否只針對入學第一年提供，
或者是否會根據課業表現來每年重新評估。這些信件也沒有
指出聯邦和州政府的補助金在大一結束後就不一定會提供，
假如父母的資產或收入狀況改善，這些補助金就會減少或取
消。

　　誰曉得有多少學生與家長上了大學獎勵的當。多數高中
生對借貸、債務、貸款、利率、費用或還款期一無所知。他
們的父母可能也不知道，或者他們可能也很猶豫，遲遲沒有

去說服孩子不要去讀那種名聲響亮、昂貴的大學。這些大學獎勵信就利用這些弱點。寫下這段文字時，我非常憤怒。想像一下，一位房仲試圖說服你購買你買不起的房子，說當地銀行會幫助你、說銀行會「授予」你房貸，但是貸款的條件房仲卻隻字不提。而房仲做沒幾天就離職換工作了。

　　如果學生沒有能力償還，能隨時放棄這個所謂的「獎勵」，那就是另外一回事。除了少數例外，情況並非如此。反之，學生常發現自己陷入財務困境的泥淖。

如果無力償還學貸會是什麼下場？

　　令我終生遺憾的事情是，我沒有與瑪德琳保持聯繫。我不曉得瑪德琳最後找到什麼工作，也不知道她如何處理自己的學生債務。希望她沒有違約。違約很有可能會使她落入相當於現代的債務人監獄。其他債務能透過破產來解除，但學貸並非如此。學貸就是擺脫不了的困擾，會緊緊追隨你一輩子[42]。如果不還款：

　　貸款可能會被移交給收款機構，這可能會使餘額增加18%。
　　你將承擔收款費用，包含開庭費與律師費。
　　你可能會被起訴要償還全額貸款，薪資有可能被扣抵。
　　你的聯邦和州所得稅退款可能會被攔截。

政府可能會扣留你的部分社安福利。

違約行為會出現在你的信用紀錄上，在你還清欠款
後的七年內都不會消除。

你可能無法申請汽車貸款、房貸或甚至是信用卡。

你不會領到額外的聯邦財政援助或多數福利。

你會沒有資格延遲付款和享有利息補貼的福利。

你可能無法更新專業執照或入伍。

我曾經參觀過英國約克（York, England）附近的一座中
世紀債務人監獄。這是由一間有八個牢房的地下室。監獄裡
沒有光線、沒有空氣、沒有衛浴設備，而且根據導遊的說
法，監獄提供的食物就連老鼠吃了也會出問題。監獄無疑在
短時間內殺了被監禁在裡頭的人，無論是身體上還是精神上
都是如此。這讓大家上了一課：**某些形式的借貸實在太危
險。**

密西西比州仍然有一座債務人監獄。法官可以把你關起
來，強迫你去償還你的借據[43]。在其他四十九個州，學生債
務代表必須承受經濟上的苦痛，而不是身體上的苦難。正如
上述清單所示，你的債權人（第一個就是政府）會透過任何
可能的手段來拿回他們的錢。簡而言之，除了極少數例外，
拖欠學貸其實不是一個選擇。這只會提高你的未償付餘額，
因為未償付債務的利息和費用會持續累積。

我們來參考一個真實案例，案主是 59 歲的克里斯[44]。克

里斯借了9.7萬美元去讀大學和法律學院。他在人生道路上常常碰到困難，這些坎坷時常讓他無法償還任何貸款。2004年，聯邦調查局開始扣押他的薪資。但是他們持續扣押的金額，直到現在已經快要滿二十年了，從來就不夠拿來償還克里斯積欠的本金。這些扣押下來的薪資甚至也無法支付應負的利息。這並不奇怪，因為克里斯所欠的平均利息非常高，包含卑鄙的貸款起始費用利息。當然啦，每個月少付的利息，包含未付費用的利息，都不會被免除。恰恰相反。少付的款項被計入克里斯需要償還的餘額中。今天，經過十七年的薪資扣押，克里斯的未償還學貸總額高達23.6萬美元，這幾乎是他當初借的金額的三倍。

這根本就是現代版的南北戰爭後佃農耕種操作。在佃農制度下，貧窮的農民（通常是曾為黑奴的黑人農民）被迫以高利貸的方式借款，以高價從地主的商店購買種子和其他用具。一旦背負債務，法律規定他們不能出售他們的農場，或者說不能為其他人工作。這種制度實際上就是另一種形式的奴隸制，一直持續到1930年代[45]。在學貸的情境下，為上大學借款的學生是佃農，地主則是在這個由政府監督的金融犯罪詭計中的山姆大叔和高等教育同黨。

我把話說得很重。一位受過訓練要尊重自由市場的經濟學家，怎麼能把雙方你情我願的貸款稱為犯罪？但我認為高中生與其父母往往沒有取得進行交易所需的訊息。尤其是我認為有超過半數的大學貸款學生，並沒有意識到這些貸款無

法透過破產來解除。他們也沒有真正理解償還貸款的真相，這點我接下來會試著量化來讓大家更容易咀嚼。

學貸在財務上這麼危險，我們現在必須反思一下高淨值的學校是否值得去讀，更不用說是否值得為了去讀而貸款了。

名聲不能當飯吃

我在海內外讀過、教過或造訪過數百所學院和大學。在這段過程中，我認識成千上萬名學生與教職員。我還曾在聯邦政府、私營部門、外國政府和國際組織工作過，並擔任過私營企業的顧問。在這些領域，我也認識了說多不多、說少不少的人，當中絕大多數都有大學學位。

在這群我認識的人中，我清楚發現教育背景與成就之間普遍沒什麼關聯。這個人是從哪間大學畢業，或者說到底有沒有上過大學，都不是很重要的因素。非常成功的人拚命工作，在工作中學習完成任務所需的知識，並且像我在Chapter 1提到的CJ那樣，在洗車場工作時替老闆著想、幫老闆解決問題，最後自己變成老闆。由於這些人格特質，無論他們到底受過多少或是什麼樣的教育，都能在經濟上闖出一番成績。菁英學校聚集了成功人士，但這些學校並沒有讓他們成功。

沒錯，人脈很重要，去菁英學校唸書基本上碰到的都是有錢人或人脈廣闊的人，能夠找到高薪的第一份工作。但

是，如果你的表現不符預期，哈佛光環也救不了你。哈佛大學的藍領工人多年來為爭取更高薪酬與更佳工作條件而創造的口號，概括了我的觀點：

名聲不能當飯吃。

堅定完成工作的毅力

我親身體會到上名校並非成功的保證。讓我跟大家分享我在讀哈佛經濟學研究所班上二位同學的狀況，姑且稱他們為喬治與山姆。我和班上另外二十四名學生開始唸書時，喬治和山姆被公認為最有可能的二個人。天啊，他們真的很聰明。他們聰明到完全不想管高中到底能不能畢業。雖然他們在高三的時候輟學，但是在SAT考試中得到優異的成績，也申請上兩所頂尖美國大學。還在讀大學的時候，他們因為太聰明了，所以懶得去考試或上課。他們自己在家讀書，但是只讀他們認為有趣的東西。他們最後被退學。

那他們怎麼有辦法申請上哈佛大學的經濟學博士學位？單純因為他們是天才。他們在各種機緣之下認識彼此，並且想出了一套錄取計畫。他們找出負責哈佛大學經濟學研究所招生的教員，我稱之為X教授。接著，他們寫了一篇精彩的論文，批評X教授近期發表的一篇文章。喬治與山姆將這篇評論放進申請資料。X教授大吃一驚。想像一下，二位高中

和大學都沒辦法畢業的孩子，竟然能找到他研究論文中的漏洞。沒錯，他們被錄取了！

我跟其他同學進入哈佛的時候，我們都很戰戰兢兢，懷疑招生辦公室犯了什麼文書錯誤才會錄取我們。見到喬治與山姆，我們內心的懷疑似乎得到印證。喬治和山姆看起來就像天才，談吐也如天才一般，知道一大堆很高階的數學知識，對大學的電腦硬體也瞭若指掌，而且似乎在各方面都難以企及。X教授的態度也讓我們更不安。他不加掩飾地讓我們知道他發掘二位愛因斯坦。畢竟，愛因斯坦在就讀高中與大學時也不是一帆風順。參加第一場理論考試的時候，我們都知道不用掙扎了。喬治和山姆會把我們狠狠甩在背後，哈佛會叫我們回家來彌補自己犯的錯。大家絕望地走進考場，喬治與山姆則泰然自若。

但幾天後，有件怪事發生了。教授公告成績。我們都急忙去看喬治和山姆考幾分。但他們並沒有在成績單上名列前茅。他們不在頂端、不在中段，也不是在中段以下，而是差一點就要墊底。

發生什麼事？很簡單。喬治與山姆依然故我，被哈佛大學錄取並沒有改變這點。喬治和山姆都不願花心思學習，他們缺乏德國人所謂的 Sitzfleisch，這個詞字面上是指「坐著的肉」，意思是說長時間坐在椅子上學習、做研究和寫作的能力。如果你沒有堅忍的毅力，如果你坐不住，在學術界就走不遠，喬治和山姆就是這樣。

　　喬治和山姆還是靠某些方式把課修完、通過初階考試，但在寫論文時，他們完全沒有堅持到底的毅力，我們班的這二位天才根本不屑寫論文，所以他們拿到整整三分。他們沒辦法從高中畢業、沒辦法拿到大學學位，也沒辦法從研究所畢業。對喬治和山姆來說，進入哈佛甚至不是離開哈佛的門票，更遑論通往成功學術生涯的門票了[*]。

　　當然，喬治和山姆的故事比較罕見。多數進入哈佛的人能順利畢業，而多數進入哈佛大學的人最後會在薪資分配金字塔的頂端。但是，他們之所以被錄取、留在學校並順利畢業，主因不是因為他們是資質過人的天才。他們最後得以擁有富裕的生活不是因為他們上了哈佛，而是因為他們知道如何工作。他們是超級勤奮的勞動者。他們在職場上之所以屹立不搖、如此成功，基本上跟他們大學畢業證書上的校名沒太大關聯。美國其他菁英大學的畢業生也是如此，非頂層菁英學校畢業的學生也是這樣。如果你考慮就讀排名前五十以外的學校，道理也相同。

　　這不只是我的淺見。在1999年的一份創新研究中，經濟學家史黛西・戴爾（Stacy Dale）和阿蘭・克魯格（Alan Krueger）發現，只要將高中生的GPA和其他衡量能力與職業道德的標準設為控制變因，就能看出未來收入並不取決於

---

[*] 喬治和山姆不適合學術界的事實不代表他們最後落入貧困，我沒有繼續追蹤他們的事業。他們或許遠比我們多數人成功，但這是在那些不需要紀律與勤奮的領域才有可能發生。

是否從名校畢業[46]。這項研究揭示一個巨大的金錢祕訣：如果你沒有得到大量（實質的）財務援助，就不值得花大錢進入哈佛、耶魯、史丹佛、麻省理工學院、哥倫比亞大學、賓州大學與康乃爾大學等名校。

讓我將這個概念濃縮成一項金錢祕訣：

花大錢唸名校可能是件非常浪費的事，
更不用説要借錢去讀了。

當然，我也不想誇大其詞。拉傑・雀蒂（Raj Chetty）與約翰・傅利曼（John Friedman）與其他學者近期發表的研究顯示，在特定菁英學校就讀可能會帶來額外的價值，因為這些學校在特定領域的培訓工作做得很好，或者因為學校特別受到招聘人資專員的青睞[47]。例如，假如你想到華爾街上班，賓州大學的文憑會比阿默斯特學院更有勝算，因為華爾街在賓州大學招聘的人數遠勝於阿默斯特學院。所以在某些情況下，為特定培訓或獲得工作面試的機會付出更多代價，這或許值得。但更大的問題是，絕大多數就讀菁英學校的學生是否正在支付高額學費，並且以為光鮮亮麗的文憑就是通往成功人生的門票。如果他們支付全額學費，這更有可能是一張邁向貧窮的門票。

不過，假如你沒有滿足祖母的炫耀慾，她有可能會發

瘋，可其實還有其他方法能花少少的錢去唸名校。第一種方法我們已經討論過：確認學校的淨價。淨價或許比你想像中低很多。第二種則是兩全其美的辦法：便宜的學位和昂貴的教育。

以低廉的成本上名校

　　以紐澤西州的羅格斯大學（Rutgers University）為例。這間大學在《美國新聞與世界報導》的大學排名中位居六十三，但其帳面價格還不到許多前五十名學校的一半。這個排名是否真的代表羅格斯大學是美國第六十三好的學校？波士頓大學真的是第四十二好的嗎？當然不是。關於《美國新聞與世界報導》排名的問題，我可以再寫一整本書來談。最大的問題是，《美國新聞與世界報導》忽略了在挑選大學時最該關注的項目：從事教學的教師品質。有些學校各系的品質可能參差不齊，這個問題更該受到重視。假如一所學校在你感興趣的領域表現相當亮眼，這個對你來說會比整體排名更重要。

　　我的觀點呢？最棒的教學指導是由最頂尖的研究人員所提供，也就是那些在研究領域的頂級期刊上發表論文的教師。為什麼？因為作為一位頂尖教育工作者，你需要緊追所在領域的最新研究，頂尖學者都必須這麼做。你不能發表沒有引用文獻的研究，也不能發表已經跟發表過的東西類似的文章。因此，「不出版就滅亡」這句學術界的老話，能導出

一個必然的結果：**先讀才能寫**。

我在1984年加入波士頓大學的經濟學系時，根據在頂級期刊上發表的文章，我們在全國經濟系中排名第八十六。這個排名很客觀。翻開過去約莫五年以內的頂級經濟學期刊，數一數波士頓大學教師寫了多少文章。數出來的結果顯示我們落在後段班是很合理的。

當我來到波士頓大學，翻轉排名是大學的首要任務。這代表學校需要聘請頂尖的研究人員，並提高授予終生職位的標準。1985年，我成為主席，我和同事開始往這個方向努力。在十四年內，我們這個科系根據同樣的標準升到排名第七[48]！我們系的排名超越史丹佛、耶魯、西北、柏克萊、布朗與其他所謂「更棒」的學校。

但是年復一年，《美國新聞與世界報導》完全沒有注意到我們經濟系的學術進展，更遑論整間大學的進步。但是，當大學建造華麗嶄新的體育館、五星級宿舍、華麗的學生中心和最先進的曲棍球場，並做出其他各種對實際教育毫無影響的表面變化時，排名卻逐漸上升。所以，挑選大學時的真理：

不能相信大學排名。

　　這個結論對於你考慮申請哪些大學、最後花了多少錢讀
大學，以及因此欠下多少債務有深遠影響。我不想重複自己
的觀點，但賺錢最簡單也最安全的方法就是不要讓錢從手中
溜走，尤其是不要花太多錢來換得一個二流的東西。大學很
貴。高中生之所以愛上某間大學，通常是因為他們喜歡大學
導覽員或者是運動校隊，或者是因為大學位於一座有趣的城
市，也有可能是宿舍很有特色。我在當系主任的時候，從來
沒有接到過任何一位高中生或家長的電話或來信，說他們或
他們的孩子考慮主修經濟學，因此想詢問我們教師的研究品
質。

　　這點實在讓我擔憂。我的感覺是，數以百萬計的高中生
和他們的父母正在盲目挑選大學教育。他們可能認為自己花
的錢越多、學校排名越高、寢室越漂亮，最後獲得經濟報酬
的機會就越大。然而，正如戴爾與阿蘭・克魯格的研究顯
示，情況並非如此。經過你的判斷，在你感興趣的領域，羅
格斯大學可能比多數排名前二十的大學都還要優秀。如果是
這樣，去讀羅格斯大學可能就能用一半的價格獲得更棒的教
育。在其他條件相同的情況下，這代表你大學畢業時學貸只
有一半。

　　挑選大學時，該如何判斷自己實際購買的教育品質呢？
我會遵循以下步驟：先想一想你有可能主修的十個領域（沒
必要把範圍縮太小，因為大學的一大功能就是改變你對研
究領域的看法）。然後上網查詢你考慮的每所大學在這些領

域之科系的研究或相關排名[*]。然後，打電話給你不考慮去讀的學校系主任，問他們你考慮的大學中哪一所是他們領域裡最好的大學。比方說，如果你想要比較威克森林大學（Wake Forest）跟聖母大學（University of Notre Dame）的政治系，就打電話給密西根大學的政治學系主任，問他會有什麼建議[**]。我知道這感覺不太合乎常理，但我想鼓勵大家跳脫框架思考，或至少要把光鮮亮麗的招生手冊擺在一旁。不過，要判斷學術品質最重要也最簡單的步驟，是查詢每間你有興趣學校的那個系所教師的研究紀律。你應該能輕鬆在網路上找到他們的履歷。

假如大學排名與其提供的教育沒有必然關連，而大家都注重排名，那你肯定能找到一間便宜的大學，用實惠的價格來換得一流的教育。所以，這裡的金錢祕訣是：

建立自己的排名，
以低廉的價格換取優越的大學教育。

---

[*] 查得越徹底越好，你可能會找到基於不同標準的不同排名。Repec.org 似乎針對經濟學系的研究品質提供非常可信的排名。波士頓大學在全美經濟系當中排第十一，在全球排名第十五。羅格斯大學在美國經濟系中排名第三十八，全球排名六十八。

[**] 熱衷教育的人就是對教育滿懷熱情。除非他們是在演戲、假裝自己很熱愛教育，不然應該都很樂意花幾分鐘時間，來提供新生各種教育選擇方面的建議。

不管念哪間大學，都能創造菁英教育環境

就算選定大學以及主修之後，做好教育品質方面的比較與調查也很重要。在我的科系，就跟大多數比較著名的校系一樣，會有很多訪問學者以及非研究人員跟頂尖研究人員一起教授大學部課程。假設你主修經濟學。此外，假設你要支付超過8萬美元的學費、住宿和餐費。付了這麼多錢來受教育，顯然會想確保自己要盡可能用32萬美元買到最棒的教育。你要知道，這個金額能在美國買一棟很不錯的房子了。這也是三輛悍馬電動或勞斯萊斯（低階車款）的價格。或者，如果你的薪水剛好是平均薪資，再算上稅金，這則是八年的工作費用。

所以，請花半天時間來根據研究紀錄找出你大學中的優良教師，並且選修他們的課。不要仰賴提供教學評鑑的網站，也不要聽信同學的推薦，這二種方式都有可能誤導判斷。最受歡迎的教授可能講課很有娛樂效果，但未必是領域中的佼佼者。

在這方面，請讓我轉述之前與一位波士頓大學經濟系畢業生的意外談話。我們遇到彼此的時候，她得知我在波士頓大學教經濟學，就露出燦爛的笑容。

「我超愛波士頓大學跟經濟系主修。」

我也燦爛地笑了，說：「妳有選Z教授的課嗎？他很棒。」

「沒有，沒有選Z。」

「那X教授呢？應該有吧，你有選X的課嗎？」

「也沒有，不好意思。」

「那Y教授呢？你有選他的課嗎？」

「沒有，但我有選W教授的課。」

「噢，W教授實際上不是教授，他只是研究員。」

反覆確認之後，我發現這位對大學時光很滿意的畢業生，花了四年時間在波士頓大學一流的經濟系修課，卻沒有上過任何一門正式教師（教授自己負責課程）開設的課，更遑論頂級研究教師了。我不曉得是誰幫她付的學費，可能是政府、波士頓大學、麻薩諸塞州、父母、祖父母、有錢的阿姨，或者自己借來的。不管帳單是怎麼付清的（或者仍在支付），她都沒有充分利用教育機會。我們有優秀的研究生、訪問學者，以及專門從事教學的教師，但他們的教學資格遠不及頂尖的研究行教師。適用於波士頓大學的道理，也適用於其他所有大學。

另一個金錢祕訣：

向頂尖研究型教師學習，謹慎花用每一塊教育經費。

在菁英學校受教育但不花錢

尋找你想鑽研領域中師資最精良的系所時，肯定會碰到一個事實：許多最棒的老師確實都集中在昂貴的菁英學校

（當然也有一些人才被埋沒在其他地區有待挖掘）*。

　　多虧神奇的網際網路，你其實不需要成為這些學校的全日制學生，就能從他們的頂尖教師那邊獲得學習機會。你能在更經濟實惠的學校就讀，並參與哈佛大學、麻省理工大學、耶魯大學、牛津大學、柏克萊大學、史丹佛大學和其他許多名列前茅的學校提供的免費線上課程。Coursera這個網路平台提供近四千堂課，其中大約四分之一是免費的，剩下的則能以每年約600美元的價格獲得。如果想要鑽研某個領域的知識，並且把你感興趣的領域當中的各類型課程都上完並獲得證書，花的錢會比去讀那間名校還要少得多。

　　1962年，甘迺迪總統在耶魯大學畢業典禮上發表演說，並獲得榮譽博士學位。接受學位證書時，總統講了一句很有名的話：「現在，我魚與熊掌都能兼得，一個是哈佛的教育，一個是耶魯大學的學位。」[49]甘迺迪真是個幽默的冷面笑將。當時大家（至少對學術界的人來說）普遍認為，耶魯大學的教育勝過哈佛大學，而哈佛大學的學位贏過耶魯大學的學位。甘迺迪用這麼簡單的一句話調侃這兩間學校，而

---

*排名較高的學院和大學通常師資也更優秀，但他們的學生也更用功、具備更多知識（雖然他們有可能缺乏生活智慧與實際生存能力）。學術書呆子這時就派上用場了。假設你主修藝術史，但需要參加微積分I來滿足通識分配要求。在這種情況下，能請熟悉數字的室友解釋羅必達法則（L'Hôpital's rule）真的很棒。但是，網際網路出現之後，向同齡人學習的優勢已經急劇下降。現在你能在十二個時區以外找到人來教你。在谷歌上搜尋「羅必達法則」，就能在可汗學院（Khan Academy）、YouTube影片、維基百科條目等各種網路平台與管道上找到幾十種學習此規則的方式。大多數研究領域的基本主題都是如此。

這兩間學校也心知肚明。

現在,甘迺迪的玩笑話卻也有幾分真實。如果你是愛荷華州的居民,可以用每年不到2.5萬美元的代價獲得愛荷華大學的學位,並且接受耶魯大學的線上教育。在耶魯大學上線上課程、取得註明成績的結業證書,這樣需要額外花多少錢?幾乎不需要花錢。之後找工作,你可以在簡歷上說明你畢業於愛荷華大學,但在耶魯受教育,並附上證書與成績為證。這值得列為一項祕訣:

魚與熊掌可以兼得:
一個便宜、無須背負債務的學位,
同時享有超級昂貴的教育。

話雖如此,我剛才舉的例子也算是替甘迺迪的諷刺笑話緩頰。愛荷華大學有許多學程都勝過耶魯大學,例如愛荷華作家工作坊(Iowa Writers' Workshop),這是全國最具權威的寫作學程。

大學重點在於教育還是傳遞信號?

麥可‧史彭斯(Michael Spence)因為提出絕妙創新的信號傳遞理論而榮獲諾貝爾經濟學獎,這就是Chapter 1的CJ自己摸索出來的道理。史彭斯的理論適用於多種情況。

在大學競技場上，比較極端的信號傳遞模式如下：大學教育對未來的雇主而言沒有直接價值。重點是你有辦法進入大學，尤其是頂尖大學並撐到最後。這能讓雇主知道你比別人努力、更有創造力、學習能力更強。因此，能夠進入菁英大學並成功畢業，就等於以優異的成績通過許多階段的工作面試。如果每個人都同樣能夠成功從大學畢業，這對雇主來說就是沒有鑑別度的信號。但是，如果那些具有更高在職潛力的人在學習以及考試時更輕鬆上手，菁英學校就會出現，而這些學校的畢業生就能找到最高薪的工作。

　　意思是說你需要付一大筆錢上一間超級昂貴的學校，來取得他們的金字認證嗎？現在不是這樣了。一樣，你可以去上菁英學校的線上課程，並且獲得證書、取得修課成績。假設你在北達科他州（North Dakota）耶茲堡（Fort Yates）的坐牛學院（Sitting Bull College）就讀，每年花費大概是1萬美元。你可以在學年期間在當地麥當勞打工來付這筆錢。不過，你的夢想是替IBM做量子計算。沒問題，上網查詢關於這個主題的線上課程。你會發現幾十個由一流大學頂級教授開設的課程。假設你上了關於這個主題的十堂課，並且花了比方說7,500美元來取得證書跟成績。你可以趁暑假在麥當勞做全職的工作來付這筆錢。沒錯，等你準備找工作的時候，就有一份亮眼的履歷可以寄給IBM。

　　總結一下：

現在，你可以在網路上以低廉的價格

獲取菁英學校的信號價值。

轉學遊戲

以低成本獲得昂貴教育的另一個好方法，是在前兩年就讀便宜、排名較低的學校，然後在大三、大四時轉到昂貴的菁英學校。

轉學相當常見。每年約有70萬名學生（接近2/5）轉學。有17%的人轉學超過一次，比例相當高。多數人都是從便宜的學校轉到昂貴的學校，許多就讀社區學院的學生也會這麼做。事實上，每四名社區學院的學生中就有一人轉入普通大學，多數人在轉學後的學校取得學位。換言之，如果你在一所價格較低的學校讀兩年，然後轉入一所較昂貴的學校，最後能用很低的成本獲得名聲更響亮的學位。

想來波士頓大學上我的課嗎？波士頓大學每年收到4,300多份轉學申請，錄取率高得驚人，有43%。這幾乎是其高中畢業生錄取率的二倍，代表轉學到波士頓大學比以新生身分入學還要容易二倍。康乃爾大學收到的轉學申請為5,300份，錄取率17%，而其新生錄取率僅10%。所以，轉學可能是跨越門檻的好方法，而且能在轉學前的第一、第二或第三學年支付或借貸少少學費。你不能100%指望自己會

轉入夢想中的學校。身為菁英學校的普林斯頓大學每年只接受少數幾位轉學生。原因是幾乎所有被普林斯頓大學錄取的一年級新生都會待滿四年，很少有名額可以替補。不過，在所有美國大學當中，轉學錄取率似乎與標準錄取率相似[50]。

轉學的一大問題是，根據你在前一間學校修讀的課程，新學校會願意承認多少學分以及什麼學分[51]。如果你打算轉學，請提前花時間與想要轉進的學校招生辦公室聯絡，詢問他們的學分轉換規則以及最佳申請時機。另外，要留意你成績單上可能會列出不同的GPA：你就讀的每所學校都會列出各自的GPA。

總結一下：

考慮採取轉學策略，

從昂貴的學校獲得便宜的學位。

淹沒在學生債務中

到目前為止，我一直在探討被學生債務淹沒的潛在風險。如果你認為這個危機不會發生在你身上，請停下來三思。2019年，12%的學貸處於違約狀態，另外14%則是延期或暫緩償還[52]。換言之，在4,500萬背負學貸的美國人當中，至少有1/5人無法償還自己欠下的債務。在正常的經濟時期，無法償還債務的機率是20%，經濟不景氣時就更不用

說了，所以這個令人不安的數據應該要讓任何人對借錢上大學這件事三思。

　　除了對學貸提出警告，我還想進一步探討現有的實際與偽裝的學生援助、分析獲得債務豁免的可能性，並且討論有什麼最佳方式能償還最後可能會演變成多項貸款的債務。我所謂的「最佳方式」是指先償還哪些貸款、延長哪些貸款，以及是否選擇以收入為基礎的貸款。

學生財務援助的所有支微末節

　　如大家所知，援助有分好與壞。好的援助不需償還，是直接以贈與（也稱獎學金）的形式出現，來源有以下幾種：聯邦政府、州政府、你所申請的大學或私人慈善機構與組織。助學金和獎學金有可能是出於經濟需求或學業表現優異而授予。聯邦政府每年向中低收入戶家庭的大學申請人提供高達6,345美元的裴爾助學金（截至2021年）。如果你非常需要補助，還有另一個額外的聯邦補助教育機會獎助金（Federal Supplemental Educational Opportunity Grant），每年最多提供4,000美元。

　　有些州也提供學生助學金計畫。加州的Cal Grant就是一例。該助學金是根據你的需求和加州高中GPA來計算。但是，只有在你申請屬於加州大學體系、加州州立大學體系或加州社區學院體系的學校時才能領取該補助。此外，幾乎所有州都有針對特定族群或特殊身分的大學獎學金可申請。

　　大家可以到全國學生財政援助管理人員協會
（NASFAA，Nasfaa.org/State_Financial_Aid_Programs）去搜
尋州獎學金。我查詢阿肯色州的最佳大學獎學金。我沒有找
到加州補助金類型的項目，但是有發現針對那些喜歡馬、合
唱、科技、汽車、蟲害管理、廢水處理、護理與自然保護的
孩子獎學金，或者是執法官員或殘疾／去世的阿肯色州退役
軍人子女獎學金。

　　各大學都有設定自己的標準來根據需求或學業表現發放
獎學金。如果你是優秀的學生或運動員，或者在某方面表現
突出，大學有可能祭出獎學金來爭取你，讓他們廝殺吧。他
們把錄取出跟獎學金通知寄發給你之後，你就能提出更多援
助要求。把你的特殊狀況告訴他們，讓他們知道其他學校提
供的誘因，看看他們願不願意提高獎學金的金額來爭取你。
可以上網尋找能用什麼極具說服力的方式來表達你自己的狀
況。

　　以需求為基礎的援助，是將帳面價格減去家庭預期貢獻
（expected family contribution，EFC）來算出。正如我們之
前有討論過，Myintuition.org計算的EFC公式是基於家庭收
入、非退休帳戶資產、在校或即將入學的兄弟姐妹人數來推
算。

　　假設帳面價格是每年7.5萬美元，你的EFC是每年4.5
萬美元，那你的需求就是3萬美元。學校會試著用聯邦和州
政府補助金、勤工儉學的工作，以及基於需求和成績的獎學

金來滿足這個差額。如果這個空缺沒有被填滿，那除了4.5萬美元的EFC之外還必須支付差額。這就是你的淨成本。

　　雖然這些助學金基本上不需要償還，但某些情況之下可能必須歸還。假設你每天晚上開派對、上課睡覺、飲酒過量，還吸食大量的娛樂性毒品。那麼，你最後有可能會被退學或趕出學校。在這種情況下，山姆大叔以及其他潛在的資助者會要求你還錢。如果你沒錢歸還，裴爾助學金就會變成貸款，迫使你連本帶利償還助學金。

不好的與真正糟糕的「援助」：學生貸款

　　十個學生貸款中有九個是由山姆大叔根據一些聯邦計畫所提供的。其餘則是私人貸款。如果必須貸款，應該要先利用聯邦貸款。聯邦貸款的利率較低，而且是固定的，能夠選擇依照你的收入比例來還款；如果你從事特定工作，可以得到債務豁免；可以選擇貸款延期；在某些情況下，如果還款速度更快，利率就會更低。

　　目前發放的聯邦貸款包含直接貸款（Direct loans，又稱史塔佛貸款）、直接PLUS貸款以及直接合併貸款（Direct Consolidation loans）。直接貸款是提供給大學部、研究所以及專業學生的。有經濟需求的大學部學生可以獲得直接貸款補貼，這種貸款的利息有可能推遲到他們畢業後六個月才開始收，而他們得以延期付款的區間也不會收取利息。直接PLUS貸款是提供給研究所與專業學生的貸款（Grad

PLUS），以及如前面段落所述，提供給大學部學生的父母或祖父母（Parent PLUS）。直接合併貸款能讓學生將他們所有的聯邦貸款合併成一筆借款，每個月支付一筆金額。

2021年，對於大多數申請人來說，透過直接聯邦貸款，你可以借到的大學貸款最高金額是3.1萬美元。如果你在經濟上不依賴父母，那就是57,500美元。如果你獲得研究生或專業學位，則為138,500美元。顯然，如果你就讀的大學每年的淨價格為7.5萬美元，3.1萬美元只是四年總費用的1/10。

大學生的聯邦貸款利率為2.75%，研究生和專業學生為4.3，家長PLUS貸款為5.3。這些都是固定利率。然而，固定利率的私人學生貸款利率大約落在3.5到超高的14.5之間。變動型學生貸款利率可能位於1%到12%之間。如果你的信用等級（FICO分數）很低，就會面臨更高的私人貸款利率。如果你的父母共同簽署你的貸款，而他們的FICO分數也很低，狀況也是一樣。

真正糟糕的「援助」有多糟？

跟投資二十年期國債（我寫這篇文章時利率為1.5%）的收益相比，就算是2.75%的借貸利率也非常高。那4.3%、5.3%甚至是更高的利率呢？我們現在要來談的是**真正有害的援助**。

為了更具體描述，我們假設你是傑西，剛高中畢業。你

的目標是取得一個教育學位，預計在經過通貨膨脹調整與扣除稅賦後年收入為5萬美元。如果你在62歲退休，你會在職涯中賺取200萬美元。分攤到你可能活著的82年（最大壽命是100歲，扣掉現在18歲），你每年大約能花2.4萬美元，先不計算大學成本、稅金、醫療保險B部分保費和未來的社安福利。

你爸媽很有錢。所以，以現值計算，你每年要支付的大學淨費用為2.5萬美元，因為你沒有資格獲得基於需求的獎助金。幸運的是，你父母承諾會支付全額費用，至少到今天是如此。

今天，你把他們全新的S級賓士車撞壞了，他們沒有替車子投保碰撞險。他們怎麼反應？「這輛車的費用比你上大學的費用還要高，現在由你來承擔。四年後見。」你選擇的學校表示很遺憾，但沒有提供額外協助。所以你準備去借10萬美元。如果能以當前的長期通膨調整後零利率借款（基本上是免費），那你花10萬美元能換來200萬美元。

聽起來是很讚的投資對吧？沒有，還不是這樣。還有其他選項需要考慮。如果你找到一個跟教書一樣喜歡的職業、可以帶來同樣的終生收入，而且還不需要上大學呢？叔叔主動找你去他的吉他店上班，說會把你訓練成一位製琴師，這就與原本的目的相符，而且這份工作永遠不會被自動化取代。如果你喜歡這個職業的程度就跟喜歡教書一樣，那去當老師就等於多花10萬美元。

　　不過你對教書真的很感興趣，也很喜歡這所愛你的大學，雖然他們沒有愛你愛到願意給你一些優待。在借貸利率為零的情況下，你這輩子的支出預算是190萬美元，也就是200萬減去10萬。現在你的年度可持續支出降至2.3萬美元。雖然不多，但某些時候還是能感覺到可花的錢少了那麼一點。

　　但這還是最好的情況。你不可能免費貸款。由於你需要進行私人借貸，平均借貸利率會是通膨調整前的7%、調整後的5.5%，這才是更有可能發生的狀況。如果你打算在二十年內還清貸款，這輩子的支出就會多出6.2萬美元，使大學的成本提高62%，這6.2萬美元的費用相當於2.7年的支出。這會讓你的年度可持續支出下降到大約2.24萬美元。換言之，在你剩下的82年內，每年都要面臨7%的開銷減少。這幾乎是六年的支出！吉他修理專業看起來真的有比較好。

　　但差勁的援助會讓狀況更慘。假設你在教書時每年會有5萬美元的淨收入。但教師起薪很低，要隨著任期延長才會增加。所以，以5萬美元的淨收入作為教師生涯的平均數還算滿實際的，不過你最初的淨收入大概只會有3.5萬美元左右。你每年支付的學貸平均約為8,000美元。所以在就業初期，你幾乎沒辦法存錢。在這種狀況下，你很難存到房子的頭期款、各種儲備基金，或者是自付的醫療費用。當然，你能透過一些方法排除這些問題，其中一些方式我們在前面章節都探討過。你可以跟朋友同居、搭乘大眾運輸工具、運用

汽車共享方案、放棄旅行、去看電影時不要買零食、不然也不要去電影院看電影了，還有不上餐廳等等。但你更有可能會放棄儲蓄，而如果你失去工作，學生貸款也會付不出來，到時你就要面對我們前面談過的可怕潛在後果。這種悲慘的情境並不是背負學貸的典型下場，多數學生最後都能把學貸還清。但這也解釋為什麼大約有1/5的貸款人沒有償還或全額償還。

如果你在十年而非二十年內還款呢？你的終生還款額減少到13萬美元，但短期現金流會嚴重惡化。現在你必須在前十年每年還1.3萬美元，二十年還款的話每年則是8,000美元。那三十年還款方案呢？三十年的話，每年的還款額度平均約為6,500元，終生花費則為19.5萬美元。跟製琴師相比，每年和一輩子的生活水準降低10%。

固定還款與收入驅動還款計畫比較

Studentaid.gov網站列出各種償還聯邦學貸的方式。標準還款計畫適用於所有貸款類型，需要每月支付固定金額，最長限度為十年（針對合併貸款，期限則從十年到三十年不等）。漸進式還款方案與標準方案相同，只是每月支付的金額剛開始較低，並隨著時間推進越來越高。

有三種還款方案是以收入驅動的。第一種是「有賺才還償付計畫」（Revised Pay as You Earn Plan，也就是REPAYE計畫）。這種計畫會收取你可支配收入的10%，而可支配收

入的定義為你的調整後總收入，扣去你的家庭規模和州的貧困水準的150%。如果你在二十年後還沒有償還完畢（研究所或專業學校貸款則為二十五年），剩餘的本金和利息將被免除。Grad PLUS、Parent PLUS、直接合併貸款，和已廢止貸款方案下的貸款，則不適用此償還計畫。

能夠在二十年或二十五年後免除償還學貸，能讓你在收入跟借貸金額比起來相對較低時有所保障。還款額隨著收入下降而下降的方案也是同樣概念。比方說，當你失業時，還款額會減少。另一方面，假設你賺很多錢，最終的還款額有可能會遠超過當初借款金額，因為高收入水準的10%有可能是個很大的數字。怎麼會這樣？這跟你信用卡未償還餘額一樣。如果你不支付應付利息，餘額就會增加，使累積的還款額遠大於你一開始消費時刷的金額。

此外，假設你結婚了，你不僅需要根據自己的收入，還需要根據配偶的收入支付10%的費用！求婚時你可以順便提出這一點。「願意嫁給我跟我的學貸嗎？」

另一個缺點：假設你支付這種收入驅動的學貸二十年或二十五年。終於結束了，是吧？並非如此。國稅局將統計你所有未付的本金和利息（也就是其「免除」），並將其加入你的應稅收入。這可能會讓你需要繳納的稅金大幅增加。如果你不能一次付清所有稅款，也不用擔心。國稅局會讓你在一段時間內，以附帶利息的方式償還剩餘稅款，換言之，你又回到了償還貸款的狀態（只是這次金額較小）。

　　第二種收入驅動方案是以薪資為基準的還款計畫，條件是相對於你的收入來說，你背負的學貸金額相當高。還款額是你當前收入的10%或15%，取決於你賺多少錢。不過，你的年度還款額永遠不會超過你在十年標準還款計畫之下的還款額。

　　最後一句話需要解釋一下。假設你的標準還款計畫是每年1.2萬美元，為期十年。在薪資基準還款方案之下，如果你的收入超過12萬美元，每年的還款額最多依然是1.2萬美元，但你需要支付可能超過十年的時間。同樣，這也是因為在畢業的頭幾年你收入較低時，在支付低於標準的還款金額時產生的利息。

　　免除的時間點是二十年或二十五年後，這取決於你何時收到第一筆貸款金額。同樣，被免除的金額是要納稅的。至於結婚，只有在你提交合併申報稅單時，配偶的收入才會被納入10%或15%的還款收入額度。不然，你可以用已婚但單獨申報的方式來報稅，但這樣你要繳的稅也會比較高。現在，你的求婚台詞是：「請嫁給我，我們會變成生命共同體，不過報稅時除外。」

　　最後一種是薪資選擇償付方案（Income-Contingent Repayment Plan），這種方案向你收取標準固定還款計畫數額（根據你的收入調整），或者是可支配收入的20%，以數額較低者為準。如果你父母合併他們的Parent PLUS貸款，他們也能使用這種還款方式。與薪資基準還款計畫一樣，你

的年度還款額也有上限。但在這種情況下，其上限是浮動的：當你收入降低，上限就會降低。但這種額外保障的成本很高，大概是你收入的5%到10%。

你能在還款方面要手段嗎？

假如你收入很低，選擇薪資驅動的還款計畫看起來不會有什麼損失。只要你的收入低，還款額就會比原本還要少。如果收入增加，就能轉到標準還款計畫，並支付你在該計畫之下原本應該支付的額度，這個方式看起來很合理。

錯了！山姆大叔超級卑鄙！假如你一開始用薪資驅動方案還款，然後再轉回標準還款計畫，會發現餘額變高。

什麼？怎麼可能？

如果你的支付額低於十年還款標準計畫的要求，山姆大叔會把少付的錢連同利息一起累積起來，並把這個數額加到餘額中。

在薪資驅動方案底下，有個明確的方法能減少支付，就是提高退休帳戶的繳款數額。這會降低你的調整後總收入，從而降低你需要支付的款項。

免除及撤銷

聯邦政府有二種直接貸款免除方案。假設你替符合條件的雇主工作，比方說聯邦政府、州政府、地方政府或部落委員會以及非營利組織，公共服務貸款免除方案（Public

Service Loan Forgiveness）就能讓你在償還十年的貸款後免除償還。在這十年內，你的償付必須是基於剛才描述的薪資驅動計畫當中的其中一種。一旦支付到第十年，免除的金額也不需要納稅。教師貸款免除方案（Teacher Loan Forgiveness Plan）最多可免除1.75萬美元的直接貸款和一些不適用於新規定的貸款，前提是你在低收入的中小學或教育服務機構任教。

完全與永久的殘疾失能或死亡，也能完全解除你的學貸。但這或許不是大家會輕易選擇的方式。另一種可能但機會渺茫的撤銷方式，是根據美國破產法第七章或第十三章宣布破產。不過，你的貸款人能在法庭上抗辯說你能夠償還所有或部分欠款。所以這招未必管用，而且不管你獲得什麼樣的撤銷宣判，你都必須先證明自己再也無法維持最低生活水準。換言之，就是說償還學貸會奪走你的生命。

應該將聯邦學生貸款合併嗎？

一旦你畢業、離開校園，或註冊修課時間少於一半，就能將聯邦貸款合併。合併二十種不同的聯邦貸款中的一種或多種，包含似乎是由教育部推出的私人貸款，並不會產生任何費用，還可以簡化還款，並透過延長期限來降低每月付款金額。合併還能讓你使用薪資驅動還款計畫。但是，你的還款時間可能會拉比較長，前面我們就解釋過這樣成本會比較高。**你也有可能因為過去在公共服務貸款免除方案下那幾個**

月的付款而失去信用。合併貸款的利率是被合併貸款的利率加權平均值。

有二個計算工具能幫助你比較聯邦貸款的還款方式，一個是Studentaid.gov/loan-simulator，另一個是VIN基金會的學生貸款還款模擬器，網址為Vin.com/studentdebtcenter/default.aspx?pid=14352&id=7578014。後者主要是針對獸醫系學生，但這對任何科系的學生都適用。

最佳還款策略

學生貸款的利率要不是不高不低、高，不然就是超高。如果你有能力先支付一筆費用，以便用較低的利率替貸款進行再融資，請考慮這個選項，但要謹慎行事。私人貸方有可能會試圖協助你付更少費用，但也有可能會試著誘使你支付更多費用。如果想要看清他們提供的條件，最好的辦法是儘可能把每一個都抓來仔細比一比。如果你有一筆十二年的貸款，每月支付1,000美元，請貸款人告訴你，如果他們的貸款也是按月支付，那你每個月總共要支付多少錢。如果根據計算，他們向你收取的每月付款額較低，那就去申請貸款。

你關注的重點應該是先償還高利率的貸款，如果可能的話，盡量延長低利率貸款的支付時間。其中一個方法是將你的低利率聯邦直接貸款，合併到一個固定期限的標準還款計畫中，並利用這些貸款每月付款的減少，來加入償還你的高利率貸款（無論是私人還是聯邦貸款皆是如此）。

　　至於與收入相關的還款計畫，我認為是有問題的。如果你確定你的收入在未來二十至二十五年內會相當低，那你可能會在任何薪資驅動還款計畫之下支付較少費用。但是，如果你賺更多，最後可能會支付更多。保險的目的在於支付一些確定能夠減少下行風險的東西。在此，政府要求你支付不確定能讓你免受不利因素影響的東西。仔細分析，這三個與收入相關的還款方案，似乎都沒有對可能需要支付的最高金額設置真正的上限。而且，每個計畫下的平均還款額高度則取決於債務人未來收入的變動性。因此，一定要先仔細分析，來評估任何一個人的經濟收益與這些還款計畫的成本。我的基本原則是盡量遠離難以評估的複雜金融安排。所以，我的金錢祕訣是：

延長低利率貸款的期限來加速償還高利率貸款。
盡量使用標準的固定利率還款計畫來還款，
除非你100%確定你的收入會非常低。

回顧

以下有很多東西要重點整理，請看：

☑ 繼房貸之後，總額高達 1.6 兆美元的學生貸款，是我國最龐大的一種債務。每三位大學生當中就有二人借款。越來越多父母借了大筆錢來幫助孩子接受教育。

☑ 多數貸款是聯邦貸款，大學部學生的利率低，研究生、專業學生與家長的利率較高。大學部學生可以從聯邦貸款借到的數額很小，所以有部分的人不得不以相當高的利率向私人貸方借款，或者讓父母以高利率借款。

☑ 越來越多父母正代表自己的小孩用 Parent PLUS 聯邦貸款借款。關鍵在於，誰才是真正的付款人？假如父母期待孩子還錢，那學生（包含研究生與專業學生）所累積的債務額就遠高於檯面上所知的數字。如果父母打算讓子女償還或分攤他們的「貢獻」，就需要事先與子女討論他們的想法，因為小孩在財務規劃方面往往有些天真。那些打算因為償還 Parent PLUS 貸款而減少財產遺贈的父母，也該讓子女知道這件事。

☑ 從經濟角度來看，上大學是有風險的，而借錢上大學更是大幅增加這種風險。約有四成的大學生沒有畢業，因為他們沒有堅持下去的毅力或是沒錢了。許多輟學的學生花了數萬美元去大學修課，但其實能在網

路上免費學到相同的內容。學生畢業時平均背負3.3萬美元的正式債務，每七人中就有一人在畢業時背負超過5萬美元的正式債務。

☑ 有些借貸的風險太高、太昂貴。借錢時有40%的機會無法得到任何回報，這是超級高風險的賭注。就算你拿到學位，但為了唸書可能會借太多錢，多到你畢業時不考慮去做那份原本吸引你去讀大學的職業。

☑ 上大學但又不背負過多債務的方法，是以便宜的方式來接受教育。如果你來自低收入或中等收入家庭，那些標價高到離譜的大學算下來可能其實很便宜，因為他們向你收取的淨成本非常低。你需要透過比較來了解每間學校的淨成本。父母需要儘早採取措施，至少要限制特定資產（如果沒辦法事先規劃收入），不要讓這些資產（或收入）在政府的需求公式計算之下提升孩子上大學的淨價格。申請人需要針對他們申請的學校中感興趣的科系，排出以研究品質為主的排名。《美國新聞與世界報導》和類似單位的全國排名，其實是民意調查，並沒有認真比較研究品質。但高品質的研究才是傑出教育的基石。

☑ 取得大學畢業證書，基本上就顯示你有努力用功、專注、堅持不懈的本事。但如今，你也可以去一所價格低廉的學校，但同時修讀菁英學校的線上課程並取得證書與正式成績，來顯示你有這樣的特質與能耐。你也能從一所便宜、名氣較小的學校轉到一所昂貴、名

聲響亮的大學。讓人意外的是，有很高比例的大學生轉學，有些還不只一次。

☑ 財政援助有分好壞，好的援助比方說助學金和獎學金，壞的則是必須償還的貸款。大學將這兩類援助歸納在一起統稱為財政援助。不要被這種說法騙了！貸款是負擔，而不是幫助。不償還貸款會招致嚴重的後果，比方說積欠的金額隨時間推增加，你的薪資及社安福利都有可能被扣抵。

☑ 學貸利率都比你靠投資能賺到的還要多，有些甚至多出許多。還款時間越長，成本就越高。但迅速償還大筆貸款可能會讓你出現現金流問題。這就強化了我先前的論述：**不要倚靠借貸**，而是用低廉的價格來換取優良教育。

☑ 學生貸款有分成標準、分級，以及薪資驅動等類別。如果你未來的收入確定會非常低，而你已經借了很多錢，那薪資驅動貸款方案可能最理想。這種貸款將還款額設定為收入的一部分，並在二十或二十五年後提供豁免。但別忘了，提前還款是最安全的選擇，因為學貸利率很高。就個人而言，我會對薪資驅動還款方案避而遠之，因為其中的不確定性太高。

☑ 延長低利率貸款的期限，並利用多出來的資金加速償還高利率貸款，這是最理想的學貸償還方式。

Chapter 9

像經濟學家一樣投資

控制你的生活水準軌跡

　　美國有成千上萬名財務顧問，他們的頭銜讓人看得眼花撩亂*。他們的共通點是願意在收取費用的前提下，精準告訴我們如何投資。可笑的是，他們提供的建議卻不盡相同。有些人告訴你要持有指數基金；有些人推崇生命週期基金；有些人強調國際股市；有些人卻對黃金特別執著；有些人堅信比特幣才是我們的未來；其他人則把注意力擺在期貨或外國債券、聽起來很奇怪的貨幣或私募股權上。還有再生能源、健康、電動車科技與其他產業的專家，產業越熱門越好。還有，別忘了那些圖表專家，他們的建議是基於收益與交易量模式。我們也不能漏掉技術分析師、價值投資者、公用事業的信徒、股票股利狂熱者，還有……。

　　有這麼多人推薦這麼多不同的投資策略，有件事絕對不會錯：他們給的建議不可能都是對的。事實上，大多數「專家」多數時候都是錯的。但不用擔心，不管是對是錯他們都會跟你收費。針對共同基金管理人的研究特別能點出這個狀況。無論出於什麼原因，今年表現出色的管理人到了明年就會表現不佳。

　　沒錯，有些偉大的投資者有辦法長期戰勝市場。但他們很罕見、數量稀少。他們的資產管理服務也收取相當高的費用，而他們的優秀表現也有可能會退步。以傳奇人物巴菲特

---

* 清單中包含通過認證的財務規劃師、通過認證的財務分析師、股票經紀人、特許財務顧問、註冊投資顧問、特許投資顧問、金融風險管理人、通過認證的共同基金顧問、退休管理顧問、財務規劃專家以及經過認證的基金專家。

為例，他是奧馬哈的先知（Oracle of Omaha），也是世界上最頂尖的投資者之一。2019年，他的投資表現低於標準普爾500指數（涵蓋美國五百家最大公司的股票價格指數）高達37%！當然，沒有人會因為這樣說巴菲特跌落神壇，但他絕對是產業真相的最佳印證：

過去的成績不能保證未來的結果。

　　本章提供的主要是以經濟學原理為基礎的投資建議。我不會給你任何熱門的內線消息，叫你要「投資塑膠產業」或跟上下一波會賺大錢的趨勢。反之，我想要建立一個思考架構，讓大家用比較少的生活水準風險，實踐更高的長期生活水準。就像之前的章節一樣，本章也會提供許多訣竅。第一項特別容易實行，那就是盡量不要接受傳統投資建議。如我所說，這些建議是基於四大經濟錯誤之上。事實上，傳統投資建議就像用洛杉磯的地圖在紐約市開車一樣。你最後肯定會掉進東河（East River）。我會先讓大家穩穩站在陸地上，然後開始提供基於經濟學原理的指導。

　　談到投資，經濟學並不在意你會累積多少財富或能有多優異的投資表現。經濟學在意的是最重要的根本，也就是你在一段時間內的生活水準。當然，未來的生活水準走向我們無法確定。然而，這條路到底在哪裡以及會往哪些方向發

散（你的生活水準在未來每一年的平均值與變化），很大程
度上是由你所控制。如果你選擇從事高風險的職業、過度消
費、保險太少、提早退休、借錢拿去投資風險資產、未能分
散風險、跑到拉斯維加斯度假等等，你會大幅增加生活水準
的下行風險。不過換個方法看，這種行為也有可能提升你的
上行風險。不過，即使風險行為確實提高你生活水準的預期
或平均水準，你還是會忍不住狂吞抗焦慮劑與鎮定劑。這是
在提醒大家投資平均水準（包含維持償付能力的平均機率）
不該是唯一甚至是主要在乎的項目。

　　為了理解以經濟學為基礎的投資建議，我想讓大家想像
一張非常重要的圖表，圖表中列出你所有不同的可能生活
水準路徑。在這張圖中，你的生活水準（Living Standard；
LS）在縱軸上，而從今年開始的年份則標示於橫軸。你所
有潛在的生活水準軌跡都是從你目前的生活水準（今年每位
家庭成員的支出）開始。

　　下圖顯示五條軌跡範例，平均而言：非常高、高、位於
中間、低、非常低。這五條線都是根據一個高收入中產階級
家庭進行500次蒙地卡羅方法（Monte Carlo）模擬出來的。

　　雖然你所有可能的LS路徑都是由同一個點出發，但每
條軌跡會因為你在一段時間內經歷的隨機事件，而可能立即
開始往不同的方向發展。這些事件包含你將經歷的不同資產
回報軌跡。你的生活水準每年都會根據你經歷的事件而有所
改變，這在經濟學上相當合理。消費平滑化就已經將這些調

百分位軌跡數值

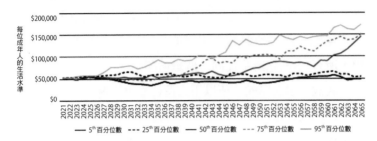

5th百分位數　　- - - 25th百分位數　　—— 50th百分位數　　- - - 75th百分位數　　—— 95th百分位數

整納入考量了。當你的投資獲得高回報時，你特別應該將收益分攤到現在與未來。所以你必須現在花一點，並把剩下的留到以後。道理相同，回報低時，你現在應該減少支出，未來也要預期有減少支出的動作＊。

由於支出不斷面臨這種調整，你的LS路徑看起來就像在不同方向徘徊蠕動的蛇，經常會互相交叉。大多數的LS蛇會在圖表中間徘徊，也就是生活水準的典型範圍。有些蛇會向北或向南蠕動若干年份，然後扭轉方向，然後又再一次上升和下降。其他路徑則會穩定朝一個方向發展＊＊。如圖所

＊ 如果不進行調整，也就是說假如你完全不規劃退休後的生活支出，就代表如果今年的投資收益意外地低，你會把今年的損失加諸到未來的生活水準上。唯一不會發生這種狀況的方法是，今年的負收益衝擊完全被明年或未來某個年份的正收益衝擊抵銷。遺憾的是，沒有任何東西能保證你今天在投資上遭逢的損失（包含在整個股票市場的投資），會被未來的收益給彌平。

＊＊ 即便你最後走上那條非常了不起的軌跡，也就是擁有極高生活水準的軌跡，也會有幾年掉到谷底或甚至是面對超低報酬。每條軌跡都會與其他軌跡交叉，這代表即使你花更多錢，平均來看，在任何給定的路徑上，都會有一些年份會花比較少。這裡的一個例子是，一個在一開始回報極差的軌跡，但在比方說15年後表現卻令人驚豔。這條軌跡很可能會與一個早期報酬優秀、但之後表現一直差強人意的軌跡交叉。在早期表現好或差都會產生「報酬順序風險」（sequence of return risk），這會影響到生活水準軌跡最後會停在什麼高度。這跟賽跑的表現一樣。如果你起頭很慢，之後要把距離拉回來就會非常困難；如果你起跑很快，擊敗競爭對手的機會就更大。

示，你的軌跡圖形成一種常見的錐形。從你目前的生活水準來看，這些軌跡有的往上、有的往下。而且如圖所示，所有蛇的尾巴（跟其他沒有畫出來的蛇尾巴）在今年都綁在一起，所有LS的軌跡都從同一個數值開始。

　　我個人很討厭蛇，所以用這個比喻來描述我自己都快吐了，你們大概也已經受不了。不好意思。但我需要大家想像一下你的生活水準路徑來成就最後的報酬：

你的財務行動會影響你的LS路徑與LS錐體。

所以，你其實有能力改善你的LS錐體外型。

　　你的LS錐體有三大關鍵特色：高度、向上傾斜以及擴散。改善LS錐體代表要讓曲線圖往上提升、向上傾斜，並讓開口變窄。這樣你的平均生活水準就會更高、風險更小。如果要產生更理想的LS錐體，就要運用我們已經討論過的所有金融煉金術，搭配適當的支出、投資、多樣化，以及避開債務的決定。

　　請容許我最後一次用蛇來比喻：提高、傾斜和縮小第95個百分位的最佳與最差軌跡，就好像把你所有的蛇尾巴綁在縱軸一個較高的點上，然後用一些老鼠引誘這些蛇往北走，同時不要距離彼此太遠（講到這邊可能真的有點太噁）。

討論如何想像和改善你的LS錐體時，我會大量借鑑勞勃·C·默頓（Robert C. Merton）和保羅·薩繆森（Paul Samuelson）這二位諾貝爾獎得主的經典研究，以及波士頓大學傑出的財務金融教授滋維·博迪（Zvi Bodie）的論述。多年來，這些專家與少數幾位專門在傳統金融與相對新興的行為金融子領域（在序言中提過）耕耘的經濟學家，他們的研究成果最後集結成一套與傳統建議大相逕庭的財務處方。這些處方中的每一項都體現出你想要學來改善LS錐體的金錢魔法。

其中最棒的一招是我保留在最後的那招。運用這個簡單的方法，你就能在設定生活水準底線的同時，仍然能投資有風險的證券，而這些證券的表現能讓你的生活水準高於底線。這樣一來，你的生活水準就有了一個底線，而且風險投資並不會降低未來的生活水準，只有可能讓未來生活水準提高而已。所以我將這種策略稱為「上行投資」，意思就是說你的生活水準不可能會低於底線。設定生活水準底線、永遠只會往上跑不會往下掉的這種策略或許最適合你。

關於LS錐體與底線的話題先到此打住，讓我們先來談我督促大家停止的事情：不要仰賴傳統投資建議。

傳統投資建議之基本與最讓人困擾的問題

接觸傳統投資建議時會碰到四大問題：目前有多少資產？替退休存了多少錢？想在退休後花多少錢？目前如何投

資？

　　有了這些問題的答案，就能輕易用蒙地卡羅模擬來判斷「你的」計畫成功率有多高，換句話說，就是你不會把錢花完的機率有多高。大家或許知道，蒙地卡羅是法國蔚藍海岸的一座小鎮，當地最出名的就是賭場（龐德的經典電影《皇家夜總會》（*Casino Royale*）就是在那裡取景）。和賭博一樣，投資也涉及一項主要的機會因素。蒙地卡羅模擬研究的是重複運算一個給定之隨機過程的結果。最簡單的例子是重複投擲一顆公平的骰子。每個數字出現的機率平均為1/6。投擲骰子的次數越多，頻率就會越接近1/6。

　　傳統蒙地卡羅模擬會計算出你的財務規劃，在一生中能讓你生活不至於困頓的時間長度。如果這份計畫的成功機率很小，如果多次模擬結果顯示你在過世之前就會把錢用光，你的財務顧問會搖頭說：「不好意思，這個計畫行不通。不過不用擔心，如果你投資我們的高收益工具，你這份計畫的成功率會上升到95%以上。沒錯，這些投資產品費用更高、風險也更高，但它們能讓你實現目標。」

　　許多金融顧問的客戶都上了這種當。而且幾乎所有顧問都會將這種陷阱包裝的正當合理。畢竟，這種投資組合風險分析的方式，在金融產業的各種顧問認證課程中都有教授。遺憾的是，這與經濟學推薦的分析毫無關聯。更慘的是，在這些模擬是基於四大經濟錯誤之上：

1. 持續存錢，但一直存錯誤的數額；
2. 無意識使用這筆數額絕對不正確的退休前儲蓄；
3. 設定一個退休的支出目標，但此目標跟你實際上能負擔的生活完全脫節；
4. 在毫無思考的情況下執行這個退休支出目標。

　　大量研究顯示，多數人的退休儲蓄無法確保他們能安穩維持餘生的生活水準。但是，傳統分析認為你目前的儲蓄水準是適當的，即便儲蓄的數額有可能太低。鼓勵你無意識繼續做這種不正確的退休前儲蓄動作，也就是叫你每年投入 X 數額的錢到戶頭裡，這也讓人憂心。這代表在退休前的每一年，當你的收入或固定支出（比方說孩子的學費）上升或下降時（絕對會發生這種狀況），你的支出以及連帶受影響的生活水準會無法長久維繫，代表你的支出需要上升和下降，因為他們基本上是叫你不要調整儲蓄數額*。這是消費干擾而不是消費平滑。

---

* 怎麼說呢？因為收入減去固定支出（稱之為 y），要不是用來維持你的生活水準（稱之為 c），要不是用於儲蓄（稱之為 s）。所以，y＝c＋s。如果從一年（或一個月、一週、一天）到下一年，y 上升或下降，而 s 保持不變，c 就必須增減相同幅度。例如，假設你的水管壞了，你需要從每年的稅後收入 5 萬美元中拿出 1 萬美元來修理。你的消費會受到 1 萬美元的打擊。也許你有 8 萬美元的資產（在支票、儲蓄或經紀人帳戶）。經濟學和常識會說用資產來支付這 1 萬美元。但這樣做代表你的儲蓄減少 1 萬美元，因為儲蓄是指每年淨資產的增加。動用你持有的資產會降低你的淨資產，從而降低今年的儲蓄，而根據傳統規則這是不可取的。

　　至於設定退休後的支出水準，好像沒什麼上限可言。就我個人而言，如果有財務規劃師問我：「你想在退休後花多少錢？」（他們的問法可能是「你設想的數字是多少？目標是多少？想達到什麼數字？」）我會回答：「每天10億美元。」顧問可能會回答：「抱歉，這辦不到，我們選擇另一條路吧。我們來規劃一下，讓你每年花掉退休前收入的80%。這是產業的標準替代率。」

　　關於替代率計算的問題，我可以寫上好幾頁，但是這邊就先不提。我只想說這個比率對多數家庭而言太高了。這通常會讓蒙地卡羅的失敗率提高，尤其是針對謹慎投資的家庭。當然，這種方式更能滿足你誤以為必要的需求，也就是進行風險更高、成本更高，但潛在收益也更高的投資。當然，這份計畫成功的機會大大增加。但是你窮到衣衫襤褸的機會也會大幅增加。當然啦，投資高收益證券帶來巨大損失的下行風險隨之升高，這個話題聊起來就不是那麼愉快。所以，投資顧問向你介紹財務規劃方案時，下行風險很有可能會被埋藏在厚厚的財務報告深處。

　　我來重申一下傳統投資建議的最大問題：推薦的投資風險過大、價格昂貴。

　　這種方法的另一個大問題是，假設計畫成功，錢會用不完。假設你在市場上大賺一筆，但如果你按照原定計畫來支出，你的支出會是固定的。所以，你會帶著一大筆還沒用掉的錢死去。這真的算是成功的財務規劃嗎？沒錯，你的孩子

能繼承更多，但你也可能膝下無子，或者你可能已經替他們預留一筆錢，或者他們的財務規劃相當優秀。俗話說的好：**就算有再多錢，死後也帶不走。**

費用很重要！（但不要跑去跟顧問解約！）

永無止境地累積財富確實對某人有幫助，那人就是從管理的資產中收取固定比例的顧問。要知道你付給專業金融從業人員的數額到底有多高。這裡有個例子。假設你60歲、已經退休，你住在南達科他州，而且只有一項資源：一個價值300萬的經紀人帳戶。你指望能從投資當中獲得高於通膨率2%的收益。繳完稅，你每年可以花將近10萬美元直到100歲。但是，如果你每投資1美元就要向顧問支付100個基礎點（一個百分點），最後會是什麼狀況？答案並不美好。你的可持續生活水準下降13%，降至8.7萬美元！跌幅可能更大，因為多數顧問的表現都比市場差。這個故事的寓意是什麼？以「小的」資產比例百分比作為糟糕投資建議的費用，這可是代價高昂啊！

雖然我對普通投資建議有諸多不滿，但我對傳統規劃的疑慮並不代表我要控訴這些從業人員。傳統理財規劃師並不是要敲詐你。他們是為了幫助你。這個產業並沒有提供他們經濟學培訓，只給他們目的是銷售昂貴產品的工具，這並不是他們的錯。在許多情況下，財務顧問公司禁止他們使用任何公司「批准」以外的工具。此外，許多提供傳統金融建議

的規劃師都知道自己的方法有哪些缺點，並且會根據建議和專業判斷提出最終建議，而不是單純根據某個軟體的建議來執行。

換言之，我不是要大家趕快去跟財務顧問解約！如果你的顧問真的有專業投資腦袋，或者能讓你不要犯下大錯，那就算每年要付高額的投資費也是非常值得的。此外，你的顧問可能會鼓勵你存更多錢、找到降低稅款的方式、帶著你領到更多社安福利，並施展其他金錢魔法。我的觀點是，就算服務費聽起來很少，比方說資產的1%，但作為你可持續支出的一部分，數額累積起來可能相當龐大。如果你覺得自己付太多錢，可以要求降低費用或按小時購買顧問的建議。更棒的做法是，請顧問在做規劃時以經濟學為參考依據。

審視傳統財務規劃師的動機時，我也要用同樣的標準來審視自己，這樣才公平。我並不是一位完全中立的評論者。大家還記得我的公司也有推出基於經濟學的財務規劃軟體嗎？實際上這是市面上唯一以經濟學為基礎的軟體。因此，如果你要求顧問根據標準經濟學來規劃，他們可能會購買這本書、我們的軟體，或者二個都買。不過，為了讓大家相信我不是那種兜售華而不實的傢伙，讓我提出兩項互不相關的證據，來說明經濟學界如何看待傳統的財務規劃。第一，我還沒找到任何一位支持傳統財務規劃的博士學位經濟學家；第二，我還沒有聽過有任何一個頂尖的經濟學或金融學博士班課程，有將傳統的個人理財納入課表。

如果你把上述內容轉述給你的顧問，他們可能會回答：
「我也沒聽過有任何一個傳統的財務規劃認證學位課程，有
在課程中納入以經濟學原理出發的規劃方式。」確實如此。
要不是我們經濟學家搞錯了，把一世紀以來關於儲蓄、保險
和投資組合選擇的研究講得一文不值，導致有好幾座諾貝爾
經濟學獎根本就頒錯了，不然就是財務規劃產業需要從根本
上重新思考自己的教學與從業內涵。

經濟學關於風險投資的重要觀點：這會讓你的LS錐體角度擴大

那我回頭來談基於經濟學的投資建議。首先，我想明確
說明風險投資如何影響你的生活水準風險，從而擴大LS錐
體角度。為了讓大家理解我的意思，請先把你面臨的所有不
確定因素忘掉，只要考慮其中一項：你投資的年度回報。為
了更清楚說明，假設你總是將儲蓄的100%拿去投資股票。
股票市場風險真的很大，股價不斷上漲下跌。當你根據市場
表現好壞來調整支出，生活水準軌跡會逐年跳動。你的LS
軌跡會隨著時間推移而分散，因為股市基本上是以一種「隨
機漫步」（random walk）的方式在發展。

關於這點的其中一本經典參考書籍，是普林斯頓大學
經濟學家波頓‧麥基爾（Burton Malkiel）的《漫步華爾街》
（*A Random Walk Down Wall Street*）。這本書目前出到第12
版，銷量超過150萬冊。這是一本關於金融體系歷史和運作

的好書。這本書賣得這麼好，就點出一個所有股市投資者都該學習的重要課題：

談到股票，

上升的不一定會下降，

下降的也不一定會上升。

隨機漫步的意思是一種變數，這種變數隨著時間推移而上升或下降的可能性一樣大。這就代表如果該變數今年下降，它明年再次下降的可能性或者上升的可能性一樣大。如果變量遵循這樣的過程移動，你可以看到這個變量的可能位置分布會隨著時間演進而呈現扇形擴散。

現在來設想一張特定證券，比方說特斯拉的股票。理論上來說，特斯拉的股價應該會跟任何其他資產一樣，以隨機漫步的方式發展*。這代表實際（經通貨膨脹調整的）資產價格下降和上升的可能性一樣大。明年如此、後年如此，未來每一年也是如此。所以長遠來看，股票價格平均不會比今天的價格高或低。換句話說，如果任何特定的股票今年下

---

* 如果資產市場是有效的，一項資產的當前價格應該反映出所有現有資訊。換個角度看，只有最新的資訊，比方說新的新聞（不管是好是壞），才會影響資產價格。根據定義，新資訊不是我們能預期的，也就是隨機出現的。所以隨機出現的新資訊就是股票市場隨機漫步的原因。

跌，它在未來沒有道理會恢復。繼續下跌的機率和回彈的價格一樣大。

你的第一個反應可能是：「天啊，股票市場的價值通常會隨著時間推移而上升，所以怎麼可能會隨機漫步？」股市確實普遍上漲，但這是因為公司通常會將大部分報酬再拿去投資。再投資的報酬（利潤）是所謂的「保留盈餘」（retained earnings）。打個比方，假設你擁有一棟房子，你把房子租出去。假設你用你的租金收入來升級這棟建築物，例如重新勾嵌磚塊接縫、粉刷飾條、修復地基、更換屋頂等等。你的房子的價值會因為重新投入的資金而上升，而不是因為每平方英尺的實質房價有所上升。實質房價有可能上升，也有可能下降。固定住針對資產的再投資因素之後，理論上來講，房價和股票價格一樣都是隨機漫步變化的。

以下是這堂簡短金融課中的重要理論與經驗要點：

長遠來看，

股票並沒有比較安全。

投資越多資金在股票和其他風險資產上，

你的 LS 錐體就會隨著時間推移而發散。

請反覆閱讀這則重點，因為這與傳統金融建議背道而馳。大多數投資者、金融顧問和金融公司似乎都相信，當前

的股票損失會在未來得到補償*。

　　波士頓大學的博迪提出強而有力的論述來反駁以下觀點：持有股票的時間越長，股票就越安全。正如博迪所言，購買股票市場損失保險的時間越長，保護費用的成本就越高。換言之，假設你想要購買保險以免市場下跌1/3，那如果你為20年後的市場損失投保，就會比為5年後的市場損失投保更貴，甚至貴上許多。原因是比起5年的時間，市場在20年內有更多時間能以近乎隨機的方式跌至特定低點**。確切來說，股票的歷史平均實際收益率很高，這代表你持有股票的時間越長，股票表現良好的機率就越大。但如果這些股票表現不佳，潛在損失的規模也會上升。**而我們更在乎的是下行風險而不是上行風險！**這就是為什麼你持有股票的時間越長，風險就越大。

---

* 事實上，許多財務規劃師建議購買和持有不同投資標的，並在未來不同時間點兌現，因為他們相信特定證券在特定時期是安全的。根據這種所謂的三桶投資法（bucketing approach），民眾應該將那些短期內應該安全的資產放在一個桶子裡，把那些在中期應該安全的資產放在第二個桶子，把長期看來應該是安全的資產（股票）放在第三個桶子。這個方法的概念是在每個桶子裡的資產有時間帶來其承諾回報之後，再把這個資產花掉。

** 此外，假如持有股票時間越長就越安全，民眾應該會拋售證券，比方說30年期的抗通膨債券（這是最安全的長期實質投資）。這樣會提高抗通膨債券的平均回報率（其票面價值維持不變，但價格下降，使比率上升），降低股票的平均回報率（其平均回報率不變，但因價格上升而比率下降）。但民眾並沒有拋棄長期抗通膨債券而選擇股票。事實上，以現在來看，這些證券的平均報酬率之間的差異（股權溢價），都比以往任何時候還要大！這一切的結論是什麼？很簡單，不要自欺欺人地以為股票是替退休儲蓄的萬全之策。股票高到令人振奮的平均報酬率，自然會讓我們想將股票納入自己的投資組合中。但是，我們將資產中的多少比例拿去投資股票，或者拿去投資任何優秀但高風險的投資標的，都需要先對自己的生活水準軌跡有所了解。

為什麼你的LS錐形軌跡呈現扇形發散？

大量金融研究顯示，資產價格遵循或幾乎遵循隨機漫步形式的事實，顯示如果你表現得很好（或很差），你會想把這種喜悅（或痛苦）分散到所有未來時期[*]。原因是平均而言，明天的報酬不會因為今天的收益而懲罰你；也不會因為今天的損失而獎勵你。所以，因為我們能預期明天的報酬是永久的，你的生活水準應該**在你從市場上獲得報酬的時候**，針對這些回報做出反應。因此，在你進行風險投資的時候，經濟學的消費建議是：

如果你表現得好，可以多花一點錢；

如果表現不理想，就少花一點。

但你應該多花或少花多少錢？這取決於你對於下行的擔憂和對上行的渴望有多大。你對下行的擔憂越大，你的風險趨避（risk averse）程度就越高，你對一般的支出就會更謹慎，這代表你在收到好消息時只會增加一點支出，面對壞消息時會大幅減少支出。

---

[*]「接近」這個警語反映出一項事實：股票價格確實表現出一些「回歸平均值」的趨勢，也就是說如果股票價格下跌，會有一些回升的現象，如果價格上升，之後就會有往下走的趨勢。但均值回歸的程度太小，不足以使股票成為比短期資產相對安全的長期投資。連比較安全都沒有，更遑論安全許多。

不管你對投資報酬消息的調整是謹慎還是大膽，這些調整顯然都是由你所獲得的隨機報酬之徵兆與規模來決定。所以，由意外投資報酬所引起的生活水準變化，本身就像隨機漫步一樣發展。這就是為什麼你的LS錐體會隨時間演進而擴散。沒錯：

如果你進行風險投資，
LS錐體會在某種程度上反映出隨機漫步的走勢。

了解你的錐體

由於每個人的資源不同，有些人的LS錐體本來就比較窄，有的人的角度則比較開。以年齡皆為70歲的傑克和比爾為例。傑克有1萬美元的資產，除此之外靠每月的一大筆社安福利生活。比爾有100萬美元資產，沒有社安福利金。假如傑克和比爾將他們的資產完全投資於不同期限的抗通膨債券，並將其持有至到期，他們都不會面臨任何投資不確定性。我們假設在這種情況下二人都有相同的終生支出。現在假設二人都將其所有資產投資於股票。他們二個人的錐體都會從原本的一條直線往外擴散。但是，比爾的錐體會急劇擴散，傑克的錐體則幾乎沒有散開來。

　　原因是傑克的生活水準幾乎完全取決於他的社安福利。無論他的1萬美元下降到1,000美元還是飆升到5萬美元，都不會對他必須和將要支出的金額有太大影響。對比爾來說，狀況截然不同。如果股票下降86%（就像大蕭條的前三年多那樣），或者甚至只是下跌50%（就像2000年至2002年那樣），或下跌53%（如同經濟大衰退時期），或是下跌34%（就像COVID剛爆發時的狀況），比爾眼前和未來可能負擔得起的生活水準也會大幅下降。另一方面，如果市場急劇上升（比方說2009年後的那幾年），比爾的生活水準也會大幅提高。

提升你的LS錐體

　　正如傑克與比爾的例子所示，你的LS錐體只有一部分在你的掌控之中。但在你能控制的範圍內，你必須儘可能將其提高，讓錐體往上傾斜，並且縮小開口的角度。我在書中花了許多篇幅告訴大家如何安全提升生活水準。我指的是真真正正的「安全」，意思是不管發生什麼事、不管投資是否成功，生活都不會陷入困頓。

　　讓我舉例說明。想像你是比爾，你說服超級富豪海倫阿姨（她已經不久於人世，而且注射超多嗎啡），說你不是她想像的那個蠢蛋，說她應該幫你設立一個抗通膨債券信託基金，每年支付你10萬美元，直到你人生的最大年齡為止。哇，你的LS錐體順利往上移動。不過，錐體的斜度跟發散

角度不會改變。你的LS在未來的每一年都會更高*。除了意外被解雇或成為失能者的突發狀況，計畫晚一點退休也會使大部分的錐體軌跡往上移。投資較少證券或者與收費較低的財務規劃師合作也會如此。預付房貸、進行適當的羅斯轉移和最大化社安福利金也是一樣。我來總結一下：

做出安全的LS行動，

能提高你的LS錐體高度。

讓LS錐體向上傾斜

如何讓你的錐體向上傾斜，藉此讓最糟的軌跡變得沒那麼可怕呢？答案就是無論投資結果如何，你在不同時間區段的消費行為都要更謹慎小心。謹慎消費代表你會在未來的每個時期累積更多資產。這反過來又代表隨著年齡增長，生活水準下降的機率會比較小。

這點非常重要。根據你的情況，如果要限縮長期LS軌跡往下走，謹慎消費與謹慎投資同等重要。事實上，更謹慎的消費能讓你有更多餘裕來積極投資。重述一下：

---

* 更準確說，稅賦會出現變化，所以構成錐體的每一條軌跡，或者在不同年份中的特定軌跡可能不會單純以相同的百分比均勻平行上移。此外，資源的安全增加可能會緩減現金限制，這也會對特定軌跡產生不同影響。

隨時間推移，

謹慎消費能讓你有更多餘裕來面對未來的投資失利，

並使你的 LS 錐體向上傾斜。

縮小 LS 錐體開口

　　這裡有二個關鍵的財務行動需要考量：分散資產持有量以及選擇一定的資產份額來投資風險證券。

　　資產多樣化就是把錢分散投資多種標的，藉此縮小你的錐體角度。最早榮獲諾貝經濟學獎的研究，就顯示分散投資能提高一定風險水準的平均收益，並且降低一定平均收益的風險。

　　為了了解多樣化分散的力量，我們假設你可以投資於資產 A 和 B。每種資產都有相同的機會翻為四倍或降至零。我們還假設這二種資產不可能同時成功：當 A 翻為四倍的時候，B 會消失。反之亦然。如果你把所有錢都投資於 A，每 1 美元的投資要不是變成 4 美元，不然就是 0 美元。把所有錢拿去投資 B 的狀況也是一樣。不管你選擇哪一種，平均而言，每投資 1 美元就會賺 2 塊美元。但在這種情況下，平均數對我們沒什麼好處，因為你面臨巨大的收益風險：有 50% 的機會會失去財富。如果你把一半的資產投資於 A，另一半投資於 B 呢？現在你每投資 1 美元**肯定會**得到 2 塊美元。換

句話說，你分散投資，將風險降低到**零**，但是沒有降低平均報酬率。

　　在這個例子當中，資產A和B是完全負相關的。其中一項表現好的時候，另一項會表現得同等不好。正如我們剛才所解釋，當以相同的比例構成一項投資組合時，A搭配B能產生一個完全安全的投資組合。大家先停下來消化這個訊息。單獨投資A或B都風險極高，但以同樣的比例投資A與B是完全安全的！

　　現在我們假設A與B不相關，但是具有相同的報酬特性。如果你在A和B中各投資一半，平均而言，你會獲得相同報酬，但你的報酬風險（其「標準差」，也就是平均報酬的平均變異）將減少30%。風險依然降低很多。簡言之：

◆

少量的分散投資能發揮很大的作用。

　　如果你能投資一百種具有與A和B相同回報特性的資產，就能將風險降低90%。遺憾的是，我們找不到完全負相關或大量不相關的資產。即便如此，現在依然能夠透過多樣化的魔力，在基本上沒有任何成本的情況下來大幅降低風險。

多樣化其實非常便宜且容易

　　大家現在都明白了，要是把所有錢都投資在特斯拉的股票，這絕對不是最明智的主意。由於特斯拉的股價是隨機漫步，所以明年跌落谷底跟增值的可能性是一樣的。所以你們決定要擴大投資組合，不只投資特斯拉，同時也要分散一些資產到再生能源公司上。這樣算是多元化投資嗎？只買一家公司的股票，遠比購買數間公司的股票更有風險。但是，把所有資產都擺在同一個產業部門還是很危險。比方說，假如有人發明一種超級便宜的方式來封存大量的碳，你所有的再生能源股票，包含電動車股票，都會一起下跌。到時候你會因為沒有持有煤礦而飲恨。此外，假如你已經判定某個產業會有不錯表現，也確實判斷正確，其他投資者肯定也會抱持同樣的觀點。所以，熱門產業的價格會因為這種預期而被抬高，潛在收益的發展空間會比較小。只有大家意料之外的新聞（**沒有人**預料到的）才會影響價格。不管是正面新聞還是負面新聞，這樣的資訊都是隨機而至的。不管我們談的是個別股票、特定產業股票的集合，還是整個股票市場，全都適用這個道理。想要在公開交易的證券上大賺一筆，甚至獲得高於一般預期的回報，唯一方法就是知道一些別人不知道的事。一個有效的金融市場特色是所有現有資訊會立即被使用並反映在資產價格上。

　　如果你有辦法輕鬆在股票市場上只買每支股票的其中一部分，並期盼整個市場上漲呢？好，我要告訴你一個好消

息：這是辦得到的！其實，經濟學家建議，在你持有股票的
範疇當中，你只需要持有整個股票市場的指數基金。目前，
你可以透過指數化（加權平均）的方式囊括整個股票市場，
以非常低廉的成本購買EFT（指數股票型基金），成本只
有三個基點，也就是投資金額的1/300。所以說，如果你在
整個市場的ETF上投資5萬美元，交易成本將高達15萬美
元。整個股票市場本身就是一個證券類別。一個全股市指數
基金包括大約3,500張公開上市的股票，並按其在市場估值
中的比例來計算。所以，除非你**合法**持用並能**合法**依靠專業
知識進行交易，否則經濟學家建議不要試圖去揀選贏家和輸
家。這個老生常談的祕訣必須再次重申：

經濟學指出，如果你要買股票，

要在價值加權的基礎上持有市場，

而不是個別產業部門、更不是個別股票。

　　經濟學觀點不僅止於此。經濟學還說要在市場加權的基
礎上持有整個金融市場，而不僅是股票市場。整個金融市場
包括私人與政府債券、不動產投資信託（REITs）、期貨、
黃金和其他貴金屬、比特幣和其他電子貨幣、外國貨幣、外
國股票、外國私人和美國政府債券。

　　跑去購買每一種全球證券的債權顯然是不切實際的想法。光是交易成本就會將大家擊潰＊。但是，有一些方法能讓大家用較低的成本投資海外，只不過是間接而非直接投資。比方說，你可以投資那些在海外有大量業務並持有大量資產的美國公司。美國財富五百大公司銷售額的40%以上是由外國人購買。這並不是巴黎人在美國購買福特F-150汽車，然後再把汽車運到法國。這是福特汽車在法國和其他外國市場銷售汽車，這些汽車大多是在美國以外製造。重點是什麼？

將相對大量的投資重點

擺在那些相對大量投資於國外的美國公司，

就能在投資上達到國際上的多樣化。

去槓桿化來減少LS風險

　　還記得我在Chapter 5強力建議大家還清房貸嗎？我當時說在擁有風險資產的同時欠下房貸，本質上就是在借錢賭博。如果用我們現在學到的詞彙來描述，這就是在擴大你的LS錐體角度，產生更大的上行與下行LS風險。正如滋維‧博迪在他傑出的著作中所言，任何固定的義務，例如支付孩

＊購買個別美國股票就不是這樣了。

子未來上大學的費用，都是一種跟房貸極為相似的債務。如果不償還或以其他方式免除這些債務，實際上就是在借錢賭博，並且要面對所有連帶的負面風險影響。

為了清楚說明這點，假設你有兩筆固定債務，每筆價值30萬美元。一個是在未來十年內每月支付3,000美元的房貸，另一項是在未來十年內每個月替女兒的私校支付3,000美元。為了簡化整個情況，我們假設沒有通貨膨脹、學費也不會漲價。如果你送女兒上學的承諾跟你住在家裡的承諾一樣強烈，那這兩項義務基本上就別無二致。如果你有足夠的現金，可以購買十年期美國國債來支撐這兩項義務（免疫策略）。事實上，針對房貸，你可以直接、立刻將房貸還清來免除這項義務。只要採取這項策略，被迫降低生活水準來負擔其中一項或兩項承諾的風險就會消失。你的LS錐體會縮小。相比之下，如果你將原本用於免疫策略的錢拿去投資股市，實際上就是在借錢進行風險投資。這裡的概念很清楚：

還清債務或針對債務採取免疫策略，
就能縮小LS錐體。
債務包含對自己或第三方的固定支出義務。

投資安全資產與風險資產：固定的終生投資組合基準

除了謹慎消費、分散投資和去槓桿化，改變你的安全和

風險資產組合也是另一種能大幅影響LS錐體分布的方式。

正如我們在傑克與比爾的例子所見,你的總資產組成(包含正資源與負資源),都會影響你的LS錐體輪廓。因此,到底該如何投資剩餘的終生資源中的資產要素,就變成一個棘手的問題。

為了解決這個問題,我們來回顧一下前面提到的默頓和薩繆森研究。他們探討的是只包含可取代(可交易、同質化)資產的資源。以下是他們的研究發現:

你對風險的包容度越小,

投資就應該越安全,

消費就應該越保守。

這個相當直觀的結論我們之前已經提過。更讓人吃驚的是他們提出的第二個結論:

隨年齡增長,

你的安全與風險資源組合應保持不變。

衰老並不代表

你應該將風險較高的投資組合轉為更安全的投資組合。

　　這個默頓和薩繆森投資組合法則（你的投資組合構成不隨時間推移而改變）是基於幾項合理的假設，但其中一項例外：你的所有資源可以立即出售並變成現金準備投資，如你的未來薪資。雖然如此，即便在你不能賣掉未來勞動收入並以最佳方式來投資收益時，這項法則還是蘊含很重要的金錢祕訣。

　　除了所有資源都可以取代的假設，默頓和薩繆森投資組合法則還以其他三項關鍵假設為前提：第一，家庭隨著時間推移會有標準的支出偏好，而非習慣形成偏好（接下來討論）；金融市場運作順暢正常，尤其是購買或出售證券沒有交易或稅賦成本；三，資產收益的分布不會隨時間變化。換句話說，特定的資產不會變得更有風險或開始產生更高的平均報酬。

　　就像可取代的前提，這些假設在現實世界中都沒有100%實現。不過，默頓和薩繆森投資組合法則能讓你在決定投資方式時走更長遠。現在，我就要用這套邏輯來拋出三個讓大家驚訝的財務震撼彈。

震撼彈一：富人應該投資債券，窮人應該投資股票

　　如果你以往接收的都是傳統財務規劃建議，這個建議聽起來可能有點荒謬，但這個建議的前提是我們在前面的傑克與比爾例子中談過的同樣概念，這個建議同時也得到默頓和薩繆森投資組合法則的支持。如果大家願意聽我舉最後一個

複製人例子，就能夠清楚明白。這個例子的主角是富有的艾瑪與貧窮的艾瑪，二人都65歲。二位每年都能獲得2.5萬美元的社安福利，但富有的艾瑪有1,000萬美元資產，窮人艾瑪只有1,000美元。假設二人能投資股票或安全的債券，除此之外別無選擇。

這裡出現一個棘手的問題：哪位複製人該把較多的資產份額拿去投資股票？

答案是貧窮的艾瑪。事實上，她應該將100%的錢拿去投資股票。

原因是什麼？貧窮的艾瑪基本上不會有什麼損失，假如她的1,000美元賠光了，可持續生活水準不會受任何影響。她的資產只占她總終生資源的1/1000。此外，雖然不是自願的，但貧窮的艾瑪實際上已經將她擁有的一切拿去投資安全的債券。除了名稱與稅賦上的差異，社安福利與抗通膨債券的固定息票流沒什麼兩樣。所以，窮艾瑪手上已有滿滿、滿到多出來的安全資產了。為了平衡她的投資組合，儘可能讓組合接近默頓和薩繆森提出的理想狀態，她的最佳決定就是將全部1,000美元的可取代資產投資於股票。

對於富人艾瑪來說，將1,000萬美元全部拿去投資股票是很瘋狂的行徑。如果股價暴跌，富人艾瑪的生活水準也會隨之崩潰。我們來設想複製人的LS錐體。因為相對於社安福利提供的生活水準，窮艾瑪的資產太少，她的錐體角度幾乎為零。將1,000美元投資於股票，角度不會有太大變化；

但是，如果富人艾瑪將她所有的資產都丟進股市，她的錐體就會急劇擴大。因此，她需要更謹慎投資。在她的案例中，她能遵循默頓和薩繆森的法則。比方說，將一半的資產配置在股票上，但絕對不是100%全部丟進去。

重點是什麼？

在其他條件相同的情況下，
越富有的人更該減少股票投資。

我猜許多超級有錢的富豪應該從來沒有從投資顧問那邊得到這個建議。業界的觀點恰好相反：越富有就更該進行風險投資。事實上，私人財富經理（有錢人的顧問給自己貼上的冠冕堂皇頭銜）會告訴你說他們的客戶不需要錢來消費。他們只想將留給孩子的遺產最大化，而做到這一點的方式就是長期投資高收益證券。這完全是被誤導的觀點。父母留錢給子女的原因大概是想提升子女（以及後代子孫）的生活水準。因此，拿子女的遺產做賭注（特別是假裝股票長遠看來更安全），就是拿子女的生活福祉去賭。不要搞錯了，高收益永遠伴隨著高風險，同時還有私人財富經理的高收費。

震撼彈二：年輕人應該大量投資股票，但原因不是股票長遠來看是安全的。

這項原則是生命週期基金的核心重點：年輕時，將大部分的錢拿去投資股票；靠近退休年齡時，逐漸將投資比重轉移到債券上。這個概念很有道理。年輕人的資產非常少。他們的主要資源是當前與未來的勞動收入，也就是人力財富。對多數人來說，我們的收入與股票市場沒有密切相關。所以年輕的時候，我們當前和未來的勞動收入通常更接近於債券而非股票（確切來說是抗通膨債券，因為收入通常會隨著通膨而略有增長）。

加拿大約克大學的傑出財務金融教授摩什‧米列夫斯基（Moshe Milevsky）寫了一本很棒的書，書名乍看之下有點怪：《你是股票還是債券？》（*Are You a Stock or a Bond?*）。這本書是以博迪、默頓和薩繆森（這次是比爾‧薩繆森（Bill Samuelson），保羅的兒子）的一篇優秀財務金融論文為基礎。米列夫斯基的觀點是，如果你很年輕，而且你的收入不隨股市變動，那大量投資股票就能讓你更接近你所期望的、所有資源都是可取代的、符合默頓與薩繆森法則的、年齡不變的投資組合選擇。

米列夫斯基還考量了更罕見的選擇：你的收入高度依賴股市。這裡的一個例子是替一家遊艇公司工作。如果市場下跌，持有股票比例過高的富人可能會減少購買遊艇。在這種情況下，你的老闆可能會減低你的工作量。在這種情況下，

米列夫斯基會說你是股票而非債券。因此，為了儘可能接近
默頓與薩繆森法則的最佳狀態，你應該將資產分配給債券，
因為你實際上已經大量投資於股票了。

我來記錄一下重點：

如果你是年輕的債券，請主要投資股票；

如果你是年輕的股票，就主力投資債券。

請注意，這個建議似乎與我剛才介紹的許多案例不同，
在那些案例中，所有年齡段的家庭都投資於長期抗通膨債
券。不過，我剛才提出的觀點是關於提高生活水準的安全方
式，並沒有去探討風險投資的問題。

假設你既不是股票也不是債券，而是比特幣。換言之，
你的勞動收入變化非常大，但這種變化與股市沒有關聯。或
許你就跟我的朋友哈里斯一樣，他靠寫劇本維生。每年，哈
里斯都不曉得是否有人會花一大筆錢買下他的最新劇作，
還是在翻過第一段之後就把劇本退回來。如果他們在一個月
內就寫出一本劇本，他還有機會碰碰運氣。但是他的每一部
作品都花了一年的時間來撰寫，所以，沒錯，他是一個比特
幣。

哈里斯在市場上的投資，應該比有可靠收入的人多還是
少？答案是更少，而且少很多。雖然他不能指望當他收入下

降時股市會下跌（所以他不是股票），但當他希望能賺進大把鈔票的案子破局時，市場還是有可能會自顧自下跌。哈里斯無法承擔這種風險。不過，他多年來一直都很自責沒有像朋友一樣在市場上大賺一筆。

哈里斯現在已經60歲。他喜歡把自己逼很緊。但他事實上也做出很聰明的抉擇。他不僅避開市場，還瘋狂儲蓄。結果是他現在的財務狀況非常安穩妥當。在未來的日子裡，他能享受的生活水準會比工作時期還要高。這邊的重點很簡單：

不要加倍承擔風險。

如果你收入不穩定，

市場就不適合你。

震撼彈三：退休者年齡越大，就更該多投資股票

以下是默頓與薩繆森法則提供大家的另一項金融震撼彈。我們常聽到的建議是，老年人年紀越大，就應該把資金從股市當中慢慢轉移出來。但這忽略一項事實，也就是許多（就算不是多數）老人會隨著年紀增長而耗盡資產。他們的資產消耗反映出之前討論過的觀點：假如你不是極度厭惡風險的人，那可以賭賭看自己有沒有可能在最大生命年齡之前死亡。這場賭局的重點在於選定一個基於年齡的生活水準軌

跡，這條軌跡從一個年齡開始逐漸下降，比方說80歲。到了80歲，你從事旅行、上健身房、滑雪和其他昂貴活動的能力就開始下降。設定這種基於年齡的生活水準模式，代表你會在生命前期花費更多，但同時也清楚知道如果自己活越久，花費就越少。隨年齡增長，你的資產會越來越少。但你那類似於債券的社安福利會維持固定。因此，正如默頓與薩繆森所建議：如果要試圖維持風險資產與安全資產的恆定比例，就必須擴大股票投資在不斷縮小的資產中的比例。

讓我們重述重點：

老年人的金融資產減少，
就應該將剩餘資產中更高的比例拿去投資股票。

做空你的雇主

針對大多數美國勞工，人力資本是他們最大的經濟資源。然而，你在一家公司待越久，累積的特定工作人力資本就越多。這些是不易轉移到另一家公司的技能（舉個貼近現況的例子，例如你在保密協議合約之下替一家公司製作COVID疫苗）。所以，你的公司業績不佳和倒閉的風險，也就成了你的風險。你變成股票，而且不是一般的股票，是你公司的股票。

理想情況是，你會想要買一份保險，能在公司倒閉時得

到報酬。但這種保險沒有市場，為什麼？如果有大量員工買了這種保險，他們可能會集體推卸工作，來讓公司倒閉並獲得理賠。保險公司事先意識到這點，就不會提供這種保險了。

然而，如果你公司在股票市場上市，你就有辦法將你的公司做空。安全的做法是購買名為看跌期權的特殊金融證券，如果你公司的股票跌到一定價值以下就能得到回報。遺憾的是，這種期權的購買成本很高，而且在你仍然在公司任職的期間，需要每年持續購買。所以，經濟學家會告訴你這不在可行範圍內。

不過有兩件事是可行的。如果你已經將公司的股票視為薪酬的一部分，那就把股票賣掉。否則，公司倒閉時你不僅會失去工作，公司的股票也會變得一文不值。第二招是投資公司競爭對手的股票（或任何會因為你的公司倒閉而受益的公司的股票）。這聽起來很沒良心，但這只是在兩面下注以避免虧損、保護你的生活水準。這就像當你持有A時買入B，而A與B是之前描述過的完全負相關的證券。簡單來說就是：

不管你有多愛你的公司，
可能的話請賣空它。

掌握市場風險（如果不是收益）的時機

　　如前所述，默頓與薩繆森的其中一項假設是收益分布在一段時間內保持固定，這當中包含股票市場的波動性，也就是所謂的恐慌指數（VIX）。這基本上是正確的，但在短期內（如大衰退和COVID流行期間）VIX指數飆升。這種現象改變原本要大家不要試圖擇時交易的原則，而擇時交易意味著你知道市場不曉得的東西。結論是：

掌握股票市場的風險時機。

市場波動性增加時，

減少你持有的股票與其他風險資產。

　　一樣，這個做法並不是為了戰勝市場，而是為了保證你的安全。如果你的投資選擇（作為一個組合）風險變得更大，那就重新分配到安全的區域。

上行投資

　　到目前為止，我們一直在討論標準的經濟人該如何管理自己的財務。但正如羅馬人所言「De gustibus non est disputandum」，意思是每個人的喜好只是主觀意見，沒有對錯。大家就是有自己特別偏好的事物。事實證明，有些人對自己目前的生活方式有著難以撼動的執著。這些家庭有「習

慣偏好」。當然，他們想要擁有比過去更多的消費，但他們也非常不甘願降低生活水準。他們希望生活水準能提高，卻無法承受生活水準下降*。

如果你活在害怕生活水準下降的致命恐懼中，怎麼有可能投資任何有風險的東西？答案非常簡單。你投資風險資產，我在此直接用股票市場來代指風險資產。而你這樣做就像大多數人在賭場賭博一樣。

我說個關於賭場與經濟學家的故事給大家聽。美國經濟學會（American Economic Association）第一次在拉斯維加斯舉行年會時，也是最後一次在那裡舉辦。我跟我的書呆子夥伴做了拉斯維加斯年會承辦酒店期待會議參與者做的事。我們下飛機，到酒店辦理入住手續，然後直奔賭場。但我們跟普通的拉斯維加斯旅客不同，我們不是去賭博的。我們的目的是喝免費的飲料跟做一些非正式的研究，也就是說我們想親眼看看某一種類型的美國人喜歡在一個嘈雜、俗氣、空氣不新鮮的地方玩各種賭場遊戲（擲骰子、老虎機、21點等）：看看你能用多快的速度把錢輸掉。

與股票市場不同，賭場賭博的預期報酬率是負的，而不是極高的正值。用生活化的語言來說，這就是在低於公平賠

---

* 以數學角度來看，他們當前的幸福（經濟學家稱為「效用函數」（utility function）），不僅取決於他們目前的生活水準（每位家庭成員的支出／消費，還取決於他們過去的水準。這些偏好有不同的公式化表述方式。比方說，我們能將過去的水準總結為一個平均值。

率的情況下賭博。賭的時間越久，失去所有籌碼的機會就越大。

幾乎所有參與年會的人都站在那裡觀察了幾個小時，對眼見的一切感到目瞪口呆。我們當中的幾個人在老虎機裡丟了幾塊錢。但是因為在場的同儕壓力很大，沒有人下場玩賭注比較大的遊戲。因為賭注大的遊戲與經濟理性背道而馳，沒有人想讓同事知道自己在經濟上是個瘋子。這會讓他們在剩下的學術生涯中有一種被貼上紅字的感覺。

白天，我們在酒店中的幾間會議室舉辦會議。到了晚上，就直接到賭場喝免費的飲料，並親身觀察經濟學理論說不能發生的事。就這樣，拉斯維加斯要美國經濟學會**不要再來了**。

雖然花了一段時間才有所領悟，但我最後發現我們這群傲慢的經濟學家錯過一件很重要的事。多數人在賭博時用的錢都是他們願意賠掉的固定數額。事實上，就算不是多數人，許多人進賭場時都只攜帶現金，而將信用卡留在酒店房間內。我和前妻去猶他州國家公園旅行的路上，在拉斯維加斯停留時就是這樣。周遭沒有經濟學家來觀察我違反理性原則的行為，所以我們很享受那種把口袋裡的100塊美元輸掉的感覺（很可惜，我們半小時就輸光了）。

把信用卡留在酒店房間，就代表我們替生活水準設了一個底線。我們可能會賠掉200塊美元，但我們的假期和未來的生活水準不會因此打折扣。上行投資基本上就是以類似方

式在股市中進行投資（**但比公平賠率高得多**），同時為生活
水準設定一個底線。

　　這個概念非常簡單。搞清楚你目前在市場上投資多少
錢，釐清你還會增加多少投資以及何時增加投資，然後做一
個極端的假設：**每一分**投資的錢都會賠掉。在此基礎上制定
一個終生消費平滑計畫，只投資抗通膨債券或是I系列債券
（接下來就會解釋）直到到期。由於這些投資實質上是完全
安全的，你能畫出一條有保障的生活水準路徑。你已經替自
己的生活水準設定一個底線。

　　接下來，設定一個你要開始從股票投資中提取**所有**資金
的日期（假設你在股市中還有錢）。另外也要設定提取資金
的期限。比方說，假設你將第一次提款的年齡設為60歲，
最後一次提款的年齡定為75歲。那當你活到60歲，提取總
額的1/15，並用其中的一部分來提高你60歲那年的支出。
將剩餘的部分拿去投資抗通膨債券，在未來的每一年內花
掉一部分本金與實質收益。換言之，增加60歲那年的支出
時，增加幅度不能讓你無法讓未來所有年份的支出增加相同
數額。當你來到61歲，提取剩餘餘額的1/14，並再次提高
你的可持續支出，將所有剩餘資金投資於抗通膨債券。用這
種方式投資，相對於你的安全生活水準底線而言，你只會面
臨上行生活水準風險。唯一可能的結果是，你在60歲到75
歲之間的每一年都會花更多錢。75歲以後，生活水準將保
持在75歲時的水準。所以我將這種策略稱為「上行投資」。

把投資在股市中的資金當成我跟前妻帶去賭場的現金。我們的策略是如果贏錢，那就在我們離開賭場之前不花一分一毫，也就是說不讓贏來的錢會因為繼續賭博而損失。

總結一下：

上行投資能讓你在投資股市的同時
保持生活水準基準。

如果要進行上行投資（我強烈建議多數人這麼做），你需要了解抗通膨債券以及看起來更讚的同類型I系列債券。

I系列債券

如前所述，抗通膨債券是由美國財政部發行、具有通貨膨脹保護的不同期限之債券。每年債券的息票支付和承諾的最終本金支付，都會根據前一年的通貨膨脹率進行調整。名義上的利息是要納稅的。但是，除非稅金大幅提高或山姆大叔不履行其官方債務，否則抗通膨債券是完全安全、真實的投資。換句話說，以現今的美元計算，你會確切得到政府承諾會給你的回報。

如果你真的去投資抗通膨債券，持有這些債券直到到期是正確的做法。抗通膨債券的價格和其他有價證券一樣不斷上漲下跌。價格上漲，抗通膨債券的收益率（它們支付的票

據除以價格）會下降。但新的價格與新收益率的乘積保持不變。這就說明為什麼單純持有抗通膨債券並忽略其價格波動，就能確保你獲得固定的實質報酬[*]。可以將這種債券比喻成你的住家。無論價格是漲是跌，它提供的住房品質都不會改變。以屋主的身分來看，如果你的房子價格上漲，你的情況會更好。但假設你是**租自己的房子來住**的房東，你的狀況會更糟，因為你隱隱支付更高的租金：估算租金上升了。這二種影響相互抵銷，所以如果你依然住在你的房子裡面，房價變化並不重要。

I系列債券（正式名稱為I系列儲蓄債券）是抗通膨債券的表親，但看起來更棒。這種債券是在1998年推出，能直接向美國財政部購買。與其讓市場決定收益率，不如讓財政部決定。I系列債券只有在你賣出時才會得到回報，它們是「零息」債券。銷售價格會根據你購買債券後的通貨膨脹和購買時設定的利率進行調整。債券在三十年後到期，但能在任何時候出售。由於利率是由山姆大叔設定，不是由市場決定，所以I系列債券的收益率能大幅高於抗通膨債券。這種債券也有更高的稅賦優勢。I系列債券的利息在出售前不

---

[*] 與持有至到期的抗通膨債券不同，傳統債券是有風險的，尤其是中期與長期傳統債券。在我寫作的此時此刻，市場正為三十年的大約1.5%的通貨膨脹率定價。但是，假如錯估一個百分點，假如未來三十年的通膨是2.5%而不是1.5%，三十年後收到的一美元的實際價值會比現在市場預測少大約1/5。傳統債券支付的是美元流，一種名義流，而不是根據通膨調整的美元流。如果通膨率高於預期，每個私人和政府債券的整個支付路徑會失去購買力。通貨膨脹持續上升是傳統債券的一大風險，這也是它們的價格可以在一夜之間下降很多的原因。

需繳稅，利息免徵收州稅和地方稅。如果你用出售I系列債券的收益來支付高等教育費用，利息也免徵聯邦稅！每位家庭成員每年可購買價值25至1萬美元的I系列債券。因此，如果你家有五口人，每年可以購買高達5萬美元的I系列債券！

關鍵重點：

無論採取什麼投資策略，

I系列債券和抗通膨債券都是很棒的資產。

如果你追求上行投資，

它們也是建立生活水準底線的理想選擇。

回顧

☑ 傳統投資建議對你的財務健康來說是有危害的。傳統
投資建議是基於四大財務錯誤之上，而這些錯誤是傳
統投資規劃所鼓勵的。

☑ 基於經濟學原理的投資建議將重點擺在你的生活水準
軌跡錐體。如果你更積極投資或消費，錐體會更寬，
下行風險會更大。

☑ 運用本書的技巧來安全提高你的生活水準，就能讓你
的生活水準錐體向上移。

☑ 基於經濟學的投資建議需要根據你的年度收益每年調
整支出。這種調整的必要就反映出證券收益的隨機漫
步特性。

☑ 長遠來看，股票價格遵循隨機漫步的形式起伏的事
實，代表股票長遠來看是風險更高而不是更安全。

☑ 遵循本書的技巧，你就能控制生活水準錐體的高度。
只要更謹慎支出，你就能將錐體開口向上旋轉。透過
多樣化投資，平均而言你能夠擁有相同的生活水準，
但是面對的風險更小。這樣能縮小你的錐體開口。

☑ 充分的多樣化投資需要根據每項風險資產在全球市場
中的比例來持有這些風險資產，這樣能減少生活水準
錐體開展的角度。

☑ 投資更多比較安全的資產，例如抗通膨債券和I系列

債券，能降低你的生活水準風險，這也代表你的生活
水準角度（開口）會變小。

☑ 假設你的所有資源都是可取代的，應該要設定一個全
球終生投資組合的額度。然後根據你無法直接分散全
部資源的情況，隨時間推移調整你的資產配置。一般
來説，在這種調整之下，年輕人應該持有比例高於其
他資產的股票，而富人持有的股票比例應該少於其他
資產。老年人隨著年齡增長，應該逐漸增加股票在投
資組合當中的份額。

☑ 判斷自己是股票還是債券，並進行適當的投資，例如
間接做空雇主的股票。

☑ 如果你很難改變自己的習慣、無法容忍生活水準下
降，那就進行上行投資吧，這就像是一個有責任感的
人上賭場賭錢的方式。設定一個你能透過投資抗通膨
債券和I系列債券來維持的生活水準底線。把沒有用
來建立底線的資源投資到股票市場當中。但是，在你
賣掉任何贏來的錢，並用這些錢來建立更高的生活水
準底線之前，不要把股票花掉。任何賣出時沒有花掉
的贏利都應該拿去投資抗通膨債券和I系列債券。

Chapter 10

製造專屬的金錢魔法

50個我最棒的祕密

　　創造自己的金錢魔法很簡單。只要執行我提供大家的祕訣就行了。某些祕訣顯然適用於特殊情形，比方說領取社安福利的資格。因此，請將《金錢魔法》擺在手邊，在你面對人生中挑戰性十足的財務事件，或當你發現摯愛的姪女南希陷入困難的人生抉擇時，隨時回顧這本書中的解套咒語。你絕對不可能時時刻刻都謹記這些咒語，就連我也沒有倒背如流，還是需要時常回顧瀏覽。山姆大叔針對稅制與福利進行「改革」，加上新的、更好的金融商品陸續出現，許多咒語也會隨著時間推移而改變。我希望大家將這本書當成金融聖經，或至少是一本金融年鑑，並且期待未來出版的修訂版。另外，大家也能到Kotlikoff.net逛逛看看，應該能在上面讀到我寫的各種專欄文章，裡頭都有提到最新、最了不起的財務金融技巧。

　　有句古老的教學格言說：「簡述你想告訴他們的概念，然後深入闡述解釋，最後再親身實證、實際演繹。」要實際演練對我來說是有點困難，所以讓我重述一次前五十大金錢魔法。以下列出的項目沒有按照特定順序排列。不排序的事實大概也點出其中最重要的金錢祕訣：無論你身在何處、處於什麼階段，都有辦法安全累積更多資產、用一定數量的金錢變得更快樂，並且在財務上更安穩。

1. 償還你的債務，來跟你認識的人（你自己）一起投資。

2. 利用退休帳戶的繳款、轉移和提款來減少終生稅金。也要確保供應足夠的金額來獲得雇主配比！

3. 幾乎所有人都該等到70歲再領取社安福利退休金。

4. 不要借錢上大學。這太花錢，風險也太高，會困擾你一輩子，而且讓你無法追求夢寐以求的職業。

5. 選擇除了你以外所有人都討厭的工作和職業。

6. 房貸是稅賦和財務上的毒藥！請儘可能把房貸繳清。

7. 生活水準是你的重要根本。根據不同投資和支出策略，模擬其潛在的發展路徑，看看這些策略最後會帶你停在哪個點。

8. 為錢而結婚。你絕對值得。沒錯，錢可以買到愛（當然也能讓你墜入愛河！）。

9. 為你的生活方式抉擇定價，藉此用你的錢買到最大快樂。

10. 越富有就越不該投資股票。

11. 談到持有風險資產，請在你能以低交易成本購買的證券範圍內進行分散投資。

12. 如果把距離拉到幾個時區外，你的理想家園可能會便宜許多。或者，那可能是一個沒有州所得稅、州遺產稅以及州繼承稅的州。

13. 持有房貸或保留其他固定的支出義務，同時還進行風險投資，這樣就是在借錢賭博。

14. 擊敗市場的其中一個可靠方式就是購買I系列債券。

15. 持有股票的時間越長，風險就越大。避免採用三桶策略，因為這種策略讓人誤以為持有股票的時間越長就越安全。

16. 如果你是股票，就買債券；如果你是債券，就購買股票。

17. 真摯表達你對公司的忠誠，努力讓公司更好，但在財務上請做空公司股票來保護自己。

18. 對許多人來說，提前退休等同於在財務上自殺。最後，你退休的時間可能會比你工作的時間還要長。

19. 長壽是情感上的夢想，卻是財務方面的惡夢。

20. 魚與熊掌可以兼得：你可以用低廉的價格享受菁英教育。

21. 傳統財務規劃有可能對你的財務狀況構成危害，因為那跟經濟理論完全脫鉤，而且會建議你採取顯然非常荒謬的金融行為。

22. 你不能指望自己會準時死亡。請規劃自己能活到最大年齡，而不是規劃到預期壽命。應對長壽風險的方法應該是在年輕時以較高支出水準生活，而不是假設自己絕對活不過預期壽命。

23. 透過縮小住房規模、租屋、同居或跟子女做好「售後回租」的約定，來釋放「被困資產」。反向房貸不僅價格昂貴，風險也很高。請不要做傻事。

24. 如果你是鰥夫或寡婦，而且剛好60出頭歲，同時開始領取社安福利的遺屬與退休福利可能會使你損失慘重。

25. 離婚的下場絕對是兩敗俱傷。與你的配偶商定一個公平的生活水準比例，然後一起想出能讓雙方都過得好的解決方案。

26. HSA與其他殊價財儲蓄工具是最棒的節稅工具。

27. 利用退休帳戶中的錢來推遲領取社安退休福利。

28. 激進的消費與激進的投資一樣有風險，有可能對生活水準帶來下行風險。

29. 避開薪資驅動的聯邦學貸方案，除非你100%確定你永遠是低收入者。

30. 通貨膨脹是潛在的巨大金融風險。通貨膨脹會降低任何名義上的未來收入實際購買力，例如薪資、年金或利息支付等。美國已經破產了，並且正在借錢和印錢來還債。在我看來，這會讓包含國債在內的中長期名義債券變得風險極高。因此，在搭配投資組合來建立生活水準錐體時，我建議在組合中納入抗通膨債券而非傳統債券。

31. 固定利率的房貸有一個很棒的特點：可以對衝通貨膨脹，因為你是用被通膨稀釋的美元來還款。

32. 講好聽一點，傳統投資建議會讓人有一點沒把握。這些建議是基於四大經濟錯誤之上：年輕時存錯錢、不加思索地使用退休前的儲蓄、老年時以錯誤的方式消費支出，以及從來不去適應市場狀況。

33. 竭盡所能去比較不同職業、不同工作以及不同住房選擇。時時刻刻都要了解自己做的選擇。

34. 退休後，逐年增加股票與其他風險資產在總投資組合中的比例。

35. 你是否提前領取社安退休福利？請在完全退休年齡時暫停領取，並以每年8%的成長比例等到70歲再領（但不是複利）。

36. 所有生活方式的抉擇，比方說轉換職業、搬家、結婚、生子、離婚，都是要付出代價的。用你的可持續生活水準來衡量所有決定的價格。

37. 如果你的收入夠多，能在任何年齡段繼續提高你的社安福利。任何年齡在60歲或以上、收入超過應稅收入上限的人都屬於此範疇。那些社安福利承保收入記錄很短或不完整（有許多小數值）的人也不例外。

38. 社安福利有十三項「不用就損失」的福利，請確保你拿到屬於自己的福利。

39. 最大的401(k)／IRA／羅斯稅賦優惠不是推遲繳稅，而是將稅金轉移到較低級距的年份。

40. 共同生活的經濟效益不容小覷。如果有必要，可以搬去跟媽媽一起住。媽媽煮的飯可能更好吃。

41. 你是不是因為賺太多而失去社安福利？不用擔心，你幾乎能把那些福利拿回來。收入測定是一個邪惡的政策。它讓那些提前領取福利的人相信自己在工作中會繳納高額稅金，但這通常都不是事實。

42. 如果你非常擔心下行風險，那就像上賭場一樣投資股市。為你的生活水準設定一條基準線，並且只用已經轉換為安全資產的股票來支出消費。

43. 社安福利局的操作規程當中有幾十萬條規則，而他們的工作人員常常會把某些或全部規則搞錯。多跟幾間社安福利辦公室接洽，自己也要做足功課。

44. 如果你父母幫你借款上大學，請討論這筆錢要由誰來還。也要釐清他們是否會為了「協助」你上一所你們負擔不起的學校，把本來要留給你的遺產花掉或是犧牲他們自己的福利。

45. 考慮自己當老闆，這是最有保障的工作。

46. 從羅斯或甚至是普通IRA當中提取資金來償還房貸，能獲得巨大回報。

47. 擁有房屋能享有一項重大的減稅優勢。這跟持有房屋貸款無關。

48. 決定是租房還是買房時，不要忽略被困資產的價值。把房子留給孩子，或將其視為財務安全保障來換取住進妥善的醫療照護中心的資格，這些並不是住房成本。

49. 結婚時要考慮到離婚。這是很有可能發生的。擬定婚前協議來保護你自己和你的愛人。

50. 運用本書提出的安全賺錢祕訣，來提高你的生活水準錐體、使其開口往上旋轉、讓錐體的開口縮小。這些建議主要是要大家隨著時間推移謹慎消費，並透過限制和分

散你所持有的風險資產，來以不是那麼激烈的方式投資。跟上行投資不同，採取這種策略時你需要吸收下行生活水準風險。但這種策略帶來的回報值得冒險一試。

如果你跟我一樣時間總是不夠用，肯定會直接翻到最後一章節閱讀這50條重點祕訣。但是，這樣你只會看到一連串生硬、死板、違反直覺、令人費解、難懂，而且看似瘋狂的財務指令。

> 誰會告訴一位90歲的老人去買股票？
> 股票持有時間越長風險越高？怎麼可能！
> 我爸媽80多歲就去世了，我卻要規劃到100歲？
> 「共同讓雙方擁有最棒的離婚條件？」你認真？我幹嘛幫助那個混蛋？
> 「生活水準錐體？」這就證明這傢伙是個蠢蛋。

大家剛才讀到的那些祕訣，實際上是經濟學建議的樣本，細節我們在前面已經充分解釋過，而這些祕訣的基礎是來自經濟學界一世紀以來針對個人財務的研究。我們經濟學家就是實事求是、實話實說，我們不會為了迎合當前熱門的錯誤觀點、為了符合傳統的理財建議、為了常態行為辯護、為了傳遞聽來入耳的訊息，而去扭曲經濟學的原則與知識。我們態度堅決，但不是鐵石心腸；我們是有良知的受託人，

接受過專業訓練、能提供大家正確的金融療法，而不去兜售破壞大眾個人財務健康的假藥。

說真的，是時候服用以經濟學為基礎的財務良藥了。我們美國人在財務方面病得不清。作為一個群體，我們儲蓄不足、保險不足、分散投資不足、購買糟糕的投資建議、深信自己會早死、太早退休、一有機會就領社安福利、釋放太少受困資產、借錢投資股票、說服自己說股票長期看來是安全的、當房奴、結婚時假設永遠不會離婚、離婚時假設能保有原本的生活水準、借錢上大學但是卻肄業、假裝愛情是一切、忽略我們的住房和就業市場、被傳統財務規劃欺騙、沒有充分利用和管理自己的退休帳戶、購買那些專門設計來騙我們錢的複雜金融產品，並經常在不知道其真實生活水準價格的情況下做出各種生活方式抉擇。而且，我們還一副事不關己的樣子，把個人財務當成別人的問題，把這些問題推給未來的自己，相信未來的自己能完美解決這些問題！

這本書的目的不僅是避免這些財務錯誤，更是為了讓財務規劃變得更有趣、更有意義。請立刻開始行動，並從以下六項財務檢查著手。

儲蓄體檢

請問自己以下的基本問題：我的消費是否平滑？或者換個方式問：我的儲蓄是否足以維持我的生活水準？

為了確認狀況，請以**極度**保守的方式來計算你的可支配終生資源*。接下來，用這個數額除以你的家庭剩餘壽命**。大致來說，這就是你今年應該能自由支配的開銷數額。現在，請將這個建議的可支配支出與你實際的可支配支出相互比較。如果超標，那就減少開支來確保能有穩定的生活水準。換言之，你需要存更多錢。如果你的支出較少，你就能多花錢、少存錢。

金錢魔法在哪裡？如果你能花更多錢，那絕對再好不過！那是意外找出來的錢，是你本來不覺得能夠安心花用的錢。如果你必須花少一點呢？儘早知道這件事並走上正確的軌道也是好事。請每三個月左右做一次這種消費平滑練習。這能讓你確保自己及時調整支出，來因應預期收入、資產價值和必要支出的變化。

職業／工作體檢

你也應該定期檢查這個項目。你需要考慮其他職業選項或目前職業領域中的其他工作。假設你跟南希一樣，快樂地擔任殯儀人員。問問自己這個基本問題：我是否一樣喜歡跟

---

* 這是你的未來勞動收入、社安福利、目前淨資產（資產減去負債）的總和，減去你的必要支出（所有你務必要支付的項目：稅金、住房支出、贍養費支出、自費醫療費用等）。把這些數字加起來之前，一樣要先把每年的數額用當今的美元現值來計算。如果你和你的配偶／伴侶最多還有80年的壽命，孩子還會在家裡住15年，那你家的剩餘壽命就是95年。

** 如果你覺得你的孩子很好養，可以把一年的子女支出估為0.7而不是1。如果你覺得過了某個年齡段支出就會減少，也可以把超過一個高齡之後的比重減少。

那些安靜、一動也不動的客戶合作？假如答案是否定的，就去瀏覽BLS的職業頁面。如果答案是肯定的，可以研究一下殯葬業市場。或許隔壁郡或州的殯儀館會需要你的服務。

如果你想跳槽，不用怕沒時間。沒錯，可能會需要重新接受訓練，但正如巴布・狄倫（Bob Dylan）所唱，「明天是很長的時間」。我認識的一位護士（瑪麗）在39歲時開始去法學院進修，並經營醫療事故法業務已有8年，成功起訴多位醫師，但她覺得自己當護士的貢獻更大。她一直兼職做護理工作來維持生計，最後乾脆轉回去做全職。瑪麗很高興自己取得法律學位、逮到壞醫生，同時也很開心能夠重返她認為自己最愛的職業。瑪麗的朝聖之路崎嶇，但她最後還是找到自己的歸屬。

你呢？奇蹟似找到對你來說是地球上最棒的職業／工作的機率小之又小。做好職業／工作體檢，比方說寄出履歷、安排資訊交流會議、人脈建立活動、跟獵人頭公司聯繫等等。每三個月做一次這樣的檢查。或許你會碰到更棒的工作機會，或者妳會跟瑪麗一樣認定自己已經找到最棒的工作。

保險體檢

你大概很重視房屋保險、汽車保險、（傘護式）責任保險以及健康保險。人壽保險呢？這是個比較難去評估的項目。大多數配偶／父母的保險都太少或太多。這代表如果他們過世了，遺屬將面臨生活水準大幅下降或上升的狀況。適

當的人壽保險計算法其實不難。我們假設你讀完這本書之後會立刻死去。將你未亡配偶／伴侶的可支配終生資源加起來，除以他們可以生存的年數以及孩子需要撫養的年數。這是最大的遺屬年限。將這個人均可支配支出水準與你和你配偶／伴侶活到最大年齡時能享有的水準相互比較。生活水準的差異乘以最大生存年限，這就是你需要的人壽保險。跟你目前持有的保險比較一下，並根據需要購買更多或更少保險*。就像儲蓄體檢一樣，人壽保險體檢能帶來兩項好處：你有可能保了太多人壽保險，刪減之後就有更多娛樂費能夠花用；或者你保的人壽保險不夠，補足短缺之後就能睡得更香甜。

結婚與離婚體檢

你現在知道如何計算每個人的生活水準。如果你還在尋找一位終生伴侶，可以針對每一位追求者進行這樣的計算。如果你正考慮離婚，可以比較一下離婚後與婚姻中的人均生活水準。當然，離婚後的生活水準取決於離婚時雙方同意的條件，所以你必須對協議結果採取最保守的假設。

當然，你不會單純為了錢而結婚或離婚，但正如每一項財務決定或人生抉擇，結婚和離婚也要進行成本效益分析。

---

*順帶一提，你可能會發現另一個令人震驚的財務事實：孩子越多，你需要的整體人壽保險越少。原因是孩子更多代表你和你配偶／伴侶在世時每個人的生活水準較低。這反過來就代表要維持你配偶／伴侶之生活水準所需的保險更少。

我是否真的夠愛喬，願意為了他放棄跟喬丹一起生活的享受：每三年一輛新車跟夢想中的偽豪宅？我真的痛恨凱西到足以忍受生活水準下降32%嗎？仔細想清楚如果你跟喬或者喬丹結婚或者保持單身，抑或是離開凱西，你會犧牲多少生活水準。比方說，假如和凱西一起生活使你的生活水準下降24%，但你們倆的生活水準在你設想的離婚協議當中只會下降14%，而且你們沒有孩子需要納入考量，你也知道凱西願意放棄80%的生活水準來擺脫你，那是時候喊停了。

住房、退休年齡與其他重大體檢

這些檢查也一樣。搬到某間房子的好處是否已經超過生活水準的成本？如果提早三年退休，終生生活水準會下降10%，這樣真的值得嗎？購買特斯拉會對你的生活水準帶來多少負面影響（有人說購買特斯拉反而能提升生活水準，因為特斯拉的原裝電池能夠運行50萬公里，所以有可能是你此生買的最後一輛車）？如果以終生年限為基礎來計算預算支出，你很有可能會發現自己想要的東西雖然剛開始要花很多錢，但分攤下來其實很便宜。

投資體檢

　　計算你的生活水準錐體會涉及更多面向。我在註解中有列出所有細節*。但是不用費太多心力，你就能產生出一系列的LS錐體。基本概念是，針對你長期以來的平均實際投資報酬率進行高度保守的估計，然後以估計出來的數字為基礎計算你今年每人將花費多少錢。然後根據你投資組合的表現，將你的經濟狀況推進到明年，然後重複下去。以這種方式規劃到你的最大年齡，就能勾勒出LS軌跡。然後回到你目前的年齡，再重複一次相同動作、繼續重複，之後你就能看出這個錐體的形狀，其中也會點出大家最擔心的問題：下行風險。用更高風險（或更安全）的投資組合，以及更少或更多的支出行為來重複這整套流程。如果你覺得自己承擔太

---

* 首先，收集你準備投資的投資組合（資產組合）的歷史回報數據。比方說，假設你預期在你目前年齡（50歲）和65歲之間，持有比例各半的股票和短期美國國債券，並在退休時將比例轉換成20%股票與80%國債券（順便一提，這違反隨著年齡增長增加投資組合中股票比例的經濟學建議）。在過去你有二種證券收益的每一年，寫下這二個投資組合（各半以及二比八）的收益。這樣你能得出兩列數字：各半的投資組合的歷年收益，以及二比八投資組合的歷史年收益。接下來，從你目前的年齡50歲開始，根據保守的實際回報假設（我建議為零），判定你今年的花費，也就是你一生中可支配資源除以剩餘人年數。再來，從你的各半投資組合回報歷史中隨機抽取一個年份的報酬。這次抽籤的結果會決定你50歲的資產收入。將這個50歲的資產收入與你50歲的勞動收入相加，然後減去你所有支出（可自由支配以及不可自由支配的，其中不可自由支配的包括住房費用、贍養費等必要支出和稅賦（當中包含健保B部分保費）），最後得出你會獲得的淨收益。結果就是你的儲蓄，你會將這個儲蓄加到你五十歲的資產中，來判定你51歲的淨資產。接下來，在51歲到65歲之間重複這些步驟，在每個年齡段都隨機挑選各半投資組合會產生的歷史回報當中的一個。在65歲以及65歲以後，開始從二比八投資組合的歷史收益中隨機抽取一個。模擬到100歲，你就會得到一條LS軌跡。如果你從50歲開始，根據另一個隨機選擇的年度報酬率重複一樣的步驟，就會產生另一條軌跡。算出越來越多軌跡時，你就會畫出一個完整的LS錐體。

多風險（你的錐體有太多下行風險），可以在一段時間內增加投資組合中低風險資產的比例，並且減少較激烈的支出行為（在判定支出時，實際收益率為零的假設是非常保守的）。繼續這樣做，直到你對自己的LS錐體滿意為止。

至於上行投資，步驟也類似，只是當你進行到x歲的時候要假設你在風險資產（如股票）上已經和將要投資的一切都完全賠掉了。將其他資產投資於抗通膨債券和I系列債券。然後計算每個家庭成員的可持續支出（可支配的終生資源除以你家庭最大的人年數）。每年花掉這個數額，直到x歲，然後你開始逐漸將股票轉換為抗通膨債券或I系列債券*。每當你讓自己持有的一些股票變得安全，就有能永久安穩提高生活水準的資金。這只會替你的生活水準帶來上行風險。

做這個練習時，你會發現你在股票（用來代表你的風險資產組合）上的投資越少，LS底線就越高，但上升空間會越小，反之亦然。所以你能夠迅速判斷，為了獲得更多上升空間而犧牲生活水準底線的高度是否值得。根據我的經驗，大多數中產階級家庭會發現，把1/3到一半的資產放在股票

*這能讓你安穩永久提高每位家庭成員的生活水準。例如，如果你打算在67和77歲之間提取所有股票，從五十歲開始，畫出從50歲到77歲的股市回報軌跡，並計算出在67、68……到77歲時的提取量。在67歲時，你將賣掉1/10的股票。在68歲時，你會賣掉1/9……而在77歲時你會賣掉剩下所有股票。你很快就會產生一個上行錐體，一個底部平坦的錐體，生活水準的軌跡在67和77歲之間上升，此後平坦。換言之，你得到的錐體相對於底線只會產生上行風險。

市場上能替他們帶來大量上升空間，而保持較高的生活水準基準線則重要許多。

基於經濟學的規劃軟體也派得上用場

假如以上計算都複雜到你覺得自己無法獨立完成，這感覺我懂。理解計算背後的理論是很重要的，雖然我的目標是使財務規劃成為一種純粹的樂趣，進行這些計算卻有可能讓人覺得枯燥乏味。所以，讓我隆重介紹 MaxiFi Premium，這是我公司推出的軟體工具的頂級版，可以在 Maxifiplanner. com 找到。這款軟體能在幾秒鐘之內替你完成本書的所有分析。（如果你比較喜歡和真人顧問接洽，他們能替你用 MaxiFi PRO 這套軟體來計算）舉例來說，這套軟體能比較你一生中從 A 工作和 B 工作中獲得的可支配支出，以及提前退休、跟喬而非黛比結婚，還有搬到你在香港的夢想住家等各種狀況下的可支配支出＊。至於投資分析，那也難不倒這套軟體。跟自己計算相比，用這套軟體有很大的優勢。這套軟體能夠完全將通貨膨脹、現金流限制，以及共同生活經濟調整等因素納入計算，並在安全實質報酬率不為零、無法直接將未來的金額加總時進行現值計算。這套軟體還會計算你當前和未來的所有聯邦和州稅、醫療保險門診部分保費，以

＊ 我們在 Analyzemydivorcesettlement.com 推出的工具，能在必要情況下幫你找出一個公平、彼此能夠配合的方式，來與貧窮的凱西離婚。使用這二個工具能協助你比較結婚時和離婚時的生活水準。

及你可能有資格領取的所有社安福利。最後，MaxiFi還會幫你考量到未來的通貨膨脹率、未來的稅賦增長、未來的社安福利削減，以及醫療保險門診部分保費的更高增長率等因素。簡而言之，MaxiFi是你的金錢魔杖，只要拿起來輕鬆一揮就能施展魔法了。

小心──賺錢魔法會讓人上癮

大多數人以為檢查自己的財務狀況就像做根管治療一樣，是一種必須拖到最後一刻的必然折磨。但賺錢的魔法跟你爸那輩的財務規劃不一樣。找到安全的方法來提高你的生活水準，這是一件有趣同時也讓人心神振奮的事。去比較不同的生活方式需要多少成本，以及哪些抉擇能帶來豐碩回報，這是一件很有意思的事。看到自己的LS錐體得到徹底的紓解，了解更高的平均LS會帶來哪些額外LS風險，也會讓人熱血沸騰。用較高的生活水準底線來換取較低的生活水準上升潛力，這也超級有趣。所有以上的事情都趣味十足、讓人振奮，因為，這些知識能讓你完全掌控自己的財務福祉。當你有辦法控制自己的福祉，就有辦法進一步去改善。

我從過去28年的經驗當中體會到這種基於經濟學的財務規劃能帶來多少樂趣以及啟發。我在1993年成立經濟安全規劃公司（Economic Security Planning, Inc.）。我們花了大約7年的時間開發目前這幾款軟體的初始版。從那時起，我們已經幫助數以萬計的客戶創造屬於他們的金錢奇蹟。我

　　與他們當中的許多人談過、寫過電子郵件、見過面。在這些
交流當中，我了解到一件令人驚訝的事：施展金錢魔法會讓
人上癮。有些人根本停不下來。他們每天都在調整自己的財
務規劃，而不是每週一次、每月一次，或每年一次而已。所
以，讓我在本書最後提醒大家：一旦你開始創造屬於自己的
金錢魔法，會發現要再去做其他事會非常困難。因為樂趣無
窮。

致謝

　　《金錢魔法》這本書醞釀很久，但很快就成書出版。優秀但不輕易妥協的經紀人愛麗絲・馬泰爾（Alice Martell）接連拒絕好幾份提案計畫，後來才終於點頭答應。快速成書出版都多虧出色的編輯瑪麗莎・維吉蘭特（Marisa Vigilante）。她跟其他Little, Brown Spark出版社的編輯同事一樣，輕輕揮舞魔杖，咻一聲，這本書的內頁和美到不行的封面就這樣完成。算了，我把「咻一聲」收回，其實瑪麗莎動作很快，但我寫得很慢。我總是忍不住一改再改。我每寫一句，基本上就要來回改個十遍，實在是很折磨自己。聽好，如果你已婚，而且每句話都要重寫十遍，那你最好有個有耐心、挺你、願意鼓勵和很有趣的配偶。我的老婆布麗姬特・尤根森（Bridget Jourgensen）就是這樣的人。更重要的是，她是我的平衡桿。假如我寫的東西太玄、太學術、太白

痴、或者太「搞笑」，就會被她快刀斬亂麻刪掉！但這些刪減都是準確無誤的，而且她在刪減時還會用燦爛掉笑容和鼓勵的話語來面對我。我深深感謝我的老婆布麗姬特、瑪麗莎和愛麗絲，還有其他《金錢魔法》隊友，尤其是學術界和公司同事。我也非常感謝波士頓大學幾十年來對我的研究的支持，當中包含我對個人財務的研究。但我最感謝的是你，我的讀者。我很榮幸你能讀到這本書。如果這本書能帶給你真正的財務協助，我會非常開心。因為說到底，我只為一個人寫這本書，那個人就是你。

注釋

前言

1. ValueWalk, "A Brief History of the 1929 Stock Market Crash," Business Insider, April 8, 2018, https://www.businessinsider.com/the-stock-market-crash-of-1929-what-you-need-to-know-2018-4?op=1.

Chapter 1

2. Stacy Curtin, "Forget Harvard and a 4-Year Degree, You Can Make More as a Plumber in the Long Run, Says Prof. Kotlikoff," Yahoo! Finance, March 18, 2011, https://finance.yahoo.com/blogs/daily-ticker/forget-harvard-4-degree-more-plumber-long-run-20110318-063704-224.html.

3. Mutaz Musa, "Opinion: Rise of the Robot Radiologist," The Scientist, June 25, 2018, https://www.the-scientist.com/news-opinion/opinion--rise-of-the-robot-radiologists-64356.

4. Gina Belli, "How Many Jobs Are Found Through Networking, Really?" Payscale, April 6, 2017, https://www.payscale.com/career-news/2017/04/many-jobs-found-networking.

5. Ball State Center for Business and Economic Research, "How Vulnerable Are American Communities to Automation, Trade, & Urbanization?" Vulnerability Study, CBER Data Center, June 19, 2017, https://projects.cberdata.org/123/how-vulnerable-are-american-communities-to-automation-trade-urbanization.

6. Andrew Soergel, "Study: 1 in 4 U.S. Jobs at Risk of Offshoring," U.S. News & World Report, July 17, 2017, https://www.usnews.com/news/economy/articles/2017-07-17/study-1-in-4-us-jobs-at-risk-of-offshoring.

7. Economic Innovation Group, The New Map of Economic Growth and Recovery (Washington, DC: EIG, May 2016), 9, https://eig.org/wp-content/uploads/2016/05/recoverygrowthreport.pdf.

Chapter 2

8. PK, "Average Retirement Age in the United States," DQYDJ.com, June 3, 2018, https://dqydj.com/average- retirement- age-in-the-united-states/#:~:text=The%20average%20retirement%20age%20in,ages%20of%2057%20and%2066.

9. America's Health Rankings Analysis of U.S. Census Bureau, American Community Survey, 2019, "Public Health Impact: Able-Bodied," United Health Foundation, https://www.americashealthrankings.org/explore/senior/measure/able_bodied_sr/state/ALL.

10. Bob Pisani, "Baby Boomers Face Retirement Crisis — Little Savings, High Health Costs, and Unrealistic Expectations," CNBC, April 9, 2019, https://www.cnbc.com/2019/04/09/baby-boomers-face-retirement-crisis-little-savings-high-health-costs-and-unrealistic-expectations.html.

11. Pisani, "Baby Boomers Face Retirement Crisis."

12. Dhara Singh, "'Alarming Number': Boomers Struggle to Save Enough for Retirement, Survey Finds," Yahoo! Money, June 22, 2020, https://money.yahoo.com /boomers-struggle-to-save-enough-for-retirement-survey-finds-205447433 .html.

13. Center on Budget and Policy Priorities, "Policy Basics: Top Ten Facts About Social Security," last modified August 13, 2020, https://www.cbpp.org/research/social-security/policy-basics-top-ten-facts-about-social-security#:~:text=Social%20Security%20benefits%20are%20much,aged%20widow%20received%20slightly%20less.

14. Center for Retirement Research at Boston College, "National Retirement Risk Index," https://crr.bc.edu/special-projects/national-retirement-risk-index/.

15. Katia Iervasi, "The Odds of Dying in the US by Age, Gender, and More," Finder, last modified December 28, 2020, https://www.finder.com/life-insurance/odds-of-dying.

16. Steve Vernon, "Living Too Long Is a Risk!" CBS News, July 24, 2013, https://www.cbsnews.com/news/living-too-long-is-a-risk/.

Chapter 3

17. Social Security Administration, "Unfunded OASDI Obligations Through the Infinite Horizon and the 75-Year Projection Period, Based on Intermediate Assumptions," in The 2020 OASDI Trustees Report (Washington, DC: SSA, 2020), table VI.F1., https://www.ssa.gov/oact/tr/2020/VI_F_infinite.html#1000194.

18. Office of Audit Report Summary, Higher Benefits for Dually Entitled Widow(er) s Had They Delayed Applying for Retirement Benefits (A-09-18-50559) (Washington, DC: Social Security Administration Office of the Inspector General, February 2018), https://oig.ssa.gov/sites/default/files/audit/full/pdf/A-09-18-50559.pdf.

Chaper 4

19. Investment Company Institute, Investment Company Fact Book, 60th ed. (Reston, VA: ICI, 2020), https://www.ici.org/pdf/2020_factbook.pdf.

20. US Bureau of Labor Statistics, "51 Percent of Private Industry Workers Had Access to Only Defined Contribution Retirement Plans," TED: The Economics Daily, October 2, 2018, https://www.bls.gov/opub/ted/2018/51-percent-of-private-industry-workers-had-access-to-only-defined-contribution-retirement-plans-march-2018.htm.

21. Internal Revenue Service, "2020 IRA Contribution and Deduction Limits Effect of Modified AGI on Deductible Contributions If You ARE Covered by a Retirement Plan at Work," last modified November 2, 2020, https://www.irs.

gov/retirement-plans/plan-participant-employee/2020-ira-contribution-and-deduction-limits-effect-of-modified-agi-on-deductible-contributions-if-you-are-covered-by-a-retirement-plan-at-work.

Chaper 5

22. Richard Fry, Jeffrey S. Passel, and D'vera Cohn, "A Majority of Young Adults in the U.S. Live with Their Parents for the First Time Since the Great Depression," Pew Research Center, September 4, 2020, https://www.pewresearch.org/fact-tank/2020/09/04/a-majority-of-young-adults-in-the-u-s-live-with-their-parents-for-the-first-time-since-the-great-depression/.

23. Evan Webeck, "Coronavirus: Share of Young Adults Living with Parents Higher Now Than Great Depression, Pew Poll Finds," Mercury News, September 9, 2020, https://www.mercurynews.com/2020/09/09/coronavirus-share-of-young-adults-living-with-parents-higher-now-than-great-depression-pew-poll-finds/.

24. Jacob Ausubel, "Older People Are More Likely to Live Alone in the U.S. Than Elsewhere in the World," Pew Research Center, March 10, 2020, https://www.pewresearch.org/fact-tank/2020/03/10/older-people-are-more-likely-to-live-alone-in-the-u-s-than-elsewhere-in-the-world/.

25. Office of Single Family Housing, "Home Equity Conversion Mortgage: Homeowner," Federal Housing Administration, September 2019, https://www.hud.gov/sites/dfiles/SFH/documents/hecm_09-23-19.pdf.

Chapter 6

26. Doug Wead, The Raising of a President (New York: Atria, 2005), 228.

27. "Dowry," Wikipedia, last modified May 18, 2021, https://en.wikipedia.org/wiki/Dowry#:~:text=While%20bride%20price%20or%20bride,family%2C %20ostensibly%20for%20the%20bride.

Chapter 7

28. Wilkinson & Finkbeiner, "Divorce Statistics: Over 115 Studies, Facts, and Rates for 2020," https://www.wf-lawyers.com/divorce-statistics-and-facts/#:~:text=Every %2013%20seconds%2C%20there%20is,and%20 2%2C419%2C196%20 divorces%20per%20year.

29. Stevenson & Lynch and Kelsey & Trask, "The Divorce Spousal Support Calculator: An Alimony Formula Resource," last modified November 17, 2011, https://www.skylarklaw.com/Docs/SpousalSupport.pdf.

30. "Resources," LegalZoom.com, https://www.legalzoom.com/articles/what-is-the-fastest-way-to-get-unhitched.

Chapter 8

31. Marty Johnson, "Inequality of Student Loan Debt Underscores Possible Biden Policy Shift," The Hill, November 28, 2020, https://thehill.com/policy/finance/527646-inequality-of-student-loan-debt-underscores-possible-biden-policy-shift.

32. Zack Friedman, "Student Loan Debt Statistics in 2020: A Record $1.6 Trillion," Forbes, February 3, 2020, https://www.forbes.com/sites/zackfriedman/2020/02/03/student-loan-debt-statistics/?sh=76a0d49f281f.

33. Kaitlin Mulhere, "A Shocking Number of Americans Now Owe at Least $50,000 in Student Debt—and Many Aren't Paying It Down," Money, February 22, 2018, https://money.com/50000-dollars-student-debt-default/.

34. https://www.mycreditsummit.com/student-loan-debt-statistics/.

35. Lynn O'Shaughnessy, "Federal Government Publishes More Complete Graduation Rate Data," College Insider, Cappex, https://www.cappex.com/articles/blog/government-publishes-graduation-rate-data#:~:text=The%20official%20four%2Dyear%20graduation,a%20degree%20in%20six%20years and https://educationdata.org/number-of-college-graduates.

36. United States Census Bureau, "U.S. Census Bureau Releases New Educational Attainment Data," news release, March 30, 2020, https://www.census.gov/newsroom/press-releases/2020/educational-attainment.html.

37. Allana Akhtar and Andy Kiersz, "College Grads Still Earn More Than Workers with No University Degree. This Map Shows the States with the Widest Salary Gaps," Business Insider, July 15, 2019, https://www.businessinsider.com/how-much-more-college-graduates-earn-than-non-graduates-in-every-state-2019-5.

38. Jaison R. Abel and Richard Deitz, "Despite Rising Costs, College Is Still a Good Investment," Liberty Street Economics, New York Fed, June 2019, https://libertystreeteconomics.newyorkfed.org/2019/06/despite-rising-costs-college-is-still-a-good-investment.html.

39. Abigail Johnson Hass, "College Grads Expect to Earn $60,000 in Their First Job—Here's How Much They Actually Make," CNBC Make It, February 17, 2019, https://www.cnbc.com/2019/02/15/college-grads-expect-to-earn-60000-in-their-first-job----few-do.html.

40. Nathan Allen, "College Students Overestimate Their Future Salaries," Poets and Quants for Undergrads, June 20, 2019, https://poetsandquantsforundergrads.com/2019/06/20/college-students-overestimate-their-future-salaries/#:~:text=According%20to%20the%20survey%20of,is%20%2447%2C000%2C%20the%20study%20says.

41. Elaine Rubin, "FAFSA Financial Information: Reducing the Impact of Assets and Income on Your FAFSA," Edvisors.com, October 1, 2020, https://www.edvisors.com/fafsa/guide/student-parent-financial-information/#reducing-the-impact-of-assets-and-income-on-your-fafsa.

42. "Default on Student Loans," Finaid.org, https://finaid.org/loans/default/#:~:text=If%20you%20do%20not%20make,loans%20will%20be%20in%20default.&text=You%20can%20be%20sued%20for,Your%20wages%20may%20be%20garnished.

43. Anna Wolfe and Michelle Liu, Mississippi Today/Marshall Project, "Modern Day Debtors Prison? Mississippi Makes People Work to Pay Off Debt," Clarion Ledger, January 9, 2020, https://www.clarionledger.com/in-depth/news/local/2020/01/09/debtors-prison-miss-still-sends-people-jail-unpaid-debt/2742853001/.

44. Matt Taibbi, "Student Loan Horror Stories: Borrowed: $79,000. Paid: $190,000. Now Owes? $236,000," TK News by Matt Taibbi, December 3, 2020, https://taibbi.substack.com/p/student-loan-horror-stories-borrowed.

45. "Slavery by Another Name: Sharecropping," PBS.org, https://www.tpt.org/slavery-by-another-name/video/slavery-another-name-sharecropping-slavery/.

46. Stacy Berg Dale and Alan B. Krueger, "Estimating the Pay off to Attending a More Selective College: An Application of Selection on Observables and Unobservables," Quarterly Journal of Economics 117, no. 4 (2002): 1491–527, found at National Bureau of Economic Research, https://www.nber.org/papers/w7322.

47. Raj Chetty, John N. Friedman, Emmanuel Saez, Nicholas Turner, and Danny Yagan, "Income Segregation and Intergenerational Mobility Across Colleges in the United States," Quarterly Journal of Economics 135, no. 3 (2020): 1567–633.

48. Richard Dusansky and Clayton J. Vernon, "Rankings of U.S. Economics Departments," Journal of Economic Perspectives 12, no. 1 (1998): 157–70, https://pubs.aeaweb.org/doi/pdfplus/10.1257/jep.12.1.157.

49. John F. Kennedy, "Commencement Address at Yale University, June 11, 1962," John F. Kennedy Presidential Library and Museum, https://www.jfklibrary.org/archives/other-resources/john-f-kennedy-speeches/yale-university-19620611.

50. Jordan Friedman and Josh Moody, "Transferring Colleges: 10 Frequently Asked Questions," U.S. News & World Report, February 1, 2019, https://www.usnews.com/education/best-colleges/articles/2017-09-22/transferring-colleges-10-frequently-asked-questions.

51. David K. Moldoff, "How Does College Transfer & Course Credit Assessment Process Work?" CollegeTransfer.net, https://www.collegetransfer.net/AskCT/How-does-the-course-credit-transfer-process-work#:~:text=Generally%2C%2060%20credits%20from%20a,institution)%20to%20earn%20a%20degree.

52. Maurie Backman, "Student Loan Debt Statistics for 2019," The Motley Fool, February 5, 2020, https://www.fool.com/student-loans/student-loan-debt-statistics/.

實用知識92

金錢魔法：個人財務終極實用指南，經濟學家教你如何管理和最大化你的錢
Money Magic: An Economist's Secrets to More Money, Less Risk, and a Better Life

作　　者：勞倫斯·克里寇夫（Laurence Kotlikoff）
譯　　者：溫澤元
協力編輯：簡又婷
責任編輯：王彥萍
校　　對：王彥萍、簡又婷
封面設計：木木lin
版型設計：Yuju
排　　版：王惠葶
寶鼎行銷顧問：劉邦寧

發 行 人：洪祺祥
副總經理：洪偉傑
副總編輯：王彥萍
法律顧問：建大法律事務所
財務顧問：高威會計師事務所
出　　版：日月文化出版股份有限公司
製　　作：寶鼎出版
地　　址：台北市信義路三段151號8樓
電　　話：(02)2708-5509／傳　真：(02)2708-6157
客服信箱：service@heliopolis.com.tw
網　　址：www.heliopolis.com.tw
郵撥帳號：19716071 日月文化出版股份有限公司

總 經 銷：聯合發行股份有限公司
電　　話：(02)2917-8022／傳　真：(02)2915-7212
製版印刷：軒承彩色印刷製版股份有限公司
初　　版：2024年07月
定　　價：420元
I S B N：978-626-7405-83-3

國家圖書館出版品預行編目資料

金錢魔法：個人財務終極實用指南，經濟學家教你如何管理
和最大化你的錢 / 勞倫斯·克里寇夫（Laurence Kotlikoff）
著；溫澤元譯- 初版. -- 臺北市：日月文化出版股份有限公司，
2024.07
368面；14.7 × 21公分. --（實用知識；92）

譯自：Money Magic: An Economist's Secrets to More
　　　Money, Less Risk, and a Better Life
ISBN 978-626-7405-83-3（平裝）

1. CST：個人理財　2. CST：財富

563　　　　　　　　　　　　　　　　113006748

日月文化集團
HELIOPOLIS
CULTURE GROUP

感謝您購買 **金錢魔法**
個人財務終極實用指南，經濟學家教你如何管理和最大化你的錢

為提供完整服務與快速資訊，請詳細填寫以下資料，傳真至02-2708-6157或免貼郵票寄回，我們將不定期提供您最新資訊及最新優惠。

1. 姓名：＿＿＿＿＿＿＿＿＿＿＿＿＿＿＿　　性別：□男　　□女

2. 生日：＿＿＿＿＿年＿＿＿＿＿月＿＿＿＿＿日　職業：＿＿＿＿＿＿

3. 電話：（請務必填寫一種聯絡方式）

　（日）＿＿＿＿＿＿＿＿＿＿＿　（夜）＿＿＿＿＿＿＿＿＿＿　（手機）＿＿＿＿＿＿＿＿＿

4. 地址：□□□＿＿＿＿＿＿＿＿＿＿＿＿＿＿＿＿＿＿＿＿＿＿＿＿＿＿＿＿＿＿＿

5. 電子信箱：＿＿＿＿＿＿＿＿＿＿＿＿＿＿＿＿＿＿＿＿＿＿＿＿＿＿＿＿＿

6. 您從何處購買此書？□＿＿＿＿＿＿＿＿＿＿縣/市＿＿＿＿＿＿＿＿書店/量販超商

　□＿＿＿＿＿＿＿＿＿＿網路書店　　□書展　　□郵購　　□其他

7. 您何時購買此書？　　年　　　月　　　日

8. 您購買此書的原因：（可複選）
　□對書的主題有興趣　□作者　　□出版社　　□工作所需　　　□生活所需
　□資訊豐富　　　□價格合理（若不合理，您覺得合理價格應為 ＿＿＿＿＿＿）
　□封面/版面編排　□其他＿＿＿＿＿＿＿＿＿＿＿＿＿＿＿＿＿＿＿＿＿＿

9. 您從何處得知這本書的消息：　□書店　□網路／電子報　□量販超商　□報紙
　□雜誌　□廣播　□電視　□他人推薦　□其他

10. 您對本書的評價：（1.非常滿意 2.滿意 3.普通 4.不滿意 5.非常不滿意）
　書名＿＿＿＿＿　內容＿＿＿＿＿封面設計＿＿＿＿＿＿版面編排＿＿＿＿＿文/譯筆＿＿＿＿＿

11. 您通常以何種方式購書？□書店　　□網路　□傳真訂購　□郵政劃撥　　□其他

12. 您最喜歡在何處買書？
　□＿＿＿＿＿＿＿＿＿＿ 縣/市 ＿＿＿＿＿＿＿＿＿書店/量販超商　　□網路書店

13. 您希望我們未來出版何種主題的書？＿＿＿＿＿＿＿＿＿＿＿＿＿＿＿＿＿＿＿＿＿＿

14. 您認為本書還須改進的地方？提供我們的建議？

＿＿＿＿＿＿＿＿＿＿＿＿＿＿＿＿＿＿＿＿＿＿＿＿＿＿＿＿＿＿＿＿＿＿＿＿＿＿

＿＿＿＿＿＿＿＿＿＿＿＿＿＿＿＿＿＿＿＿＿＿＿＿＿＿＿＿＿＿＿＿＿＿＿＿＿＿

＿＿＿＿＿＿＿＿＿＿＿＿＿＿＿＿＿＿＿＿＿＿＿＿＿＿＿＿＿＿＿＿＿＿＿＿＿＿

＿＿＿＿＿＿＿＿＿＿＿＿＿＿＿＿＿＿＿＿＿＿＿＿＿＿＿＿＿＿＿＿＿＿＿＿＿＿

實　用

知　識

寶鼎出版